AF367087

RW SINDALL

APPRENEZ A FABRIQUER DU PAPIER

CONTENUS

PRÉFACE

La fabrication du papier, comme de nombreuses autres industries, est une industrie dans laquelle l'ingénierie et la chimie jouent un rôle important. Malheureusement, les fonctions de l'ingénieur et du chimiste sont généralement considérées comme indépendantes l'une de l'autre, de sorte que le chimiste n'est appelé par l'ingénieur que lorsque les efforts dans le sens de l'amélioration mécanique ont échoué, et *vice versa*. Il est cependant impossible de tracer une ligne dure et rapide, et les meilleurs résultats dans l'art de la fabrication du papier ne sont possibles que lorsque le fabricant apprécie le fait que la compétence des deux est essentielle au progrès et au succès commercial.

Dans le présent manuel élémentaire, il est seulement proposé de donner un aperçu des différentes étapes de fabrication et d'indiquer certaines des améliorations apportées au cours des dernières années.

L'auteur prie de reconnaître sa dette envers les fabricants et autres qui ont autorisé l'utilisation d'illustrations.

CHAPITRE I: AVIS HISTORIQUE

L'histoire. - L'art de la fabrication du papier est sans aucun doute l'une des industries les plus importantes de nos jours. L'étude de son développement depuis les premiers âges passés où les hommes étaient contraints de trouver des moyens pour enregistrer les événements et transactions importants est à la fois intéressante et instructive, de sorte qu'un bref résumé des faits connus relatifs à l'histoire du papier peut bien servir de introduction à un compte rendu de la fabrication et de l'utilisation de cet article indispensable.

Tradition. - Les premières races de l'humanité se sont contentées de garder vivante le souvenir de grandes réalisations au moyen de la tradition. Les actes vaillants ont en outre été commémorés par la plantation d'arbres, la mise en place de tas de pierres et l'érection de monuments maladroits.

Obélisques de pierre. - La possibilité d'obtenir une plus grande précision en sculptant les hiéroglyphes grossiers des hommes et des animaux, des oiseaux et des plantes, se présenta bientôt comme une nette amélioration; et dès BC 4000 le premier les annales qui transmettaient quelque signification aux âges ultérieurs étaient fidèlement inscrites et, pour la plupart, confiées aux soins des prêtres.

Des tablettes d'argile. - Les transactions ordinaires de la vie quotidienne, les écrits d'hommes littéraires et scientifiques, et tout ce qui était digne de mention dans l'histoire de nations telles que la Chaldée et l'Assyrie nous sont également parvenus, inscrits sur des tablettes d'argile, qui ont été rendus durables par cuisson soigneuse. Sur une tablette d'argile, l'un des premiers spécimens d'écriture existant, maintenant conservé au British Museum, est enregistrée une proposition de mariage, écrite vers 1530 avant JC , d'un des pharaons, demandant la main de la fille d'un Roi babylonien.

Planches cirées. - L'os, l'ivoire, les plaques de métal, de plomb, d'or et de laiton étaient librement utilisés et, à une époque ancienne, des planches de bois recouvertes de cire furent conçues par les Romains. En fait, tout matériau ayant une surface douce et impressionnable a été rapidement adopté comme moyen d'expression permanente de la fantaisie des hommes, de sorte qu'il n'est pas étrange de trouver des exemples de documents écrits sur des substances aussi curieuses que les peaux d'animaux, les peaux, les intestins séchés et cuir. Les œuvres d'Homère, conservées dans l'une des bibliothèques égyptiennes à l'époque de Ptolémée de Philadelphie, auraient été écrites en lettres d'or sur des peaux de serpents.

Feuilles, écorce. - La première avancée réelle dans le sens du papier, comme on l'entend généralement, a été faite lorsque les feuilles et l'écorce des arbres ont été utilisées. Ce dernier en particulier est venu rapidement en faveur, et l'utilisation extensive de l'écorce interne (*liber*) a fait des progrès rapides. Des manuscrits et des documents écrits sur ce livre se trouvent dans de nombreux musées.

Papyrus. - La découverte des merveilleuses propriétés du papyrus égyptien a été une grande étape dans le développement de l'art de la fabrication du papier. La date de cette découverte est très incertaine, mais l'une des premières références se trouve dans les œuvres de Pline, où il est fait mention des écrits de Numa, qui vécut vers 670 av. J.-C. Cette célèbre plante était depuis longtemps connue pour sa valeur dans la fabrication de nattes, cordages et vêtements, mais sa renommée repose sur son utilité dans un tout autre sens, à savoir, pour transmettre à la postérité les documents écrits de ces premiers temps qui se sont révélés une source d'intérêt sans fin pour les antiquaires.

FIG. 1. - Feuille de papyrus, montrant les couches se croisant (Evans).

Le papyrus égyptien a été fabriqué à partir des fines couches de matière fibreuse entourant la tige mère. Ces couches ont été enlevées au moyen d'un outil tranchant, étalées sur une planche, humidifiées avec de l'eau gommeuse, puis recouvertes de couches similaires placées sur elles en travers. Les feuilles ainsi produites ont été pressées, séchées et polies avec un morceau d'ivoire ou une pierre lisse. De longs rouleaux de papyrus ont été formés en collant plusieurs feuilles ensemble pour donner ce qu'on a appelé un *volumen* .

Papyri romain. - Les Romains ont amélioré le processus de fabrication et ont pu produire une variété de papiers, auxquels ils ont donné des noms différents, tels que *Charta hieratica* (papier sacré, utilisé par les prêtres), *Charta Fanniana* (un papier supérieur fabriqué par Fannius), *Charta emporetica* (boutique ou papier d'emballage), *Charta Saitica* (après la ville de Sais), etc. Le papyrus a dû être utilisé en grande quantité à cet effet, car de récentes explorations dans les pays de l'Est ont mis au jour d'énormes merveilleux état de conservation. En 1753, lorsque les ruines d'Herculanum ont été déterrées, pas moins de 1800 rouleaux ont été découverts. Au cours des dix dernières années, d'énormes quantités ont été apportées en Angleterre.

Parchemin. - Le parchemin a succédé au papyrus comme excellent matériel d'écriture, conçu comme un substitut à ce dernier par les habitants de Pergame en raison de l'exportation interdite du papyrus égyptien. Pendant de nombreux siècles, le parchemin a occupé une place de premier plan parmi les matériaux disponibles servant au papier, et même aujourd'hui, il est utilisé pour des documents juridiques importants. Ce parchemin a été fabriqué à partir de peaux de moutons et de chèvres, qui ont d'abord été trempées dans des fosses à chaux, puis grattées. Grâce à l'utilisation abondante de craie et de pierre ponce, la couleur et la surface du parchemin ont été grandement améliorées. Vélin, préparé de manière similaire à partir de peaux de veaux, était également largement utilisé comme matériel d'écriture, et était probablement le premier matériau utilisé pour relier des livres. Jusqu'à une époque relativement récente, le terme «parchemin» englobait le vélin, mais cette dernière substance est bien supérieure à celle fabriquée à partir de peaux de mouton et de chèvre.

Papier. - On attribue aujourd'hui généralement aux Chinois l'art de fabriquer du papier du type qui nous est le plus familier, c'est-à-dire à partir de matière fibreuse d'abord réduite à l'état de pâte. Des matériaux tels que des bandes d'écorce, des feuilles et du papyrus ne peuvent bien sûr pas être inclus dans une définition comme celle-ci, qu'un auteur a condensée dans la phrase «Le papier est un dépôt aqueux de fibres végétales».

105 ap . J.-C. - La plus ancienne référence à la fabrication du papier se trouve dans l'Encyclopédie chinoise, où il est dit que Ts'ai-Lun, originaire de Kuei-yang, est entré au service de l'empereur Ho-Ti en AD 75, et consacrant ses heures de loisirs à l'étude, suggéra l'utilisation de la soie et de l'encre comme substitut à la tablette et au stylet en bambou. Par la suite, il réussit à fabriquer du papier à partir d'écorce, de fil, de vieux lin et de filets de pêche (105 après JC). Il a été créé marquis en 114 après JC pour ses longues années de service et ses capacités.

AD 704.-Il a été souvent affirmé que le coton brut, ou de la laine de coton, a d' abord été utilisé par les Arabes à cette date pour la fabrication du papier, ils ayant appris l'art de certains prisonniers chinois capturés à l'occupation de Samarkand par les Arabes . La conquête complète de Samarkand ne semble cependant avoir eu lieu qu'en 751 après JC , et il ne fait aucun doute que cette date devrait être acceptée pour l'introduction de l'art de la fabrication du papier chez les Arabes.

Recherches récentes. - Les professeurs Wiesner et Karabacek ont constaté un ou deux faits les plus importants et les plus intéressants concernant la fabrication actuelle de papier *pur* chiffon. En 1877 une grande quantité de manuscrits anciens a été trouvé à El-Faijum, en Egypte, comprenant environ 100 000 documents en dix langues, allant de 1400 avant JC à 1300 après JC , dont beaucoup ont été écrits sur papier. Les documents ont été examinés de près en 1894 par ces experts, à la demande du propriétaire, l'archiduc Rainer d'Autriche.

Des recherches ultérieures ont abouti à la découverte de quelques autres documents intéressants qui semblent établir avec un certain degré de certitude la date approximative à laquelle *du* papier de chiffon *pur* , c'est-à-dire du papier entièrement fabriqué à partir de chiffon, a été fabriqué.

Des documents chinois datés de 768-786 après JC, qui ont été rapportés par le Dr Hoernle, et d'autres datés de 781-782-787 après JC, rapportés par le Dr Stein aussi récemment qu'en 1901, semblent montrer quels matériaux ont été utilisés par le journal chinois. -makers au Turkestan occidental. Les manuscrits mentionnés ont été extraits du site enfoui de sable de Dandan Uilig, dans le Turkestan oriental.

Le professeur Wiesner a découvert que tous les papiers de la collection Rainer étaient faits de chiffon de *lin*, avec une trace occasionnelle de *coton*, probablement ajouté accidentellement. Le premier papier daté était une lettre de 874 après J.-C., mais deux documents, qui pour d'autres raisons pouvaient être identifiés comme appartenant à 792 après J.-C., prouvaient qu'à la fin du huitième siècle, les Arabes comprenaient l'art de fabriquer du papier de lin sur des moules en réseau, et en outre, ils ont ajouté de l'amidon aux fins de l'encollage et du chargement du papier.

Le professeur Karabacek avance des explications ingénieuses quant à l'origine de l'idée que le coton brut a d'abord été utilisé pour la fabrication du papier, et il suggère que la légende doit son origine à une incompréhension des termes. À l'époque médiévale, le papier était connu sous le nom de *Charta bombycina*, et parfois sous le nom de *Charta Damascena*, ce dernier de son lieu d'origine.

Le papier était également fabriqué à Bambyce, et une confusion naturelle surgit entre les termes, puisque le mot *bombyx* était utilisé comme nom pour le coton, et le papier couramment utilisé suggérait ce matériau à l'esprit de l'observateur, et le nom devint corrompu en *bombycina*.

Les suggestions du professeur Karabacek, ainsi que les recherches microscopiques du Dr Wiesner, semblent montrer que le papier entièrement fabriqué à partir de fibre de coton brute n'était pas connu.

Invention du papier chiffon. —Dr. Hoernle, en discutant cette question, souligne que, en prenant AD 751 comme la date où les Arabes ont appris l'art de la fabrication du papier, et AD 792 comme la date à laquelle le papier fait entièrement de chiffon de lin a été produit, la date de l'invention de le papier chiffon doit se trouver entre ces deux dates. Les documents découverts dans le Turkestan oriental et portant les dates mentionnées, qui journaux remplissent l'écart entre les années AD 751 et AD 792, se sont révélés contenir certaines fibres brutes, telles que l' herbe Chine, mûriers, lauriers, comme les constituants principaux, et des chiffons de lin et de chanvre macérés comme composants mineurs.

L'addition et la substitution de chiffon ont évidemment augmenté avec le temps, et comme l'amélioration ainsi effectuée est rapidement devenue un fait évident et établi, les fibres brutes ont été omises. D'où le crédit de la fabrication de papier pur chiffon serait donné au peuple de Samarkand, la date se situant entre les années AD 760 et AD 792; et en outre, la constitution d'un tel papier a été montrée par le Dr Wiesner comme étant du lin, et non du coton, comme on le dit couramment.

Ces recherches sont d'un tel intérêt que nous citons la traduction du professeur Hoernle du résumé des principaux résultats de l'examen par le Dr Wiesner des papiers du Turkestani oriental découverts si récemment:

«Compte tenu des dates attribuées aux articles le motifs paléographiques, les conclusions suivantes peuvent être tirées de l'examen de leur matériel: -

«(1) Le plus ancien des papiers du Turkestani oriental, datant des quatrième et cinquième siècles après JC , est constitué d'un mélange de fibres brutes de liber de diverses plantes dicotylédones. A partir de ces fibres, la moitié du papier a été fabriquée au moyen d'un procédé mécanique grossier.

«(2) On trouve également des papiers similaires, constitués d'un mélange de fibres brutes, appartenant aux cinquième, sixième et septième siècles. Mais dans cette période, il existe aussi des papiers qui sont faits d'un mélange de chiffons grossièrement pilés et de fibres brutes extraites par macération.

«(3) À la même époque, des papiers font leur apparition dans lesquels des méthodes spéciales sont utilisées pour les rendre susceptibles d'être écrites, c'est-à-dire enduire de gypse et encollage avec de l'amidon ou avec une gélatine extraite de lichen.

«(4) Aux septième et huitième siècles, les deux types de papiers sont de même fréquence, ceux faits de fibres brutes de diverses plantes dicotylédones et ceux faits d'un mélange de chiffons et de fibres brutes. Au cours de cette période, on constate que la méthode d'extraction de la fibre brute s'améliore d'un emboutissage grossier à une macération; mais celui de préparer les chiffons reste un estampage grossier, et dans la demi-étoffe ainsi produite à partir de chiffons, il est facile de distinguer la fibre brute de la fibre écrasée et cassée des chiffons.

«(5) Le vieux papier du Turkestani oriental (chinois) se distingue du vieux papier arabe, non seulement par les fibres brutes qui accompagnent les fibres de chiffon, mais aussi par la destruction profonde de ces derniers.

«(6) Les recherches précédentes du professeur Karabacek et de l'auteur avaient montré que l'invention du papier chiffon n'était pas faite en Europe par des Allemands ou des Italiens au tournant du XIVe siècle, mais que les Arabes connaissaient sa préparation dès la fin. du huitième siècle.

«Les recherches actuelles montrent à présent que les débuts de la préparation du papier de chiffon remontent aux Chinois aux cinquième ou quatrième siècles, voire plus tôt.

«La méthode chinoise de préparation du papier chiffon n'a jamais progressé au-delà de son stade initial bas. Ce sont les Arabes qui, ayant été initiés à l'art par les Chinois, en perfectionnent la méthode de préparation et le portent à ce stade de perfection où il est reçu d'eux par les peuples civilisés de l'Europe au moyen âge.

«(7) L'auteur a montré que le processus d'encollage du papier avec de l'amidon afin de l'améliorer était déjà connu des Arabes au VIIIe siècle. Au XIVe siècle, la connaissance en fut perdue, la colle animale étant substituée à l'amidon, jusqu'au XIXe siècle, avec l'introduction des machines à papier, l'ancien procédé fut ressuscité. Mais l'invention de celui-ci était due aux Chinois. Le plus ancien papier du Turkestani oriental encollé avec de l'amidon appartient au huitième siècle.

«(8) Les Chinois n'étaient pas seulement les inventeurs du papier feutré et les imitateurs du papier de chiffon - bien que dans la préparation de ce dernier ils n'utilisaient les chiffons que comme substitut à côté des fibres brutes - mais ils doivent aussi être crédités d'être les précurseurs de la méthode moderne de préparation du «papier cellulosique». Car leur pratique très ancienne d'extraction de la fibre de l'écorce et d'autres parties des plantes par macération est en principe identique à la méthode moderne d'extraction de la «cellulose» au moyen de certains procédés chimiques. »

FIG. 2. - Une ancienne papeterie (tirée de «Kulturhistorisches Bilderbuch», 1564 après J.-C.).

Fabrication du papier en Europe. - L'introduction de l'art en Europe semble avoir eu lieu au début du XIe siècle, lorsque les Maures fabriquaient du papier à Tolède. Les premières autorités qui ont étudié ce sujet expriment l'opinion que le papier produit en Europe à cette époque était fabriqué à partir de chiffons de coton et de coton brut, mais, au vu des récentes recherches sur la composition du papier, il est difficile de dire comment cette idée est née, à moins d'accepter l'explication offert par le professeur Karabacek. Dans les encyclopédies standard, les déclarations suivantes sont faites concernant les premiers documents existants imprimés sur du papier fabriqué en Europe: -

AD 1075. Manuscrits syriaques de date ancienne au British Museum.

AD 1102. Un document imprimé sur du coton, étant un acte du roi Roger de Sicile, maintenant à Vienne.

AD 1178. Un traité de paix entre les rois d'Aragon et l'Espagne, dit imprimé sur du papier de lin, conservé à Barcelone.

AD 1223. Le «Liber Plegierum», imprimé sur du papier de coton rugueux.

L'un des livres les plus intéressants sur ce sujet est le «Récit historique des substances utilisées pour décrire les événements de la première date», de Matthias Koops, publié en 1800. Cet écrivain semble avoir obtenu la plupart de ses informations des autorités allemandes.

L'industrie du papier passa par l'Espagne en Italie, en France et aux Pays-Bas. En 1189, le papier était fabriqué à Hainaut, en France, et l'industrie se répandit rapidement sur tout le continent. En 1390, Ulman Stromer créa une usine à Nuremberg, en Allemagne, employant un grand nombre d'hommes, qui furent obligés de prêter serment de ne pas enseigner à quiconque l'art de la fabrication du papier ou de fabriquer du papier pour leur propre compte. Au XVIe siècle, les Néerlandais s'efforcent de protéger leur industrie en faisant de l'exportation de moules pour la fabrication du papier un délit passible de la peine de mort.

La majeure partie du papier utilisé en Angleterre était importée de France et de Hollande, et il a fallu de nombreuses années avant que l'industrie ne s'établisse en Angleterre. Cela n'est pas surprenant au vu de la politique protectrice et conservatrice des papetiers continentaux.

FIG. 3. - La papeterie d'Ulman Stromer, 1390 après JC (supposée être le plus ancien dessin connu d'une papeterie).

Fabrication du papier en Angleterre. - La période réelle à laquelle la fabrication du papier a commencé pour la première fois en Angleterre est quelque peu incertaine. La première mention de tout fabricant de papier se trouve dans «De Proprietatibus» de Wynkyn de Worde Rerum », imprimé par Caxton en 1495, la référence étant la suivante: -

Et John Tate le plus jeune, joye mote qu'il a cassé,
qui a fini en Angleterre,
fais de ton papier thynne,
que maintenant dans notre livre Englyssh
Thys est prynted inne.

John Tate était le propriétaire d'un moulin à Stevenage, Hertfordshire. Dans le livre des ménages d'Henri VII. une entrée pour l'année 1499 se lit comme suit: «Geven en récompense à Tate of the myne, 6 *s.* 8 *d.* "

En 1588, un moulin à papier a été érigé par Sir John Spielman, un Allemand, qui a obtenu une licence de la reine Elizabeth «pour le seul rassemblement pendant dix ans de tous les chiffons, etc., nécessaires à la fabrication du papier. Cette papeterie a été louangée par Thomas Churchyard dans un long poème de quarante-quatre strophes, dont nous en citons deux: -

> Je prie l'homme qui a fait du papier le premier,
>   La seule chose qui expose toutes les vertus;
> Il soulève de nouveaux livres et tient éveillé les vieux ouvrages.
>   Beaucoup plus de prix que tout ce que le monde vaut:
> il porte de l'amitié, du temps et de la vérité,
> et est à la fois le trompe-l'œil du vice et de la vertu;
> Sans l'aide de qui ni bonheur ni richesse ne sont gagnés,
> Et par qui sont accomplis de grandes œuvres et de grandes actions.
>
> Six cents hommes sont mis au travail par lui,
>   qui d'autre pourrait mourir de faim, ou chercher leur pain à l'étranger,
> qui maintenant vivent bien, et vont pleins de courage et d'équilibre,
>   et qui peuvent se vanter d'être nourris avec du papier.
> Etrange est ce foode, mais étranger a fait la même chose,
> pour une plus grande aide, je gesse, il ne peut pas donner
> Que par son aide pour faire vivre des gens pauvres.

L'industrie n'a fait que peu de progrès pendant quelque temps après la mort de Spielman, et jusqu'en 1670, les approvisionnements en papier ont été obtenus presque entièrement de la France. Le premier brevet britannique pour la fabrication du papier a été accordé à Charles Hildeyard en 1665 pour «la manière et l'art de fabriquer du papier bleu utilisé par les sucreries et autres». Le commerce a reçu une grande impulsion en raison de la présence de Huguenots qui avaient fui en Angleterre de la France à la suite de la révocation de l'édit de Nantes en 1685.

En 1695, une société fut créée en Écosse pour la «fabrication de papier blanc et d'impression».

Les progrès dans l'art ont été lents jusqu'en 1760, lorsque Whatman, dont le nom est depuis devenu célèbre en relation avec le papier, a commencé ses activités à Maidstone. Pendant ce temps, les méthodes par lesquelles les chiffons étaient convertis en papier étaient extrêmement lentes et maladroites, de sorte que la production de papier fini était très faible.

Certains détails intéressants sur la fabrication précoce du papier en Angleterre sont donnés par M. Rhys Jenkins, et de son récit des «Premières tentatives de fabrication du papier en Angleterre, 1495-1788», les extraits suivants ont été faits:

À

propos

de

1496.   Premières tentatives de fabrication du papier par John Tate à Hertford.

1496.   Article de Tate utilisé par Wynkyn de Worde dans «De Proprietatibus Rerum».

1557.   Une usine de papier existe à Fenditton, Cambridge.

1569.   Un moulin à Bemmarton, Wilts.

1574.   Moulin érigé à Osterley, Middlesex, par Sir Thomas Gresham.

1585.   Richard Tottyl a demandé le droit exclusif de fabriquer du papier pendant trente et un ans, ce qui n'a pas été accordé.

1588.   John Spilman a érigé un moulin à Dartford, Kent. Obtention d'un brevet pour la fabrication exclusive de papier.

1588.   Poème de Churchyard sur le «Paper Myll construit près de Darthford par Maître Spilman».

1612.   Le moulin de Robert Heyricke à Cannock Chase, Staffordshire.

1636.   Les trois ou quatre papeteries des environs de Hounslow et Colnbrook fermèrent temporairement à cause de la peste, la collecte de chiffons ayant été interdite.

1665.   Brevet accordé à Charles Hildeyard pour une invention, «la manière et l'art de fabriquer du papier soufflé utilisé par les sucreries et autres».

1675.   Date approximative de construction des moulins à Wolvercote, Oxford, où le papier Oxford India est maintenant fabriqué.

1678.   Moulin à Byfleet, Surrey, mentionné par Evelyn dans son journal.

1682.   Bladen — Un brevet pour un moteur et un procédé par lesquels des chiffons sont façonnés en papier.

1684.   Baysmaker - Un brevet pour «l'art et le mystère de la fabrication de papier en feuilles entières».

1684.   Jackson — Un brevet pour «un moteur, pour le vent ou l'eau, qui prépare tous les matériaux dont le papier peut être fabriqué.» De toute évidence, Jackson connaissait le moteur de battage «Hollander».

1686.   Une charte accordée à la «White Paper Makers 'Company» pour le droit exclusif de fabriquer du papier excédant 4 *s.* une rame en valeur.

1674.   L'importation annuelle de papier, vraisemblablement de France, était de 160 000 rames, d'une valeur moyenne de 5 *s.* (Somers).

1689.   Commerce avec la France interdit par proclamation royale.

1696.   Prix du papier très élevé en raison de la rareté, soit 11 *s.* par rame.

1712.   Droits perçus sur toutes sortes de papiers, fabriqués ou importés.

1725.   Monopole de fabrication de papier pour les billets de la Banque d'Angleterre accordé à De Portal, des usines de Laverstoke, Hampshire. Ce papier est toujours réalisé par la firme de MM. Portal.

1739.   Galliott et Parry ont estimé qu'il y avait 600 usines de papier en Angleterre, produisant 6 000 rames par jour. Le commissaire de l'accise n'en a signalé que 278.

1739.   James Whatman a érigé un moulin à Boxley, Maidstone.

1758.   Baskerville a imprimé une édition de Virgil sur du papier dit «tissé».

Méthodes précoces. - Le développement le plus rapide de l'industrie semble avoir eu lieu en Hollande. Les chiffons utilisés pour la fabrication du papier ont été humidifiés avec de l'eau et stockés en tas jusqu'à ce qu'ils fermentent et deviennent chauds. Par ce moyen, la saleté et la matière non fibreuse ont été rendues partiellement solubles, de sorte que lors du lavage, une pâte à papier appropriée a été obtenue. Les chiffons lavés ont ensuite été placés dans une machine à estamper ressemblant à un pilon et un mortier ordinaires. Les mortiers étaient construits en pierre et en bois, et les timbres étaient maintenus en mouvement par des leviers qui étaient soulevé par des saillies fixées sur l'arbre d'une roue hydraulique. L'opération de battage a donc occupé une longue période, mais le papier produit était d'une grande résistance.

L'invention du «Hollander», un moteur simple mais ingénieux qui est à juste titre connu sous le nom du pays dont il est originaire, a donné une impulsion énorme à l'art de la fabrication du papier, comme par ses moyens la quantité de matière qui pouvait être traité en vingt-quatre heures a été considérablement augmenté. Malheureusement, la date de l'invention de cette importante machine n'a pas été définitivement tracée. La première mention de celui-ci semble se produire dans «Vollständige Mühlen Baukunst» de Sturm, publié en 1718. Il était largement utilisé à Saardam en 1697, de sorte que l'invention est au moins quelques années avant 1690.

À ce propos, Koops déclare: «Il existe en Gelderland de nombreux moulins, mais certains sont si petits qu'ils ne peuvent produire que 400 rames de papier par an, et il y a aussi des moulins à eau avec tampons, comme ceux en Allemagne. Mais dans la province de Hollande, il y a des moulins à vent, avec des moteurs de coupe et de meulage, qui font plus en deux heures que les autres en douze. A Saardam, 1 000 personnes sont employées dans la fabrication du papier. »

LA PREMIERE MACHINE A PAPIER FOURDRINIER.

Jusqu'en 1799, le papier était entièrement fabriqué en feuilles sur un moule à main, mais au cours des dernières années du XVIIIe siècle, un Français, Nicolas Louis Robert, directeur de M. Didot, propriétaire d'une papeterie à Essones, avait expérimenté dans le but de fabriquer du papier sous la forme d'une feuille continue, et a finalement produit une partie d'une longueur considérable.

L'idée a été portée en Angleterre par le beau-frère de Didot, Gamble, et présentée à l'avis de MM. Fourdrinier, papetiers en gros, de Londres.

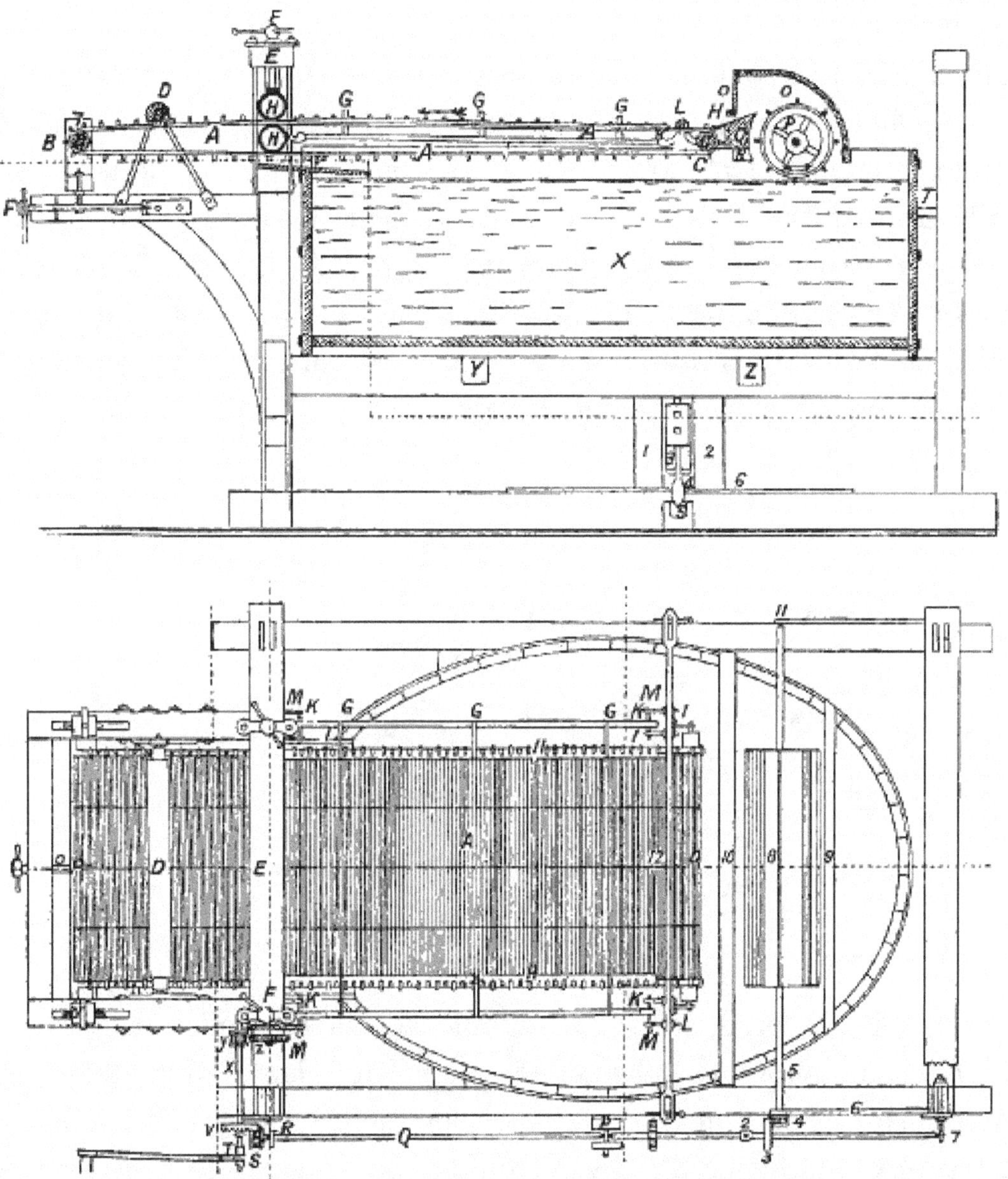

FIG. 4. - La première machine à papier, AD 1802. Plan et élévation.

La première machine était naturellement une affaire très grossière. Il se composait d'une toile de fil sans fin tendue en position horizontale sur deux rouleaux, dont l'un tournait librement dans un palier fixé au châssis de la machine, l'autre étant monté dans un palier réglable afin que le fil puisse être resserré si nécessaire. .

La pulpe battue, contenue dans une cuve placée au-dessous du fil, était jetée en un flux continu sur la surface du fil et transportée vers les rouleaux presseurs. Un mouvement de secousse a été appliqué au fil mobile de manière à faire sentir correctement les fibres. Une grande partie de l'eau est tombée à travers les mailles de la gaze, et d'autres quantités ont été éliminées au moyen des rouleaux presseurs. Le papier humide était ensuite enroulé sur un rouleau en bois, qui était retiré dès que suffisamment de papier avait été fabriqué.

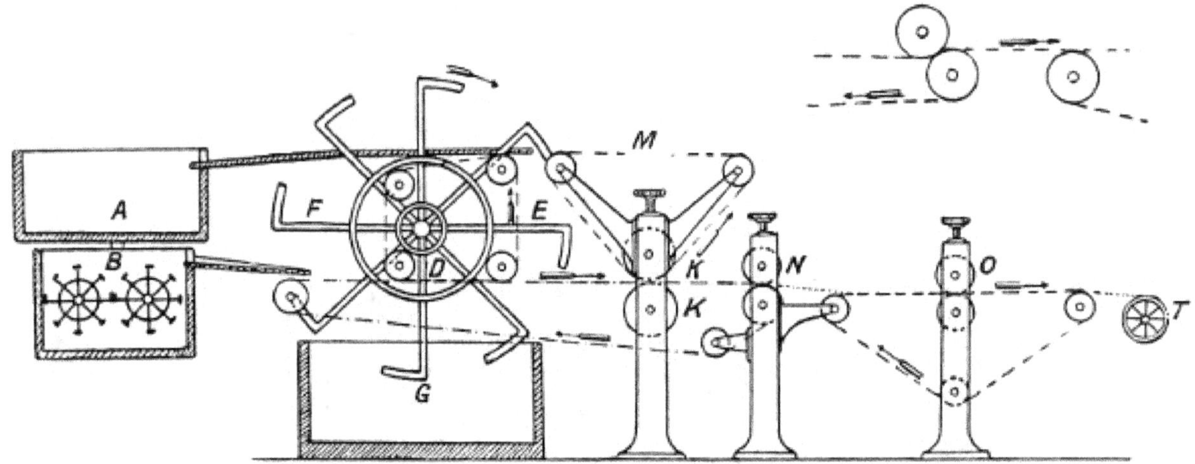

FIG. 5. - La machine à papier améliorée de AD 1810.

L'ensemble du processus s'est déroulé sous de grandes difficultés, mais des améliorations substantielles ont été bientôt apportées par l'entreprenant Fourdriniers, qui a commencé ses opérations à Bermondsey, employant M. Bryan Donkin, alors au service de MM.Hall & Co., de Dartford, qui avait s'est montré vivement intéressé par la machine. En 1803, le premier «Fourdrinier», ainsi appelé, fut construit à Bermondsey et érigé à Two Waters Mill dans le Herefordshire.

Dans cette machine, le mélange de pâte et d'eau était transporté en avant entre deux fils et, après avoir traversé les rouleaux de couchage, transféré sur un feutre sans fin. Cet agencement s'est avéré défectueux car l'eau ne s'échappait pas assez librement du fil et une grande partie du papier était gâtée.

Donkin, cependant, a trouvé un dispositif simple mais efficace pour remédier à ce défaut en modifiant la position relative des deux rouleaux de couchage. Au lieu de garder les deux rouleaux exactement dans une position verticale l'un sur l'autre, il les a placés à un léger angle afin que le supérieur s'appuie doucement sur la bande de papier portée par le fil avant de recevoir la pleine pression des rouleaux, et éliminer ainsi une plus grande proportion de l'eau. De cette manière, le papier était plus ferme et moins susceptible de se casser lorsqu'il était pressé entre les rouleaux de couchage, un avantage supplémentaire étant assuré par le fait que le fil supérieur pouvait être supprimé.

Les diverses améliorations apportées ont abouti à une machine dont les détails figurent sur le schéma annexé, le dispositif des rouleaux de couchage inclinés étant monté vers 1810.

Le mélange d'eau et de pulpe s'écoulait d'un coffre de rangement dans une petite boîte de régulation et sur le fil sur une planche en pente. La pâte s'est aussitôt formée en une feuille de papier humide, l'eau tombant à travers les mailles du fil, étant capturée dans un appareil en forme de seau et renvoyée vers la boîte de régulation. Le flux de pâte était confiné sur le fil au moyen d'un deckle. D'autres quantités d'eau ont été éliminées à l'aide d'une paire de rouleaux presseurs avant que la bande ne passe à travers les rouleaux de couchage, après quoi le papier a été enroulé sur une broche en bois.

A partir de cette date, le succès de la machine était assuré, bien que l'inventeur et ses collègues aient été pratiquement ruinés, une expérience que trop commune avec les premiers pionniers de nombreuses grandes et utiles entreprises industrielles. En fait, la firme de MM. Donkin était la seule à profiter de l'invention, car elle fabriquait un certain nombre de machines, comme indiqué dans le rapport des jurés de l'exposition de

1851, et de 1803 à 1851 ... ers se mettent au travail.

CHAPITRE II: CELLULOSE ET FIBRES PAPIER

Lorsque des plantes telles que le lin, le coton, la paille, le chanvre et d'autres variétés du règne végétal sont digérées avec une solution de soude caustique, lavées, puis blanchies au moyen de chlorure de chaux, une masse fibreuse est obtenue plus ou moins blanche en Couleur.

C'est la substance connue des papetiers sous le nom de pâte à papier, et les diverses modifications de celle-ci dérivées de différentes plantes sont généralement connues des chimistes sous le nom de cellulose.

Bien que les plantes diffèrent considérablement par leur structure physique et leur apparence générale, elles contiennent toutes du tissu qui, sous un traitement approprié, donne une proportion définie de cette substance fibreuse. La préparation d'une petite quantité de cellulose à partir de matériaux comme la paille, la corde, le chanvre, l'écorce filandreuse d'arbustes de jardin, le bois et le bambou peut facilement être réalisée sans appareils spéciaux. Les matériaux tendres, comme la paille et le chanvre, sont découpés en petits morceaux, les substances dures comme le bois et le bambou sont soigneusement martelées, afin de garantir une subdivision fine de la masse. La fibre ainsi préparée est ensuite placée dans une petite casserole en fer, et recouverte d'une solution composée de dix parties de soude caustique et 100 parties d'eau. Le matériau est bouilli doucement pendant huit ou dix heures, l'eau perdue par évaporation de la vapeur est remplacée par de nouvelles quantités d'eau chaude à intervalles réguliers. Lorsque la masse fibreuse se rompt facilement entre les doigts, elle est versée dans un tamis, ou sur un morceau de mousseline étirée sur un bassin et lavée complètement à l'eau chaude jusqu'à ce qu'elle soit propre et exempte d'alcali. Les morceaux durs et les portions qui semblent incomplètement bouillis sont enlevés et les fibres résiduelles sont séparées. Ces fibres sont placées dans une solution faible et claire de poudre de blanchiment ordinaire, laissées pendant plusieurs heures, puis soigneusement lavées. Ce procédé simple donnera un matériau fibreux plus ou moins blanc.

La forme la plus pure de cellulose est le coton. Un très léger traitement alcalin, suivi d'un blanchiment, suffit pour éliminer les constituants non fibreux de la plante, et un rendement important en cellulose est obtenu. Pour cette raison, la fibre de coton est un matériau presque idéal pour la fabrication du papier, possédant la qualité de la durabilité.

La cellulose est un composé organique contenant du carbone, de l'hydrogène et de l'oxygène dans les proportions suivantes: -

Carbone	44 · 2
Hydrogène	6 · 3
Oxygène	49 · 5
	100 · 0

Sa composition est représentée par la formule $C_6H_{10}O_5$.

Les celluloses obtenues à partir de diverses plantes ne sont identiques ni par leur structure physique et leur constitution chimique, ni quant à leur comportement lorsqu'elles sont utilisées pour la fabrication du papier. En fait, les différences bien connues entre les matières premières utilisées pour la fabrication du papier, ainsi qu'entre les nombreuses variétés de papiers finis, doivent être largement prises en compte et expliquées par une étude attentive du groupe cellulosique, notamment en référence à la caractéristiques microscopiques et composition chimique des espèces individuelles.

La seule substance végétale pouvant être considérée comme une cellulose simple est du coton, toutes les autres étant des celluloses composées de constitution variable, dont la nature ne peut être appréciée sans une connaissance considérable de la chimie. La classification de ces plantes dans un livre de cette description doit donc être limitée à certaines distinctions ayant une portée pratique immédiate sur la question de la fabrication du papier.

Coton. —Regardé comme la cellulose simple typique, contenant 91 pour cent. de cellulose, et remarquable par sa résistance à l'action de la soude caustique.

Lin. - La cellulose isolée du lin par traitement avec de la soude alcaline ou caustique ne peut pas être facilement distinguée de la cellulose de coton par analyse ou réactions chimiques. La différence est presque entièrement d'ordre physique.

Le lin est un composé typique de la cellulose, auquel on a donné le nom de pectocellulose en raison de certaines propriétés. D'autres plantes bien connues de cette classe sont la ramie, l'aloès, le «chanvre sunn», la manille.

Esparto. —La cellulose isolée de l'alfa diffère par sa composition de la cellulose de coton: -

Carbone	41 · 0
Hydrogène	5 · 8
Oxygène	53 · 2
	100 · 0

Elle est considérée comme une oxycellulose, s'oxydant facilement par exposition à l'air à 100 ° C. D'autres oxycelluloses familières au papetier sont la paille, la canne à sucre, le bambou.

Bois. - La différence entre le bois et les végétaux déjà évoqués s'exprime par le terme fibre lignifiée ou lignocellulose. Ce terme est utilisé pour indiquer que le bois est un composé de cellulose contenant des fibres non fibreuses constituants, auxquels on a donné le nom de lignone. Le jute est un autre exemple de cette classe.

Ces distinctions peuvent être illustrées par référence à une expérience simple. Si trois papiers, comme un tissu de chiffon pur ou une écriture en lin, une impression en sparte ordinaire et un journal bon marché contenant environ 80 pour cent. de bois mécanique, sont chauffés pendant vingt-quatre heures dans un four à une température de 105 ° C, le premier subira peu ou pas de changement de couleur, tandis que les autres seront sensiblement décolorés, le papier de pâte de bois mécanique le plus de tout.

Ce changement est dû à l'oxydation progressive des constituants du papier, la lignocellulose de la pâte de bois mécanique étant le plus facilement affectée par la température élevée, et la cellulose pure du papier chiffon étant la moins altérée.

Le processus d'oxydation, réalisé rapidement dans les conditions de l'expérience décrite, se déroule dans des papiers de faible qualité exposés à l'air dans les circonstances ordinaires d'utilisation quotidienne, mais bien entendu à une vitesse extrêmement lente. La détérioration d'un tel papier n'est cependant pas due à la simple oxydation des composés cellulosiques, car d'autres facteurs doivent être pris en compte. La présence d'impuretés dans le papier d'une part, et de vapeurs chimiques dans l'air d'autre part, accélère très considérablement la décomposition des papiers.

Pourcentage de cellulose dans les plantes fibreuses. - La valeur d'un végétal pour la fabrication du papier est d'abord déterminée par un examen attentif de la structure physique de la cellulose isolée par les méthodes ordinaires de traitement. Si les fibres sont faibles et courtes, la matière première est de peu de valeur, et elle est aussitôt condamnée sans autre investigation, mais si la fibre s'avère appropriée, alors la question du pourcentage de cellulose devient importante.

Il existe plusieurs méthodes utilisées pour estimer la quantité de cellulose dans les plantes. Le procédé donnant un rendement maximal est connu sous le nom de méthode de chloration dont les détails sont les suivants: - Une dizaine de grammes de fibre séchée à l'air est séchée à 100 ° C dans une étuve à eau pour la détermination de l'humidité. Une seconde dizaine de grammes de fibre séchée à l'air est bouillie pendant trente minutes avec une solution faible de soude caustique pure (dix grammes de soude caustique dans 1000 centimètres cubes d'eau), de petites quantités d'eau distillée étant ajoutées à intervalles fréquents pour remplacer l'eau perdu par évaporation. Le résidu est ensuite versé sur un petit morceau de gaze métallique, lavé soigneusement et essoré. La masse humide de fibre est détachée et arrachée, placée dans un bécher et soumise à l'action du chlore gazeux pendant une heure. La masse jaune vif est ensuite lavée à l'eau et immergée dans une solution de sulfite de sodium (vingt grammes de sulfite de sodium dans 1 000 cm 3 d'eau). Le mélange est chauffé lentement et finalement bouilli pendant huit à dix minutes, avec l'ajout de 10 cc. de solution de soude caustique. Le résidu est lavé, immergé dans une solution diluée d'hypochlorite de sodium pendant dix minutes, à nouveau lavé, d'abord avec de l'eau contenant un peu d'acide sulfureux puis avec de l'eau distillée pure. Il est enfin séché et pesé. d'abord avec de l'eau contenant un peu d'acide sulfureux et ensuite avec de l'eau distillée pure. Il est enfin séché et pesé. d'abord avec de l'eau contenant un peu d'acide sulfureux et ensuite avec de l'eau distillée pure. Il est enfin séché et pesé.

Le deuxième processus d'estimation de la cellulose est basé sur l'utilisation de brome et d'ammoniac. Une dizaine de grammes de fibre séchée à l'air est placée dans une bouteille à large goulot bien bouchée avec suffisamment d'eau de brome pour la recouvrir. Au fur et à mesure que la réaction se déroule, la solution rouge se décolore progressivement et de petites additions supplémentaires de brome sont nécessaires. La masse est ensuite lavée et bouillie dans un ballon relié à un condenseur avec une solution forte d'ammoniaque pendant environ trois à quatre heures. Le résidu fibreux est lavé, à nouveau traité avec de l'eau de brome à froid, puis bouilli avec de l'ammoniaque. Le traitement alternatif au brome et à l'ammoniaque est répété jusqu'à l'obtention d'une masse fibreuse blanche.

Dans la pratique, le papetier est limité à deux ou trois méthodes pour l'isolement des fibres, à savoir, les processus alcalins, qui nécessitent la digestion du matériau avec de la soude caustique, de la chaux, de la chaux et du carbonate de soude, principalement appliquée à l'ébullition de chiffons, sparte et pectocelluloses similaires; processus acides, dans lesquels le matériau est digéré avec de l'acide sulfureux et des sulfites. Ces dernières méthodes sont actuellement utilisées presque exclusivement pour la préparation de pâte de bois chimique.

Rendements de cellulose dans l'usine de papier. —L'objectif du papetier est d'obtenir un rendement maximal en résidus cellulosiques à un coût minimum. Habituellement, la quantité de pâte à papier blanchie réelle obtenue dans l'usine est inférieure au pourcentage obtenu par une analyse quantitative minutieuse, pour des raisons faciles à comprendre.

En premier lieu, la matière première est digérée pendant une période déterminée avec une quantité soigneusement mesurée de soude caustique, par exemple à une certaine température. Maintenant, les conditions d'ébullition peuvent être modifiées en modifiant un ou plusieurs de ces facteurs, la période d'ébullition, la force de la solution ou la pression de la vapeur, et le papetier doit exercer son jugement pour fixer la relation exacte entre les facteurs variables. afin de produire les meilleurs résultats.

En second lieu, les dispositifs mécaniques de lavage de la pulpe bouillie et de blanchiment provoquent de légères pertes de fibres, qui ne peuvent être tout à fait évitées lorsque les opérations sont menées à grande échelle. Fréquemment, également, un plus grand rendement de matière bouillie peut impliquer une plus grande quantité de poudre de blanchiment, de sorte qu'il est évident que l'ajustement des conditions pratiques nécessite des compétences techniques et une expérience considérables.

Le pourcentage de cellulose dans les plantes maraîchères employées plus ou moins dans la fabrication du papier est indiqué dans le tableau suivant: -

TABLEAU MONTRANT LE POURCENTAGE DE CELLULOSE DANS LES PLANTES FIBREUSES.

Fibre.	Cellulose, pour cent.
Coton	91 · 0
Lin	82 · 0
Chanvre	77 · 0
Ramie	76 · 0
Manille	64 · 0
Jute	64 · 0
Bois (pin)	57 · 0
Bagasse	50 · 0
Bambou	48 · 0
Sparte	48 à 42
Paille	48 à 40

Les propriétés de la cellulose. - La cellulose est remarquablement inerte vis-à-vis de tous les solvants ordinaires tels que l'eau, l'alcool, la térébenthine, le benzène et les réactifs similaires, propriété qui la rend extrêmement utile dans de nombreuses industries, de sorte que les applications industrielles de la cellulose sont nombreuses et extrêmement variées.

Solubilité. - La cellulose se dissout lorsqu'elle est mise en contact avec certains sels métalliques, mais elle se comporte tout à fait différemment des composés organiques ordinaires. Le sucre, par exemple, est un corps cristallin soluble dans l'eau, et peut être récupéré à l'état cristallin par évaporation progressive de l'eau. La cellulose dans des conditions appropriées peut être dissoute, mais elle ne peut pas être reproduite sous une forme structurelle identique à la substance d'origine.

Si la cellulose est chauffée doucement dans une solution aqueuse forte de chlorure de zinc, elle se dissout progressivement, une masse sirupeuse épaisse étant obtenue, qui consiste en une solution gélatineuse de cellulose. Si le mélange est dilué avec de l'eau froide, il se forme un précipité constitué d'hydrate de cellulose intimement associé à l'oxyde de zinc, lequel peut être dissous au moyen d'acide chlorhydrique. Le produit résultant n'est cependant pas la substance d'origine, mais une cellulose hydratée, dépourvue de toute structure cristalline.

La cellulose est également soluble dans les solutions ammoniacales d'oxyde cuivrique, à partir desquelles elle peut être précipitée par des acides ou par des substances qui agissent comme des agents déshydratants, *par exemple l'* alcool.

Hydrolyse. - Une explication du comportement de la cellulose vis-à-vis des solvants déjà mentionnés, et vis-à-vis de l'acide et de l'alcali, nécessite une référence à sa composition chimique.

La substance est un composé de carbone, d'hydrogène et d'oxygène représenté par la formule

$$C_6 H_{10} O_5$$

faisant partie d'une classe de composés organiques appelés hydrates de carbone, ainsi désignés parce que l'hydrogène et l'oxygène sont présents dans les proportions qui existent dans l'eau.

$$Eau = Hydrogène + Oxygène$$
$$H_2 + O.$$

Le $H_{10} O_5$ dans la formule cellulosique correspond à 5 ($H_2 O$).

Lorsque la cellulose est soumise à l'action d'un acide, d'un alcali et de certains sels métalliques, elle entre en combinaison avec une ou plusieurs proportions d'eau, formant des hydrates de cellulose de complexité variable. Ce changement est généralement appelé hydrolyse.

Avec les acides minéraux comme les acides sulfurique et chlorhydrique, la cellulose, si elle est bouillie dans des solutions faibles, est convertie en une substance cassante non fibreuse ayant la composition

$$C_{12} H_{20} O_{10} 2 H_2 O$$

auquel le nom d' *hydra-cellulose* a été donné. Des changements similaires se produisent, mais à un rythme beaucoup plus lent, lorsque la cellulose est en contact avec des acides libres à des températures ordinaires. Pour cette raison, il est important que le papier, une fois terminé, ne soit pas contaminé par de l'acide libre.

La nature et l'étendue du changement chimique peuvent être modifiées en modifiant la force de l'acide et les conditions de traitement. La fabrication de papier *sulfurisé* est un exemple de l'utilité pratique de la réaction chimique entre la cellulose et l'acide. Une feuille de papier est plongée dans un mélange de trois parties d'acide sulfurique fort et d'une partie d'eau, lorsqu'elle devient transparente. Laissée dans la solution, elle se dissout, mais si elle est retirée et plongée dans l'eau afin d'éliminer l'acide, la réaction est arrêtée et un morceau de *parchemin* semi-transparent résistant est obtenu. La cellulose est plus ou moins hydratée, ayant la composition

$$C_{12} H_{20} O_{10} H_2 O,$$

une substance ayant le nom d' *amyloïde* .

Oxydation. —La cellulose n'est oxydée dans une mesure appréciable par l'acide et l'alcali que si elle est traitée dans des conditions sévères. Il est remarquable que les procédés nécessaires pour isoler la pâte à papier des plantes lorsqu'elle est digérée avec ces réactifs chimiques n'agissent pas sur la fibre ni ne la détruisent, et cette capacité de résistance à l'oxydation a rendu la cellulose extrêmement précieuse pour de nombreuses industries les plus importantes.

Le pouvoir résistant de la cellulose est cependant dégradé par l'utilisation d'acide et d'alcali sous forme concentrée.

Les acides oxalique et acétique sont obtenus lorsque la cellulose est chauffée fortement à 250 ° C avec de la soude caustique solide.

L'oxy-cellulose, une poudre blanche friable, est produite au moyen d'acides minéraux forts. L'acide nitrique à 100 ° C attaque très facilement la fibre et en produit environ 30 à 40%. de la cellulose oxydée.

DERIVES DE CELLULOSE.

Le grand nombre de composés et dérivés, *c'est* -à- *dire des* substances obtenues par traitement chimique, peut être jugé à partir de la liste suivante. Les substances d'importance commerciale se distinguent convenablement de celles d'intérêt purement scientifique par l'impression des noms en petites capitales.

ACIDE ACETIQUE. —Un produit commercial important obtenu par distillation destructrice du bois. L'acide pyroligneux brut est d'abord neutralisé à la craie ou à la chaux, et l'acétate de calcium formé est ensuite distillé avec de l'acide sulfurique. Le bois donne 5 à 10 pour cent. de son poids d'acide acétique selon la nature du bois.

ACETONE. —Un solvant pour résines, gommes, camphre, coton à canon et autres produits cellulosiques. Préparé par distillation de baryum ou d'acétate de calcium dans des alambics en fer, l'acétate étant obtenu à partir de l'acide acétique brut produit par distillation à sec du bois.

Cellulose acide. - (Voir Hydral-Cellulose.)

Adipo-cellulose. -Un composé cellulosique distinct présent dans le tissu cuticulaire complexe des plantes, et séparé facilement par des solvants appropriés de la cire et des constituants huileux également présents.

CELLULOSE ALCALINE. - Lorsque la pâte de coton est intimement mélangée avec une solution de soude caustique forte, ce composé se forme. Il est utilisé dans la fabrication de la *viscose* .

Amyloïde. - L'acide sulfurique fort agit sur la cellulose et la transforme en une substance gélatineuse semi-transparente à laquelle on a donné le nom d'amyloïde. (Voir Papier parchemin.)

BALLISTITE. - Poudre sans fumée composée de parties à peu près égales de nitroglycérine et de cellulose nitrée, avec une petite quantité de diphénylamine.

Glucides. - Un grand nombre de produits commerciaux importants, tels que la cellulose, les sucres, les amidons et les gommes, sont constitués des éléments carbone, hydrogène et oxygène, associés dans des proportions variables. Le rapport de l'hydrogène à l'oxygène dans ces composés est toujours de 2: 1 (H_2 et O).

$$\text{Cellulose} \quad C_6 H_{10} O_5 .$$
$$\text{Sucre} \quad C_6 H_{12} O_6 .$$
$$\text{Dextrine } n \quad (C_6 H_{10} O_5).$$

À toutes ces substances, le terme glucide est appliqué.

Celloxine (Tollens) .— Substance ayant la composition indiquée $C_8 H_6 O_6$ considérée comme présente dans les dérivés oxydés de la cellulose.

CELLULOÏD. —Ce matériau bien connu est fabriqué en incorporant du camphre avec de la nitrocellulose, une substance plastique semblable à l'ivoire étant produite. Dans la pratique, le procédé est le suivant: - La pâte de bois ou le papier de pâte de bois est saturé d'un mélange d'acide sulfurique (cinq parties) et d'acide nitrique (deux parties), qui produit de la cellulose nitrée. Le produit est lavé, broyé et mélangé avec du camphre, la mastication étant effectuée par de lourds rouleaux de fer. La masse s'épaissit et peut être éliminée sous forme de feuilles épaisses. Ces feuilles sont soumises à une forte pression entre les plaques chauffées à la vapeur. Le gâteau obtenu est découpé en feuilles de toute épaisseur désirée, assaisonné par un stockage prolongé, et ensuite transformé en boîtes, peignes, brosses et de nombreux autres articles ménagers de caractère utile et ornemental.

ACETATE DE CELLULOSE (croix). - Si la cellulose est chauffée avec de l'anhydride acétique à 180 ° C, on obtient des solutions visqueuses des acétates. Le procédé donnant un acétate défini de valeur commerciale est basé sur la réaction suivante: - 100 parties de cellulose préparée à partir du sulfo-carbonate sont mélangées avec 120 parties d'acétate de zinc, chauffées et séchées à 105 ° C. L'anhydride acétique est ajouté en petit quantité, et 100 parties de chlorure d'acétyle. A une température de 50 ° C, le mélange devient liquide, et l'acétate de cellulose est ensuite obtenu sous forme de poudre blanche.

Le composé peut être utilisé à la place du nitrate de cellulose et, étant non explosif, peut progressivement remplacer ce dernier dans de nombreuses applications industrielles.

Cellulose-Benzoate. -Lorsque la cellulose alcaline est chauffée avec du chlorure de benzoyle et un excès de soude caustique, cette substance est obtenue.

Hydrate de cellulose. - Les substances produites par l'action d'acide et d'alcali sur la cellulose dans certaines conditions strictement définies sont des corps contenant de la cellulose réunie à l'eau pour former des hydrates. Les applications industrielles de la cellulose basées sur cette réaction sont décrites sous les titres spéciaux.

NITRATE DE CELLULOSE. - Un nombre considérable de dérivés est obtenu par mise en contact de la cellulose avec de l'acide nitrique. Les variations de la force de l'acide, de la température de réaction et du temps de contact déterminent la nature du produit. Les nitrates les plus connus sont: -

Di-nitrate de cellulose.

Tritrate et tétra-nitrate de cellulose, présents principalement dans la pyroxyline.

Penta-nitrate de cellulose.

Hexa-nitrate de cellulose, principal constituant du coton à canon.

CHARBON. - N'est pas un dérivé de la cellulose au sens strict du terme, le charbon de bois étant un résidu obtenu lors de la distillation à sec du bois.

COLLODION. —Un nitrate de cellulose soluble utilisé en photographie. (Voir Pyroxyline.)

CORDITE. —Poudre sans fumée constituée principalement de nitroglycérine et de coton à canon mélangé à de l'acétone. Les matériaux sont soigneusement incorporés et la pâte résultante est formée en fils qui sont teints puis coupés en longueurs appropriées pour les cartouches.

Cuto-cellulose. —Synonyme d'adipo-cellulose.

Dextron. —Un composé préparé à partir des liqueurs résiduaires du procédé bisulfite utilisées pour la fabrication de pâte de bois. Ressemble à la dextrine dans ses propriétés physiques.

DEXTROSE. -Un glucide susceptible d'être obtenu par action d'acides minéraux sur la cellulose. Le dextrose commercial, ou glucose, est préparé par la conversion de l'amidon avec de l'acide sulfurique. L'amidon est mélangé avec de l'acide dilué à température fixe, et le lait d'amidon obtenu est versé progressivement dans un récipient contenant de l'acide dilué, qui est maintenu à ébullition. La conversion est complète et rapide.

EXPLOSIFS. - La production de plusieurs nitrates de cellulose a donné naissance à un grand nombre de substances hautement explosives.

Dynamitage de la gélatine. -Un mélange de nitroglycérine avec des nitrates de cellulose.

Ambérite , *Ballistite* , *Cordite* et autres poudres sans fumée, constituées de nitroglycérine et de nitrates de cellulose dans des proportions à peu près égales.

Poudres sportives réalisées par mélange de nitrocellulose avec du nitrate de baryum, le nitro-benzène - camphre, comme *indurite* , *plastomenite* , etc.

GLUCOSE. - (Voir Dextrose.)

GUN-COTON. —Un explosif préparé par l'action de l'acide nitrique sur le coton. Les déchets de coton sélectionnés convenablement ouverts sont immergés dans un mélange de trois parties d'acide nitrique en poids (1 · 50 sp. Gr.) Et une partie d'acide sulfurique en poids (1 · 85 sp. Gr.) Et soumis à un certain nombre des procédés par lesquels la nitration est correctement effectuée de manière à produire une nitrocellulose de composition uniforme. Le matériau est lavé, réduit en pâte et moulé sous diverses formes.

Hémi-cellulose. - Les constituants des tissus végétaux sont de caractère extrêmement varié. De nombreuses plantes contiennent des substances qui ressemblent à de la vraie cellulose, mais qui en diffèrent par leur facilité de conversion par hydrolyse et par l'action d'acides dilués en hydrates de carbone. Les plantes qui contiennent une grande proportion de ces constituants sont appelées hémicelluloses. Dans certains cas, certains sucres cristallisables peuvent être obtenus par hydrolyse dans des conditions appropriées.

Hydral-cellulose (Bumcke). - Composé d'un intérêt purement scientifique, résultant du traitement de la cellulose avec du peroxyde d'hydrogène. Lorsqu'il est agi par un alcali, il est décomposé en cellulose et cellulose acide, cette dernière étant un dérivé de composition instable.

Hydro-cellulose. —Ce produit, une poudre blanche, non structurelle, friable, est obtenu par traitement de la cellulose avec de l'acide chlorhydrique ou sulfurique de force modérée. La substance elle-même n'a aucune valeur commerciale, mais la réaction est utile pour séparer le coton des tissus animaux. Si un tissu de laine contenant du coton est trempé dans de l'acide sulfurique dilué, lavé et séché à une chaleur douce, le coton est agi et peut être battu hors du tissu, la laine résistant au traitement acide.

Lignine. —Le mélange complexe de substances qui est associé à la cellulose dans le bois, le jute et autres *lignocelluloses*. La conversion du bois en pâte chimique entraîne l'élimination de ce matériau plus ou moins complètement. Le test bien connu de la «phloroglucine» pour le bois mécanique dans les papiers est basé sur la présence de *lignine* dans le bois.

Ligno-cellulose. —Le bois et le jute sont des corps typiques constitués de cellulose et d'un complexe non cellulosique, généralement appelé lignine, associés ensemble dans le tissu végétal. La chimie de la partie non cellulosique du bois est une question encore à l'étude, son importance d'un point de vue commercial étant évidente du fait que l'élimination de la *lignine* lors de la conversion du bois en bois-cellulose entraîne une perte de 50 pour cent. du poids du bois.

Lustra-Cellulose. —Synonyme et suggéré comme un nom plus approprié pour le matériau généralement décrit comme *soie artificielle*.

COTON MERCERISE. - Lorsque le coton est immergé dans de fortes solutions de soude caustique, un changement remarquable s'installe. La structure physique de la fibre est entièrement modifiée du long tube aplati ayant un grand canal central à un tube cylindrique plus court dans lequel le canal disparaît presque. L'hydratation de la cellulose a lieu, et ces changements sont mis à profit dans la production de tissu mercerisé (ainsi nommé d'après le découvreur de la réaction, Mercer). Les produits en coton, en particulier ceux en coton à longues agrafes, lorsqu'ils sont mercerisés, présentent un bel éclat et de magnifiques effets de crêpon sont obtenus par le procédé.

Méthoxyl. —Un constituant du composé complexe connu sous le nom de lignocellulose, présent dans le bois et les fibres similaires. La quantité de méthoxyle dans les tissus lignifiés peut être déterminée avec précision, et il a été suggéré que la proportion de méthoxyle trouvée dans un tissu bon marché le papier d'impression pourrait être utilisé comme mesure de la pâte de bois mécanique présente.

Muco-cellulose. - Ce terme s'applique à certaines celluloses composées présentes principalement dans les mucilages, les gencives et les algues (Algæ). Les substances naturelles ont toutes une importance commerciale - mousse d'Islande, Carragheen, Algin, etc.

NAPHTE. —Un des produits de la distillation à sec du bois, généralement appelé naphta de bois ou essence de bois.

NITRO-CELLULOSE. - Le traitement de la cellulose à l'acide nitrique donne un certain nombre de nitrocelluloses en fonction des conditions du procédé. (Voir Nitrates de cellulose.)

L'ACIDE OXALIQUE. —Une substance de grande importance commerciale préparée en chauffant à sec la sciure de bois tendre, comme le pin, le sapin et le peuplier, avec de fortes solutions de soude caustique et de potasse. Le bois donne au bout de six heures une masse grisâtre contenant environ 20 pour cent. de l'acide, qui est séparé par l'eau puis cristallisé.

Il est utilisé pour le blanchiment et comme *décharge* dans l'impression et la teinture au calicot.

Oxy-cellulose. -Poudre blanche friable obtenue par traitement de la cellulose par l'acide nitrique à 100 ° C. L'oxydation de la cellulose est provoquée par plusieurs réactifs tels que l'acide chromique, les hypochlorites de chaux et de soude, le chlore et les permanganates. La mesure dans laquelle le tissu a été endommagé par un blanchiment excessif peut être déterminée par un simple test avec une solution de bleu de méthylène, qui est facilement absorbée par l'oxy-cellulose présente dans ces tissus.

PARCHEMIN. —Un papier dur préparé par l'action de l'acide sulfurique sur du papier non collé. (Voir page 137.)

Pectines. - (Voir Pecto-Cellulose.)

Pecto-Cellulose. —Un terme générique appliqué à de nombreux matériaux fibreux importants, tels que le lin, la paille, l'alfa, le bambou, le phormium, la ramie, etc., qui, lors d'un traitement alcalin, donnent de la cellulose pour la fabrication du papier et un résidu soluble non fibreux de composition complexe. Ces dérivés solubles sont connus sous le nom de pectine ($C_{32}H_{48}O_{32}$), acide pectique ($C_{32}H_{44}O_{30}$) et acide métapectique ($C_{32}H_{28}O_{36}$). Bien que les constituants solubles des pecto-celluloses représentent 50 pour cent. en poids dans la plupart des cas, aucun procédé de valorisation du produit sous une forme commerciale n'a encore été mis au point. (Voir la description de la récupération de Soda, page 78.)

PYROXYLINE. —Une substance préparée en nitrant du coton. Le coton est immergé dans un mélange d'acides nitrique et sulfurique de force soigneusement régulée, puis lavé sans acide. Trois volumes d'acide nitrique (sp. Gr. 1 · 429) sont dilués avec deux volumes d'eau et neuf volumes d'acide sulfurique fort (sp. Gr. 1 · 839) ajoutés. A la solution refroidie, le coton est ajouté par petites quantités à la fois. La pyroxyline résultante est soluble dans un mélange de quantités égales d'alcool et d'éther, et sous forme soluble est utilisée comme *collodion* pour la photographie.

SOIE, ARTIFICIELLE. —Une substance remarquable à base de bois ou de cellulose de coton, ressemblant beaucoup à la soie en apparence et en propriétés physiques.

La cellulose nitrée est dissoute dans un mélange à parts égales d'alcool et d'éther.

La solution est forcée à travers cinq tubes capillaires sous haute pression, et le filament ainsi obtenu se solidifiant à la fois est enroulé ensemble avec d'autres filaments similaires sur des bobines appropriées. Diverses modifications de ce procédé général sont en cours d'utilisation, telles que la solidification de la solution en fils par le faire passer dans l'eau; l'application de solvants moins inflammables que l'éther et l'alcool; l'utilisation d'autres formes de cellulose dissoute telles que celles préparées au moyen de chlorure de zinc, d'oxyde de cuivre ammoniacal ou d'anhydride acétique. Dans tous les cas, le fil ou le fil est soumis à un traitement chimique supplémentaire pour éliminer l'acide nitrique et rendre le matériau non explosif et moins inflammable. Le produit fini est doux et souple, peut être facilement blanchi et teint et est capable d'acquérir un éclat élevé.

POUDRES SANS FUMEE. - (Voir Explosifs.)

Sulfo-Carbonate. - (Voir Viscose.)

CELLULOSE SULFATE. —Pâte de bois chimique préparée par le procédé au sulfate. (Voir page 107.)

CELLULOSE SULFITE. —Pâte de bois chimique préparée par le procédé au sulfite. (Voir page 107.)

VISCOSE. —Un sulfo-carbonate soluble de cellulose, préparé en traitant la cellulose avec un 15 pour cent. solution de soude caustique et secouer le produit avec du bisulfure de carbone dans un récipient fermé. Le mélange forme une masse jaunâtre soluble dans l'eau, donnant une solution visqueuse qui possède des propriétés remarquables et précieuses.

Cette *viscose* , au repos, se coagule en une masse dure qui peut être tournée et polie.

S'ils sont étalés sur du verre et coagulés par la chaleur, des films sont obtenus à partir desquels les sous-produits alcalins peuvent être éliminés par lavage. Ces films sont transparents, incolores, très résistants et durs.

FIBRE VULCANISEE. —Fibre ou pâte traitée au chlorure de zinc en solution acide, ou autrement, pour la fabrication de panneaux durs. (Voir page 139.)

MARCHANDISES WILLESDEN. —Papier, fibre et textiles traités avec l'oxyde de cuprammonium sont partiellement gélatinisés en surface et rendus imperméables. (Voir page 139.)

Esprit du bois. - (Voir Naphta.)

Xylonite. - (Voir Celluloïd.)

FIBRES POUR LA FABRICATION DU PAPIER.

Bien que le monde végétal ait été exploré de temps à autre pour de nouveaux approvisionnements en cellulose, et que certaines plantes se soient avérées utilisables dans certaines directions, le nombre de fibres réellement utilisées est très limité.

Le tableau suivant indique les principales sources du matériel nécessaire à la fabrication du papier: -

Fibre.	Source de la fibre.	Application de la fibre.
Lin	Chiffons, déchets textiles.	Écrits et impressions de grande qualité.
Coton	Chiffons, déchets textiles.	Écrits et impressions de grande qualité.
Sparte	Herbe naturelle.	Écrits et impressions.
Paille	Paille de diverses céréales - blé, orge, avoine, etc.	Imprimés, cartons et cartons.
Bois	Bois broyé mécaniquement.	Papiers bon marché, cartons, médiums, tickets et cartes, écritures et impressions.
„	Bois préparé chimiquement.	Écrits et impressions.
Lin	Fils, déchets de filature.	Emballages, planches, papiers câbles.
Chanvre	Déchets de filature, vieille corde, toile à voile, etc.	Emballages, planches, papiers de câble, écritures fortes.
Jute	Déchets, vieux sacs de jute.	Emballages, cartons, cartes.
Bambou	Tiges naturelles.	Écrits et impressions (pas en Europe, et seulement

		des quantités limitées ailleurs).
Ramie	Bast fibres de la plante; déchets textiles.	Rarement utilisé, sauf cas particuliers.
Bagasse	La canne à sucre refuse.	Documents communs (principalement des résultats expérimentaux).
Chanvre de Manille	Textile et déchets de corde.	Wrappings, papiers pour câbles.

Exploiter de nouvelles fibres. —L'exploitation de toute nouvelle fibre papetière nécessite une attention particulière à certains détails importants, qui peuvent être raisonnablement considérés dans l'ordre suivant: -

(1) *Approvisionnement.* —L'offre de matériel doit être abondante et pouvoir être obtenue en grandes quantités. Trop souvent, cette question est entièrement négligée par ceux qui apportent de nouvelles fibres à l'attention des papetiers, probablement parce qu'ils ne se rendent pas compte que d'énormes quantités de matière sont nécessaires pour approvisionner ne serait-ce qu'une très petite partie du commerce du papier, le fait étant que peu d'usines produisent plus de la moitié de leur poids en fibres de papier.

(2) *Pertinence.* - La fibre doit être correctement examinée quant à ses propriétés chimiques et physiques dans un laboratoire équipé d'appareils pour sa conversion en pâte à papier blanchie à petite échelle. L'examen de la fibre comprendrait des tests concernant la quantité de pâte qui peut être obtenue à partir d'une tonne de matière première, le coût approximatif du traitement et des détails sur la valeur de la fibre pour la fabrication du papier.

(3) *Coût de la matière première.* - Si l'approvisionnement en matériau semble suffisant et que la pâte à papier obtenue possède des qualités appropriées, il est alors nécessaire d'obtenir des informations précises sur le coût de la fibre livrée à un endroit donné sur ou à proximité du lieu de collecte.

L'exploitation de toute nouvelle fibre à des fins de fabrication de papier impliquera une reconnaissance du fait que la matière première doit être transformée en pâte à ou à proximité de l'endroit où la matière est la plus abondante.

La seule exception intéressante à cela est le cas de la fibre d'alfa, qui est importée en grande quantité en Angleterre, mais cela n'est possible que parce que l'alfa possède les qualités de papier les plus précieuses, et est obtenue dans les pays proches de l'Angleterre, où de grandes quantités sont consommé. Il est douteux que d'autres fibres puissent être utilisées de la même manière.

(4) *Le coût de fabrication* au lieu de collecte ou à proximité doit être soigneusement établi, en tenant dûment compte du coût réel des produits chimiques sur place, du coût de la main-d'œuvre et des conditions dans lesquelles l'entretien des machines peut être effectué. efficacement soigné.

(5) *Les frais de transport et de fret* sont les derniers, mais non les moindres, éléments d'importance. Il n'est pas exagéré de dire que tout le succès de l'exploitation de la nouvelle fibre papetière repose entièrement sur ce point, la majorité des nombreuses fibres qui ont été portées à la connaissance du commerce étant convenable, mais irréalisable, uniquement à cause de des considérations commerciales similaires.

Dans les pages de la presse spécialisée depuis quelques années, les fibres suivantes ont été remarquées: -

(1) *Pâte de lin.* - Ce matériau devait être obtenu à partir de paille de lin. Des tentatives ont été faites à l'échelle commerciale pour produire des quantités de fibres de lin, mais jusqu'ici les efforts déployés n'ont pas été très fructueux.

(2) *fibre de ramie.* - Ce matériau a été exploité à maintes reprises, principalement pour les métiers du textile, son application en tant que matériau de fabrication du papier étant limitée à de petites quantités utilisées à des fins particulières telles que les billets de banque. La fibre

est trop précieuse, sauf pour les industries textiles, et ne peut entrer dans le commerce du papier qu'en tant que déchet provenant de ces sources.

(3) *La fibre de tabac* est avant le commerce depuis quelques années, l'idée étant d'utiliser des tiges de tabac et d'autres déchets de tabac pour la fabrication de papier pouvant être utilisé comme emballage pour cigares, cigarettes et autres usages similaires.

(4) *Fibre d'agave.* - Ce nom est donné à un grand et important genre de plantes productrices de fibres que l'on trouve principalement en Amérique centrale. On le trouve également en Inde, et en 1878 une expérience a été faite pour la fabrication de papier dans une usine près de Bombay, mais cela n'a pas donné de résultats satisfaisants, probablement en raison des méthodes primitives utilisées dans le traitement.

(5) *Bagasse.* - Les déchets de canne à sucre ont été considérés pendant de nombreuses années comme une fibre désirable, beaucoup de temps et de travail ayant été consacrés à l'utilisation de ce matériau. Malgré ces efforts, la bagasse reste un matériau presque inutile et impraticable. Ceci est en partie dû à l'infériorité de la pulpe et en partie aux difficultés liées à son traitement. La culture de la plante pour sa fibre au lieu du sucre pourrait probablement donner de meilleurs résultats.

(6) *Tourbe.* - Les tentatives faites pour utiliser la tourbe pour la fabrication du papier sont probablement fraîches dans l'esprit des papetiers intéressés par la production d'emballages et de cartons. La nature de la tourbe, cependant, est telle qu'elle exclut l'espoir de fabriquer un article utile. Le matériel a été exploité par des entreprises en Autriche, en Irlande et au Canada à une assez grande échelle, avec un succès limité.

(7) *Coques de graines de coton.* - De nombreux brevets ont été déposés pour le traitement chimique des déchets de graines de coton et ayant pour objet l'élimination des particules de coques de graines, de manière à obtenir une pâte de coton pure. Le système semble attrayant,

mais il y a tellement de conditions dont il faut tenir compte que le succès commercial de toute entreprise basée sur l'utilisation de coques de graines de coton est très discutable. Le fait est que les coques ont une valeur marchande tout à fait indépendante de la possibilité de leur application à la fabrication du papier, et ce coût initial empêcherait les papetiers d'acheter le matériau en raison de la grande quantité nécessaire à la fabrication d'une tonne de papier pur. pulpe.

(8) *Apocynum.* - Cette usine serait utilisée dans une certaine mesure par le gouvernement russe dans la fabrication de billets de banque, l'usine étant cultivée à Poltava. Ceci est un exemple de l'application particulière d'un matériau fibreux en quantités limitées, une proposition qui est toujours réalisable dans le cas d'exigences particulières.

(9) *Cornstalk.* - Cette fibre a été principalement exploitée en Amérique, les experts ayant été attirés par les énormes quantités de tiges de maïs disponibles dans les divers États producteurs de blé. La fabrication à grande échelle de pâte à papier à partir de ce matériau n'a pas encore été établie.

(10) *Fibres de papier japonais.* - Dans les pays de l'Est, un grand nombre de plantes fibreuses sont utilisées en petites quantités pour la fabrication de papiers spéciaux. Il est évident que, dans ces pays de l'Est, l'emploi de fibres qui ne sont pas cultivées en gros volume est facilement possible quand on considère la question du prix obtenu pour le papier et du coût de production. Parmi ces fibres, on peut citer les *Mitsumata* et *Kodzu* , faciles à cultiver et donnant un bon rendement en matière par acre de terrain. Les papiers cirés utilisés pour les pochoirs dans les travaux de duplication sur machine à écrire sont fabriqués à partir de ces fibres. Le *mûrier à papier* est également une fibre bien connue; tandis qu'une troisième espèce particulièrement précieuse pour les papiers minces est le *Gampi*.

(11) *Fibre Antaimoto.* —L'écorce de cet arbuste est utilisée à Madagascar en très petites quantités à des fins locales et présente peu d'intérêt pour les papetiers.

(12) *Refusez Hempstalk.* - La suggestion de l'utilisation de ce matériau vient d'Italie, la tige de chanvre ayant été expérimentée au moulin de San Cesario. C'est aussi une fibre d'intérêt local uniquement. Le pourcentage de cellulose est très élevé, dépassant 50%.

(13) *Papyrus.* - La renaissance de ce matériel célèbre est de date relativement récente. Il est à noter que la fabrication de papyrus telle qu'effectuée par les Egyptiens, en lissant des couches d'écorce afin de les utiliser comme feuilles de papier, et les propositions actuelles qui impliquent la production de pâte à papier à partir de papyrus, sont deux propositions entièrement différentes, et le succès de l'ancienne méthode égyptienne ne peut être considérée comme une garantie de succès pour la production de papier à partir de papyrus selon des méthodes modernes. L'exploitation de cette fibre doit suivre les lignes de la recherche moderne et de l'investigation commerciale, et sa valeur, le cas échéant, pourrait alors être établie.

(14) *Pousolsia.* —C'est une fibre de la même famille que le chanvre et la ramie. La valeur de ce matériau est actuellement inconnue, mais la fibre ultime semble posséder une longueur des plus extraordinaires. On dispose actuellement de très peu d'informations sur sa valeur pour la fabrication du papier.

(15) *Bambou.* —Ce matériau a été avant le commerce du papier pendant de nombreuses années, après avoir été exploité sérieusement pour la première fois par M. Thomas Routledge en 1875. Depuis cette date, beaucoup de travail a été fait dans le domaine de la fibre, mais ce n'est que récemment que l'enquête a été faite d'un caractère suffisamment étendu pour permettre aux papetiers de tirer des conclusions quant aux meilleures méthodes d'obtention d'une pâte à papier fiable. Les recherches de l'écrivain en Inde prouvent qu'avec toute

fibre, il est nécessaire de prendre en compte tous les facteurs susceptibles d'affecter le coût final de la pâte à papier livrée à une papeterie donnée.

Les chiffres donnés dans un rapport récemment publié, «La fabrication de papier et de pâte à papier en Birmanie», montrent la nécessité d'une enquête approfondie sur tous les points susceptibles d'affecter les résultats finaux, à savoir le prix auquel la pâte à papier peut être vendu en Angleterre, en supposant que la fibre en question convient à la fabrication de papier.

Examen des fibres. —L'analyse chimique exacte d'une nouvelle fibre est nécessaire pour établir complètement sa valeur à des fins textiles et papetières, mais l'étude de l'aptitude de la fibre à la fabrication du papier peut être simplifiée par une simple réduction de la matière première avec de la soude caustique. Le processus suivant est suffisant à toutes fins pratiques: -

État de l'échantillon. —Un enregistrement doit être fait de l'aspect général de l'échantillon, de son état et de la quantité disponible pour l'enquête. Toute information disponible sur la source d'approvisionnement et la croissance de la plante doit également être notée.

Préparation de l'échantillon. —Le matériau est découpé en petits morceaux. L'appareil le plus pratique à cet effet est un coupe-onglet utilisé par les fabricants de cadres. Si l'échantillon est un morceau de bois, des sections d'un pouce d'épaisseur coupées dans le sens du grain du bois sont les plus appropriées, car elles peuvent être facilement découpées en fines lamelles par cette machine.

Humidité dans l'échantillon. —Un petit échantillon moyen doit être séché à 100 ° C pour la détermination de l'humidité.

Traitement avec de la soude caustique. —Environ deux cents grammes de matière première sont étroitement conditionnés dans un petit digesteur ou autoclave et recouverts d'une solution de soude caustique ayant une densité de 1 · 050. Un disque de plomb perforé doit être placé au-dessus de l'échantillon dans le digesteur pour empêcher tout élément de flotter au-dessus du niveau de la solution. Le matériel doit être digéré pendant cinq ou six heures à une pression de 50 livres. Les conditions de traitement données ici devront être modifiées en fonction de la nature de la fibre. Certains matériaux peuvent être facilement convertis en pâte avec une liqueur plus faible et à une pression plus faible, tandis que d'autres nécessiteront un traitement prolongé. Ces conditions doivent être modifiées selon le jugement ou selon les effets produits par les conditions déjà énoncées.

Pâte non blanchie. —Le contenu du digesteur est vidé dans un tamis circulaire ordinaire muni d'un fond en fil de cuivre fin, ayant une maille d'environ seize pouces au pouce. Le tamis est immergé dans l'eau et le contenu partiellement lavé à l'eau chaude. Le matériau partiellement lavé est pressé à la main et attaché dans un chiffon solide, puis malaxé à la main dans un bassin d'eau qui est renouvelé à plusieurs reprises jusqu'à ce que la fibre soit complètement lavée. Le processus de pétrissage réduit en même temps la fibre à l'état de pâte. L'eau est soigneusement extraite de la pulpe à la main, et la pulpe humide est ensuite divisée en deux parties égales, dont la première est constituée de feuilles de toute taille convenable, en veillant à ce qu'aucune fibre ne soit perdue. Ces feuilles sont ensuite séchées à l'air et conservées sous forme d'échantillons de pâte non blanchie, un enregistrement étant fait du poids produit.

Pâte blanchie. - La seconde portion de pâte humide est mélangée à une solution d'eau de Javel dont la force a été déterminée avec précision par les méthodes usuelles. La quantité d'eau de Javel ajoutée doit être d'environ 20 pour cent. du poids de fibre séchée à l'air présente dans l'échantillon humide de pâte. La pâte doit être blanchie à une

54

température ne dépassant pas 38 ° C, et lorsque la couleur a atteint un maximum, la quantité d'agent de blanchiment restant en solution est déterminée par titrage avec une solution d'arsenic standard. De cette manière, la quantité de poudre de blanchiment nécessaire pour blanchir la pâte est déterminée. Le produit est ensuite reconstitué en feuilles de pâte qui sont séchées par exposition à l'air et ensuite pesées.

Rendement de la pâte. - Le rendement en pourcentage de pâte finie obtenue à partir de la matière première est déterminé à partir des chiffres obtenus dans l'expérience décrite, et le poids de matière première nécessaire pour produire une tonne de pâte blanchie est facilement calculé.

Examen de la fibre blanchie. —La fibre doit être soigneusement examinée au microscope et un enregistrement fait des caractéristiques microscopiques générales, en particulier en ce qui concerne la longueur et le diamètre des fibres, et la proportion de matière cellulaire présente, le cas échéant.

Échantillon de papier. - Ce n'est que dans le cas d'un matériau à fibres courtes semblable à l'alpha et à la paille que l'on peut fabriquer des feuilles de papier capables de donner des résultats comparatifs quant à la résistance. Les chiffres obtenus avec des matériaux fibreux de ce type ne sont que comparatifs, car il est possible en pratique de fabriquer une feuille de papier beaucoup plus résistante lorsque le matériau est correctement battu dans des conditions normales.

Une enquête similaire devrait être menée en soumettant la fibre à un traitement au bisulfite de chaux, c'est-à-dire si la fibre se prête à un tel procédé. Un digesteur plombé est nécessaire et la solution employée est du bisulfite de chaux préparé selon les instructions données à la page 160 .

La préparation de la pâte au sulfite nécessite plus d'attention que la fabrication de la pâte de soude. Il est très important que le digesteur soit absolument étanche afin d'éviter la fuite de tout gaz d'acide sulfureux libre, et le contenu du digesteur doit être chauffé lentement jusqu'à ce que la pression maximale soit atteinte.

CHAPITRE III: LA FABRICATION DE PAPIER À PARTIR DE CHIFFONS

FIG. 6. - Une maison de tri de chiffons.

Le mot chiffon est utilisé pour désigner une très large gamme de matières premières aptes à être transformées en papier. Dans le cas des papiers d'écriture faits à la main de haute qualité, seules les meilleures qualités sont utilisées, comme le lin neuf et le coton boutures d'usines ou chiffons bien triés d'origine nationale. La classification habituelle adoptée par les commerçants qui approvisionnent les papeteries est en quelque sorte la suivante: -

Nouvelles boutures de lin blanc (provenant d'usines textiles).

Nouvelles boutures de coton blanc (provenant d'usines textiles).

Blancs fins (chiffons domestiques).

Outshots (une qualité entre amendes et secondes).

Secondes (une note inférieure aux amendes).

Tiers (chiffons inférieurs et sales bien usés).

Impressions colorées (de toutes qualités et couleurs).

Fustians et toile.

Manille et corde de chanvre.

Baggy, jute et jute.

La quantité totale de chiffon utilisée en Angleterre pour la fabrication du papier n'est pas connue. Les seuls chiffres disponibles concernent les chiffons *importés* ; et ceux-ci ne peuvent pas être considérés comme une mesure de la consommation, qui ne pouvait être obtenue qu'en vérifiant d'abord la quantité de *chiffons domestiques* utilisée. Les importations de chiffon à des périodes indiquées sont indiquées dans le tableau en annexe: -

CHIFFONS IMPORTES EN ANGLETERRE.

-	1872.	1882.	1892.	1902.	1905.
Poids (tonnes)	22 254	21 200	23 032	18 692	23 681
Valeur	373 035 £	303 349 £	214.065 £	173 732 £	224 232 £

Tri et découpe. —Tous les chiffons à l'arrivée au moulin sont soigneusement triés. Ce processus est entièrement mené par des femmes, qui trient et découpent les chiffons à des tables spéciales munies de couteaux de coupe incurvés en forme de faux. Ceux-ci sont fixés à un angle au centre de la table, avec le dos vers et devant chaque ouvrière. Le dessus de la table est fait de gros fil épais de sorte qu'une partie de la saleté et des impuretés étrangères peuvent passer à travers. Tous les boutons, crochets et œillets, épingles, cuir, morceaux de caoutchouc et autres articles sont soigneusement retirés, tandis que les coutures et les ourlets sont également ouverts. Les chiffons sont découpés en lamelles de 3 à 5 pouces de long, puis recoupés en travers, et jetés dans des paniers ou récipients appropriés disposés autour de la table, ce qui signifie que l' opération de *tri* est effectivement effectuée. Le soin et l'attention apportés au tri est un élément important dans la fabrication de papiers de qualité uniforme, et dans les meilleures usines, le tri est effectué à un tel point que vingt ou vingt-cinq qualités sont obtenues.

FIG. 7. - Un chiffon en chiffon.

Saupoudrage. —Les chiffons sont ensuite passés dans une machine qui enlève la saleté. Il s'agit d'un creux cylindrique ou conique tambour ayant une couverture externe de tissu métallique grossier, qui tourne à l'intérieur d'une boîte en bois. L'arbre est pourvu de pointes saillantes, de sorte que les chiffons sont violemment agités lors de leur passage à travers la machine. La saleté et les autres impuretés tombent à travers le fil sur le sol de la pièce, tandis que les chiffons propres sont déchargés de l'extrémité inférieure du tambour. La perte de poids varie en fonction de l'état des chiffons. Avec de bons matériaux la perte ne peut être que de 1 à 2 pour cent, tandis qu'avec des chiffons ordinaires sales, la perte pendant le nettoyage et le dépoussiérage peut atteindre 10 pour cent.

FIG. 8. - Un coupe-chiffon.

Ébullition. - La purification supplémentaire des chiffons est effectuée par un traitement chimique, c'est-à-dire une ébullition à haute température avec des substances alcalines, ce procédé élimine les matières grasses, gluantes et amylacées du matériau.

FIG. 9. - Intérieur du moulin à papier pour papier fait à la main (R. Batchelor & Sons).

A cet effet, un digesteur sphérique est utilisé, généralement de 7 à 9 pieds de diamètre, et capable de contenir 2 à 2½ tonnes de chiffon. La chaudière ou le digesteur est rempli de chiffons saupoudrés et la quantité requise de solution alcaline est ajoutée. Le regard est alors fermé, et la vapeur admise à travers le creux tourillons jusqu'à ce que la pression atteigne 20 ou 30 livres., pression à laquelle l'ébullition est poursuivie pendant trois à six heures selon les besoins, le digesteur tournant lentement tout le temps afin que les chiffons puissent être bouillis uniformément et complètement.

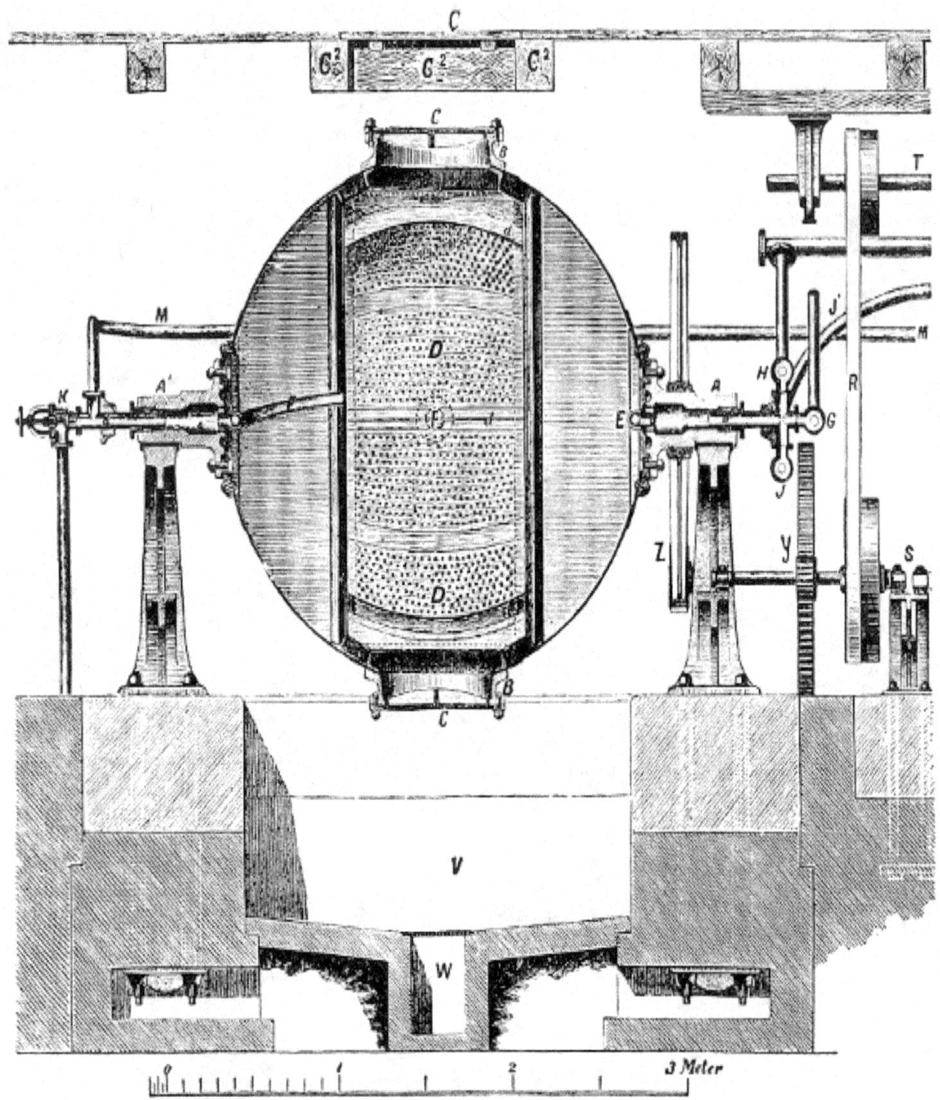

FIG. 10. - Vue d'une chaudière à chiffon, montrant les connexions.

La liqueur utilisée pour l'ébullition est une solution de soude caustique, de carbonate de soude ou de lait de chaux. Dans le cas de la soude caustique, la quantité requise varie de 5 à 10 pour cent. du poids du chiffon. La soude caustique est préférable à la chaux, car elle agit sur la graisse et autres matières grasses matières, formant un composé soluble qui est librement éliminé dans le processus ultérieur de lavage. De nombreux papetiers, cependant, utilisent du lait de chaux, soigneusement filtré à travers un tissu fin, presque exclusivement. Une expérience et une compétence considérables sont nécessaires dans cette opération afin d'éviter de blesser la fibre non seulement en ce qui concerne sa résistance, mais également sa couleur.

La lessive. —Lorsque les chiffons ont été suffisamment bouillis, la vapeur est coupée et la pression peut chuter. Ceci peut être effectué rapidement en soufflant à partir d'une vanne fixée au bas de la chaudière à l'opposé du regard. Le couvercle est retiré de la chaudière et la chaudière tourne lentement afin que le contenu puisse être déchargé dans un réservoir placé en dessous. La «liqueur noire», comme on l'appelle, est ensuite évacuée des chiffons, qui sont immédiatement soumis à un lavage préliminaire. Le processus de lavage doit être effectué de manière approfondie afin d'éliminer tous les composés solubles qui, s'ils étaient laissés, entraîneraient un gaspillage inutile d'eau de Javel dans les étapes ultérieures de la purification. Il existe de nombreux systèmes utilisés pour le lavage, la plupart d'entre eux étant conçus avec l'idée d'utiliser une quantité minimale d'eau.

La pratique la plus générale, en l'absence de machinerie spéciale, est le traitement préliminaire dans le réservoir sous le digesteur, suivi d'un processus de lavage plus complet dans une machine connue sous le nom de moteur de freinage.

Cet appareil est un récipient de forme ovale peu profond avec des extrémités circulaires, divisé dans le sens de la longueur par une cloison appelée mi-plume, qui, cependant, ne s'étend pas sur toute la longueur de l'appareil. Dans l'un des deux canaux dans lesquels la cuve est ainsi divisée, un rouleau lourd est installé, qui est pourvu d'un certain nombre de couteaux en acier. Sur le sol de ce canal est fixé une «plaque de lit», également pourvue de couteaux en saillie parallèles aux couteaux dans le rouleau. La distance entre les couteaux du rouleau et ceux de la «plaque d'assise» peut être modifiée selon les besoins au moyen d'une vis de réglage. Dans l'autre canal du moteur de freinage est installé un «tambour-rondelle», qui sert à l'élimination de l'eau sale de la machine. Ce tambour est divisé en sections au moyen de cloisons qui vont du centre à la circonférence. La surface du «tambour-laveur» est constituée d'un fin tissu en fil de laiton soutenu par un matériau plus grossier placé en dessous.

FIG. 11. —Un moteur de freinage et de lavage.

Le moteur de rupture est à moitié rempli d'eau propre et les chiffons sont jetés dans le moteur jusqu'à ce qu'il soit correctement rempli. La rotation du rouleau lourd fait circuler le mélange de chiffons et d'eau autour du navire, dont le plancher est construit de telle sorte que la pâte est tirée entre le rouleau et le «plateau de lit» et déchargée sur le «retour», qui est la partie du sol en pente derrière la «plaque de lit».

Le «tambour-laveur» tourne avec sa surface en contact avec le mélange dans le moteur, de sorte que l'eau sale passe à travers le tissu métallique et est capturée dans les sections courbes ou les seaux à l'intérieur du tambour et déchargée dans une auge adjacente au centre , et ainsi évacués du moteur. L'eau propre peut s'écouler dans le récipient à une extrémité tandis que l'eau sale est évacuée au moyen du «tambour-laveur». En même temps, les chiffons sont cassés au moyen des couteaux sur le rouleau, de sorte que lorsque les chiffons sont suffisamment lavés, un processus qui prend habituellement quatre heures, ils sont également partiellement désintégrés.

Blanchiment. - Le chiffon propre désintégré est ensuite blanchi au moyen d'une solution de poudre de blanchiment ordinaire. La poudre de blanchiment est une substance préparée par l'action du chlore gazeux sur la chaux sèche éteinte, conduisant à la formation d'un composé qui a la propriété de blanchir ou de «blanchir» les matières végétales. La solution limpide obtenue en traitant la poudre avec de l'eau est utilisée par le papetier pour blanchir la pâte de chiffon.

Diverses méthodes sont utilisées à cet effet. Parfois, le volume requis de liqueur de blanchiment claire est ajouté à la pâte dans le broyeur, et le matériau est maintenu en circulation constante jusqu'à ce que l'opération soit terminée. Dans d'autres cas, la pulpe brisée est transférée dans un «potcher», qui est un récipient de forme similaire à celle du concasseur, mais simplement pourvu de palettes pour maintenir la pulpe en circulation, et blanchi par l'addition d'une solution de chlorure de chaux.

Une autre méthode fréquemment adoptée consiste à décharger la pâte du casseur, immédiatement après l'addition de l'agent de blanchiment, dans des cuves en brique ou en ciment, permettant à l'action de blanchiment de se dérouler spontanément sans agitation prolongée.

Dans certains cas, le processus est accéléré en ajoutant de l'acide sulfurique dilué à la pâte après que la liqueur de blanchiment a été rodé ou en chauffant le mélange avec de la vapeur. Pour les papiers de grande qualité, de tels dispositifs sont rarement utilisés, car l'expérience montre que la couleur de la pâte blanchie par des méthodes drastiques ne maintient pas un niveau élevé.

La pâte est ensuite soigneusement lavée afin d'éliminer toute trace d'agent de blanchiment résiduel, ainsi que les composés solubles qui se sont formés au cours de l'opération. De très grandes quantités d'eau, claire et exempte de saletés en suspension, sont nécessaires. Dans certaines usines, tout excès d'agent de blanchiment est neutralisé par l'utilisation d'un «antichlore» tel que l'hyposulfite de sodium ou le sulfite de sodium, mais les meilleurs résultats sont sans aucun doute obtenus lorsque la quantité de produits chimiques utilisée est maintenue au minimum.

Si la pulpe est blanchie dans un brise-roche ou un potcher, le lavage est effectué à l'aide du tambour-laveur. Avec la pulpe traitée dans des cuves de trempage, l'eau douce peut percoler ou s'écouler lentement à travers la masse.

BLANCHIMENT ELECTROLYTIQUE.

La substitution d'une solution d'hypochlorite de sodium à la solution d'hypochlorite de calcium ordinaire obtenue à partir d'une poudre de blanchiment commune est l'objectif des spécialistes depuis de nombreuses années. Dès 1851, un brevet fut déposé par Charles Watt pour la décomposition des chlorures des métaux alcalins et la formation d'hypochlorites. Ce n'est qu'en 1886 qu'une méthode pratique a été conçue pour produire une solution électrolysée de sel, mais cette année-là, Hermite a introduit un processus continu dans lequel une solution électrolysée ayant une concentration de trois grammes de chlore par litre était passée en continu dans le potier.

De nombreux brevets pour l'électrolyse du sel ont été déposés au cours des vingt dernières années, dont le procédé Bird-Hargreave est en fonctionnement en Angleterre, le procédé Rhodin en Amérique, le

Siemens et Halske en Norvège, et l'appareil Oettel et Haas en Allemagne. Les figures relatives à ce dernier appareil peuvent être mentionnées comme typiques de l'état actuel du blanchiment électrolytique. L'appareil consiste en une auge rectangulaire étroite divisée en un certain nombre de chambres à travers lesquelles une solution de saumure s'écoule à un débit constant et régulier. Le courant électrique est passé à travers la solution par des électrodes appropriées, la température étant maintenue basse au moyen d'un serpentin de refroidissement. Le coût de production de la liqueur de blanchiment, tel qu'indiqué par les inventeurs de l'appareil à partir des résultats du travail réel, est indiqué dans le tableau suivant: -

TABLEAU DONNANT L'ANALYSE DU COUT DE PRODUCTION DE L'EAU DE JAVEL.

Capacité du réservoir   750 litres = 166 gallons.
Force ou densité de la saumure   1 · 5 Baumé, ou 23 Twaddell.
286 livres de sel ordinaire requis pour 166 gallons.

Heures travaillées	2	4	6	8	dix	12
Grammes de chlore par litre produit	4 · 35	7 · 38	9 · 9	12 · 42	14 · 31	16 · 20
Température C. de la saumure pendant le fonctionne ment	20	21	20	21	20	20
Ampères de 110 volts	55	50	46	52	47	43
Puissance en hp-heure	16	31	45	61	75	89
Coût du CV à · 22 j. par hp-heure	3½ j.	6¾ d.	10 j.	1½ j.	4½ j.	7½ j.

Coût du sel	1 *s.* 6 *j.*	1 *s.* 6 *j.*	1 *s.* 6 *j.*	1 *s.* 6 *j.*	1 *s.* 6 *j.*	1 *s.* 6 *j.*
Coût total	1 *s.* 9½ *j.*	2 *s.* 0¾ *d.*	2 *s.* 4 *d.*	2 *s.* 7½ *j.*	2 *s.* 10½ *j.*	3 *s.* 1½ *j.*
Chlore total obtenu en kilos.	3 · 262	5 · 535	7 · 425	9 · 315	10 732	12 · 150
Coût du chlore par kilo.	6 · 6 *j.*	4½ *j.*	3¾ *d.*	3 · 4 *j.*	3 · 2 *d.*	3 *j.*
Sel utilisé par kilo de chlore	35	20	15	12	dix	9

Les coûts ci-dessus ont été estimés sur les prix comme suit: -

Charbon	10 *s.* par tonne.
Sel	12 *s.* par tonne.

Après 12 heures, les 166 gallons (750 litres) sont convertis en une liqueur de blanchiment électrolytique contenant 26 containing lbs. de chlore actif (12 · 15 kilos.).

Battement. —Bien que les chiffons soient réduits par le moteur de rupture à un état de peluche fibreuse, appelé «demi-étoffe», ils ne sont pas aptes à être transformés en papier. Ils doivent être *battus* dans des machines spéciales jusqu'à ce qu'une séparation complète des fibres individuelles ait été effectuée, et ce procédé est à juste titre considéré par de nombreux papetiers comme l'étape la plus importante de la fabrication.

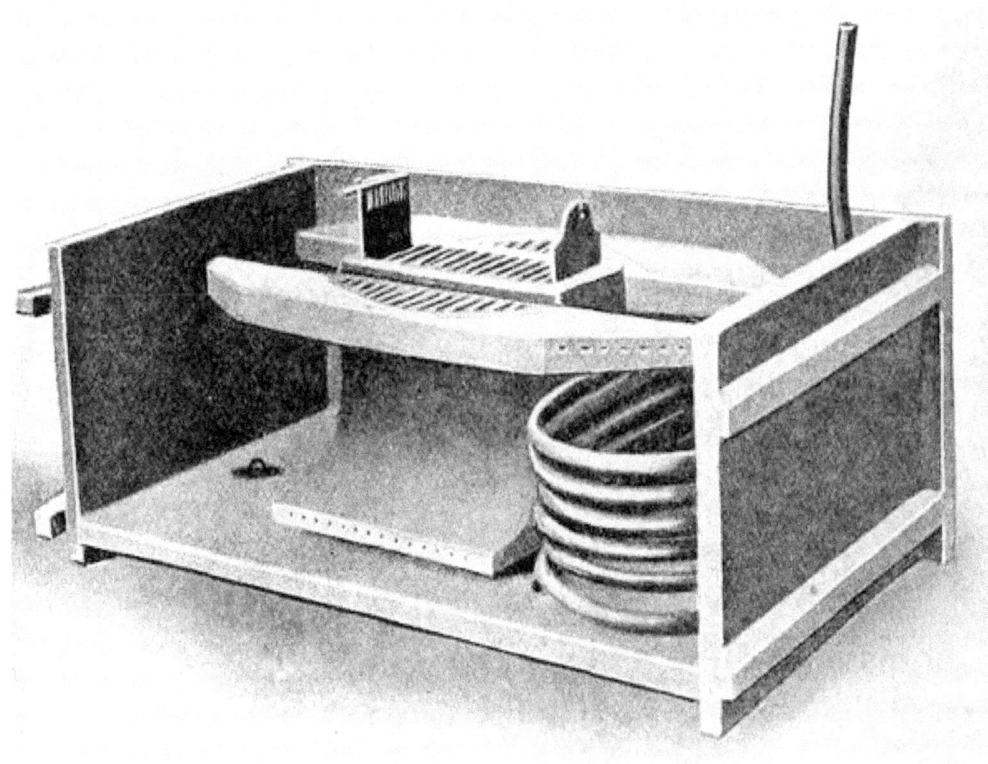

FIG. 12. - Appareil d'Oettel et Haas pour la fabrication de l'eau de Javel
électrolytique.

Le moteur qui bat est de construction similaire au moteur de freinage, mais il existe certaines différences essentielles dans l'agencement et la manipulation. Il n'y a généralement pas de lave-tambour; le rouleau contient un grand nombre de couteaux qui sont fixés en touffes ou ensembles de trois autour de la circonférence; l'abaissement du rouleau sur la plaque de lit est soigneusement surveillé et contrôlé, et les effets désirés ne sont obtenus que par une attention stricte à l'état de la pâte pendant tout le processus.

FIG. 13. —Le moteur de battage «Hollander».

Le batteur est d'abord partiellement rempli d'eau, et la demi-substance égouttée est ajoutée progressivement jusqu'à ce que le terme «fournir», un terme pratique appliqué au contenu du moteur, ait la consistance appropriée, qui varie en fonction de la nature et de la qualité du papier requis .

La masse circule régulièrement autour du moteur par l'action du rouleau batteur, qui est abaissé de temps en temps jusqu'à ce que la distance entre les couteaux sur le rouleau et ceux sur la plaque de lit soit réglée au réglage souhaité. Cet abaissement du rouleau et son bon réglage demandent le plus grand soin.

Influence du passage à tabac. - L'importance de cette opération peut facilement être jugée à partir d'un ou deux exemples précis. Dans le cas des papiers chiffons, les deux extrêmes de variation sont représentés par le papier buvard ordinaire d'une part et par un papier à lettres dur et solide connu sous le nom de *prêt* de l'autre. Maintenant, la grande différence entre ces papiers peut être attribuée à la sélection minutieuse du chiffon et du traitement dans le batteur comme les deux principales causes des résultats finaux.

Pour les papiers buvards, il est essentiel que les chiffons soient vieux et tendres. Dans l'opération de battage qui suit les processus habituels d'ébullition et de blanchiment, la demi-matière est battue rapidement avec des couteaux tranchants, le rouleau étant abaissé peu après le remplissage du moteur, de sorte que le battage est terminé en environ une à une heure et demie.

Pour le papier à lettres solide, de nouveaux chiffons solides sont sélectionnés. Dans le processus de battage, les couteaux utilisés sont émoussés, le rouleau est abaissé lentement et avec précaution, et le battage dure huit à dix heures.

L'effet d'une telle différence de traitement est facilement visible en examinant les fibres des papiers au microscope. Dans le premier cas, les fibres apparaissent courtes avec des extrémités coupées nettes, la forme peu déformée, la structure bien définie, ressemblant fortement au matériau invaincu. Dans le cas du papier bien battu, les extrémités des fibres individuelles semblent étirées ou effilochées, les fibres ne possèdent pas le contour net et bien défini caractéristique du papier buvard; ils sont partiellement divisés en fibrilles qui se trouvent ensemble dans une masse confuse.

Dans le *buvard* papier ces effets sont produits parce que les couteaux à découper forte le matériau rapidement, et dans l' *écriture* papier parce que le terne « attaquer » tend à faire ressortir les fibres et déchirer les sens de la longueur.

Le résultat pratique est un buvard spongieux, doux et volumineux et un papier à lettres dur, résistant et épais. Bien sûr, la grande différence entre un buvard et un papier à écrire est pas tout à cause de cette seule opération, mais est obtenu par une série d'opérations, dont l'une des plus importantes est, cependant, le battement.

Coloration du papier. - La pâte est amenée à n'importe quelle teinte désirée par l'addition de pigments minéraux ou de colorants aniline au contenu du moteur. Cependant, ces derniers colorants solubles sont rarement utilisés pour les papiers chiffons de grande qualité. Le bleu de Prusse, l'outremer et les smalts sont principalement utilisés à cette fin, donnant des papiers vergés bleus, azur et bleus.

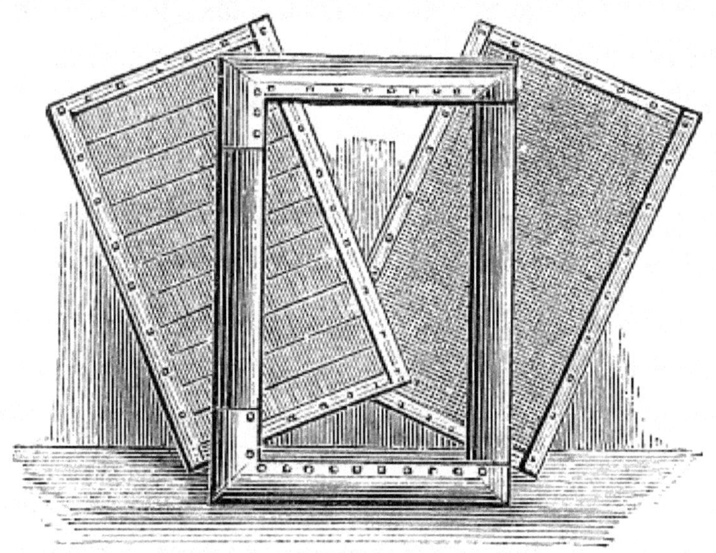

FIG. 14. - Le moule à main montrant le châssis et le tablier.

Faire le papier. - La pulpe battue, lorsqu'elle est dûment préparée, est acheminée du moteur vers des réservoirs de stockage appelés coffres de rangement, prêts pour la fabrication proprement dite. La pulpe correctement diluée avec de l'eau est filtrée à travers des tamis spéciaux pour éliminer tout matériau insuffisamment battu et toutes les impuretés présentes, après quoi elle est coulée dans la cuve, un récipient de forme carrée construit en bois ou en pierre.

L'appareil utilisé pour former les feuilles est appelé *moule à main* . Le moule est un cadre rectangulaire en acajou sur lequel est tendu étroitement une fine toile métallique, la surface de cette dernière étant maintenue à plat par une toile métallique plus grossière fixée en dessous, complétée par des morceaux de bois en forme de coin. Un deuxième cadre appelé le *deckle* s'adapte sur le moule de manière à former un plateau peu profond, dont le fond est la fine toile métallique.

Le vatman prend le moule à deux mains et le trempe dans la cuve pleine de pulpe en position inclinée, en le tirant à travers l'étoffe vers lui d'une manière particulière et en le soulevant de la cuve avec une quantité définie du mélange dans le cadre. Au fur et à mesure que l'eau s'écoule de la pulpe, à travers la toile métallique, il donne un mouvement de secousse au moule afin de faire «sentir» correctement les fibres, ce feutrage ou entrelacement des fibres étant une caractéristique essentielle dans la fabrication d'un bonne feuille de papier. Lorsque l'eau s'est suffisamment évacuée de la pulpe, le vatman retire le bac du moule et passe ce dernier au couchage, qui prend le moule, le renverse et presse le contenu, qui peut maintenant être décrit comme une feuille humide. de papier, sur un morceau de feutre humide, ce qui signifie que le papier est transféré sur le feutre. Il retourne le moule au cuistot, qui entre-temps a fait une autre feuille avec un double moule, puis, ayant posé un deuxième feutre sur la feuille de papier humide, il procède au transfert de la feuille de papier suivante sur le deuxième feutre. Ce processus se poursuit jusqu'à ce qu'une pile se forme, composée de feuilles de papier humides alternées avec des morceaux de feutre.

La pile est à la fois soumise à une forte pression dans la presse hydraulique, et l'excès d'eau est lentement expulsé, tandis qu'en même temps les feuilles sont comprimées et donc «refermées», comme on l'appelle. Lorsque tout l'excès d'cau a été enlevé autant que possible, la pile est enlevée et les feuilles de papier humide retirées, les feutres étant placés dans une pile prête pour une utilisation ultérieure, et les feuilles de papier dans une seconde prête pour le processus suivant.

Les papiers sont remis dans la presse sans feutres entre les feuilles et laissés pendant un certain temps. Dans la plupart des cas, les feuilles sont retournées ou mélangées avec les feuilles d'une autre pile, avant d'être pressées. De cette manière, toute irrégularité ou irrégularité des feuilles est neutralisée et un résultat plus uniforme est obtenu.

Lorsque ces changements sont répétés plusieurs fois, le papier acquiert une texture uniforme et devient ferme et dur.

Séchage du papier. - Les draps sont accrochés dans le *grenier* ,[Pg comme on appelle la salle de séchage, sur des poteaux ou des cordes. L'humidité s'évapore progressivement et le papier est ainsi séché par exposition à l'air. En hiver, il est nécessaire de réchauffer l'air dans le grenier, car l'air est alors saturé d'humidité. Dans les greniers de capacité limitée, l'air est chauffé afin d'accélérer le processus, mais le meilleur papier peut sécher naturellement, car par ce moyen le retrait est progressif et une résistance maximale est atteinte.

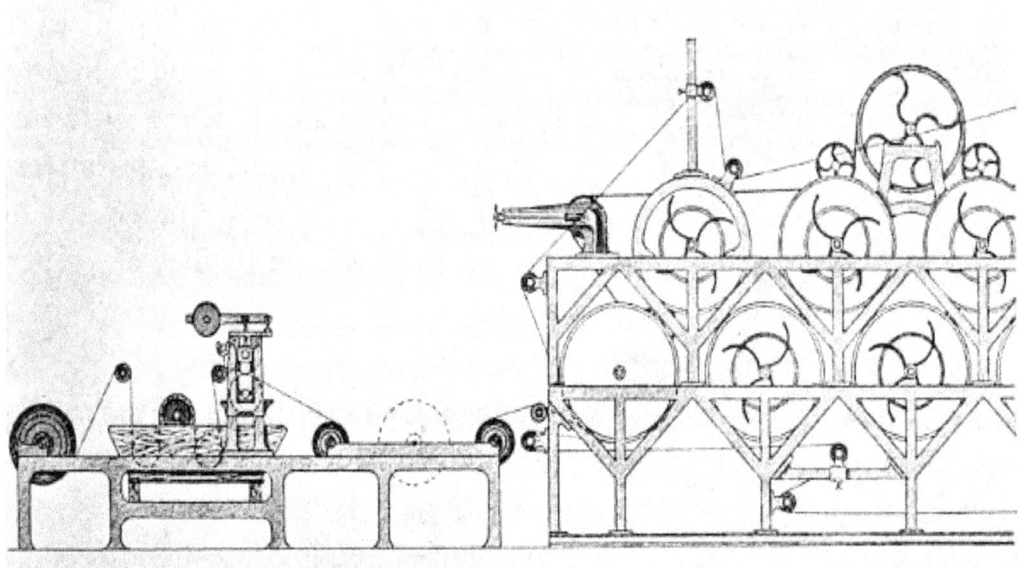

FIG. 15. —Appareil de dimensionnement du papier en rouleaux continus.

Dimensionnement du papier. - Le papier séché à la sortie du grenier est appelé *Waterleaf* car, n'étant pas encollé, il absorbe facilement l'eau et, par conséquent, avant de pouvoir être utilisé, il doit être encollé. A cet effet, il est plongé dans une solution de gélatine, opération qualifiée de *tub-sizing* ou *animal-sizing*, le premier terme étant utilisé en raison de la cuve dans laquelle la taille est conservée, et le second du fait que la gélatine est fabriquée à partir de matières animales telles que peaux, cartilage, sabots et autres déchets.

Taille animale. —Cela est préparé à partir de morceaux de peau, de peaux, et similaires par un procédé simple, qui, cependant, nécessite beaucoup de soin pour obtenir les meilleurs résultats. Le matériau est d'abord soigneusement lavé dans une grande quantité d'eau propre, puis chauffé avec une quantité déterminée d'eau dans une casserole en cuivre à double enveloppe de vapeur. Les morceaux se dissolvent lentement jusqu'à ce qu'une solution de gélatine soit produite, et après que la saleté et les impuretés se sont déposées au fond de la casserole, le liquide clair est aspiré dans des récipients de stockage. Il y a de nombreux détails de caractère technique à prendre en compte dans la fabrication d'une bonne gélatine, et comme le procédé est coûteux, une attention considérable est requise à ce stade dans l'achèvement d'une feuille de papier.

Les feuilles de papier sèches sont encollées par le simple expédient de trempage, ou par le passage du papier à travers une longue auge. Dans le premier cas, l'ouvrier prend un certain nombre de feuilles et plonge le bouquet dans une cuve de taille à la température appropriée, environ 100 ° Fahrenheit. Il laisse ensuite s'écouler le surplus de format, et les feuilles sont soumises à une légère pression afin d'éliminer l'excès de gélatine qui ne s'égouttera pas.

Dans le second cas, une méthode différente est adoptée en ce que les feuilles de papier sont transportées par des feutres en déplacement à travers un bain de taille chauffée, l'excès de gélatine étant éliminé par l'action de rouleaux en caoutchouc ou en bois à travers lesquels les papiers sont passés avant de quitter l'appareil. . Les papiers sont rapidement et uniformément dimensionnés par cette méthode, qui est maintenant la plus généralement utilisée.

Vitrage. - Lorsque les feuilles de papier sont assez sèches, elles sont prêtes pour le glaçage, un processus qui transforme la surface rugueuse terne de la feuille encollée en une surface lisse hautement polie adaptée à l'utilisation. Les feuilles sont placées séparément entre des plaques de cuivre ou de zinc, et une pile de celles-ci est passée plusieurs fois à travers de lourds rouleaux de fer, une forte pression étant appliquée sur ces derniers pendant l'opération.

FIG. 16. - Un Supercalender.

La quantité de vernis conférée par ce procédé de vitrage de plaque, comme on l'appelle, peut varier considérablement. Avec une légère pression et peu de laminages, la feuille de papier peut se révéler avoir une surface assez lisse, et sans un aspect visiblement brillant. En employant une forte pression et un roulement répété, une surface beaucoup plus élevée peut être atteinte. Si les plaques sont chaudes, une finition encore plus élevée est possible. Les papiers de chiffon fabriqués à la machine sont généralement émaillés au moyen de la supercalandre, qui est une pile de rouleaux alternés d'acier et de papier placés l'un au-dessus de l'autre en position verticale. La bobine de papier passe entre ces rouleaux et devient hautement surfacée.

Cette opération entraîne de nombreux changements dans le papier, en plus de lui conférer une bonne finition. L'épaisseur de la feuille est réduite d'environ 40%, les fibres étant comprimées beaucoup plus près les unes des autres. La résistance à la traction du papier est également matériellement augmentée, et de toutes les manières le papier est amélioré. La modération est essentielle en cela comme en tout, car l'excès de glaçage fragilise un papier, le rend cassant et susceptible de se fissurer lorsqu'il est plié.

Papiers Laid and Wove. - Lorsque certains papiers sont tenus à la lumière et soigneusement examinés, on remarquera qu'ils semblent contenir de délicates lignes transparentes parallèles les unes aux autres à des distances égales d'environ un pouce, et qu'elles sont coupées par des lignes transparentes similaires à droite angles, qui sont beaucoup plus rapprochés. Ces papiers sont connus sous le nom de Papiers *Laid*, et la formation particulière des lignes transparentes est due à la construction du moule utilisé dans la fabrication. La surface du fil de ce moule se compose d'un certain nombre de fils quelque peu robustes placés à environ un pouce l'un de l'autre, entrelacés avec des fils plus fins traversant et à angle droit, qui sont enfilés beaucoup plus près les uns des autres. Lorsque le moule est plongé dans la cuve et retiré, l'eau s'écoule de la surface inférieure du fil, et la pulpe humide se dépose sur la surface supérieure; mais comme les fils plus gros dépassent un peu des fils plus fins, le papier est légèrement plus fin le long de ces fils, quoique dans une mesure presque infinitésimale, avec pour résultat qu'en séchant la feuille semble contenir des lignes transparentes.

Les papiers *vélins* sont ainsi appelés en raison de la nature du moule utilisé. La surface du moule dans ce cas est constituée de fils fins également répartis, étant tissés de manière à ce que les fils soient équidistants les uns des autres, comme dans la toile métallique ordinaire. Un papier vélin, examiné à la lumière, montre simplement un certain nombre de petits espaces en forme de losange, qui dans la majorité des cas sont difficiles à détecter.

Le filigrane. - Le dispositif transparent observé dans de nombreux papiers tenus à la lumière est connu sous le nom de filigrane, terme probablement dérivé des conditions existant au moment où la feuille de papier est réalisée sur le moule. L'effet est produit au moyen d'un dessin en relief cousu ou soudé à la surface du moule, le dessin étant façonné en fil fin.

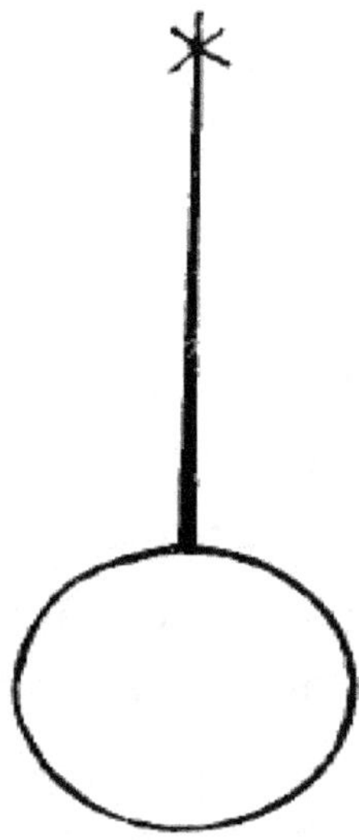

FIG. 17. —Le premier filigrane du papier.

Lorsqu'un moule ainsi équipé du dessin est plongé dans une cuve de pulpe et soulevé, l'eau tombe à travers le fil, et la pulpe descend sur la surface du moule, formant une réplique, pour ainsi dire, du dessin. , ce qui est facilement visible lorsque le papier sec est maintenu à la lumière, car le papier est plus mince juste aux points où les fils formant le dessin entrent en contact avec la pâte humide.

Certains des filigranes sont très élaborés et intéressants. Une illustration familière d'un beau design de cette description se trouve dans les billets de la Banque d'Angleterre. En règle générale, le filigrane ordinaire consiste en un simple terme commercial tel que «Vellum», «Zenobia» ou du nom du fabricant, tel que «J. Whatman »,« R. Batchelor », et ainsi de suite. Dans les premiers temps de la fabrication du papier, de nombreux modèles très intéressants ont été utilisés, et certains d'entre eux existent encore. En fait, bon nombre des noms sous lesquels certains formats standards de papier sont connus doivent leur origine aux filigranes employés.

Le premier filigrane connu porte la date de 1301 après JC , se présentant sous la forme d'un globe et d'une croix, comme indiqué. D'intérêt égal sont les dessins dont certains papiers sont appelés foolscap, couronne, pot, poste, royal, columbier, etc. Les filigranes sont désormais peu utilisés, mais les termes sont toujours conservés, comme indiquant la taille de la feuille.

CARACTERISTIQUES MICROSCOPIQUES DES FIBRES DE COTON ET DE LIN.

La fibre de *coton* mesure environ 30 mm. long, avec un diamètre moyen de · 025 mm. de forme tubulaire et ayant un canal central proéminent. Il n'y a pas de marques croisées sur les parois des cellules et les extrémités de la fibre sont arrondies en une pointe un peu émoussée. Il présente une tendance marquée à se tordre, surtout s'il est sec, et cette particularité est facilement observée avec la matière première.

Le processus de fabrication du papier modifie très fortement la structure caractéristique de la fibre. Les extrémités de la fibre sont rarement visibles; la torsion curieuse est moins proéminente, et les fibres sont déchirées et détruites. L'effet du processus de battage, par exemple, sur le coton est facilement perceptible en comparant les fibres d'un papier buvard au microscope avec les fibres d'un papier de *banque* ou de *prêt* .

Les distorsions produites par les coups prolongés rendent la détermination du pourcentage exact de coton dans un papier chiffon assez difficile, mais les caractéristiques à rechercher sont l'absence de pores, de marques croisées, l'existence d'un canal central, des stries produites dans de nombreux cas sur les parois cellulaires parallèles à la longueur de la fibre. Les caractéristiques structurelles sont plus facilement observées lorsque les fibres sont colorées avec un réactif approprié. (Voir page <u>71.</u>)

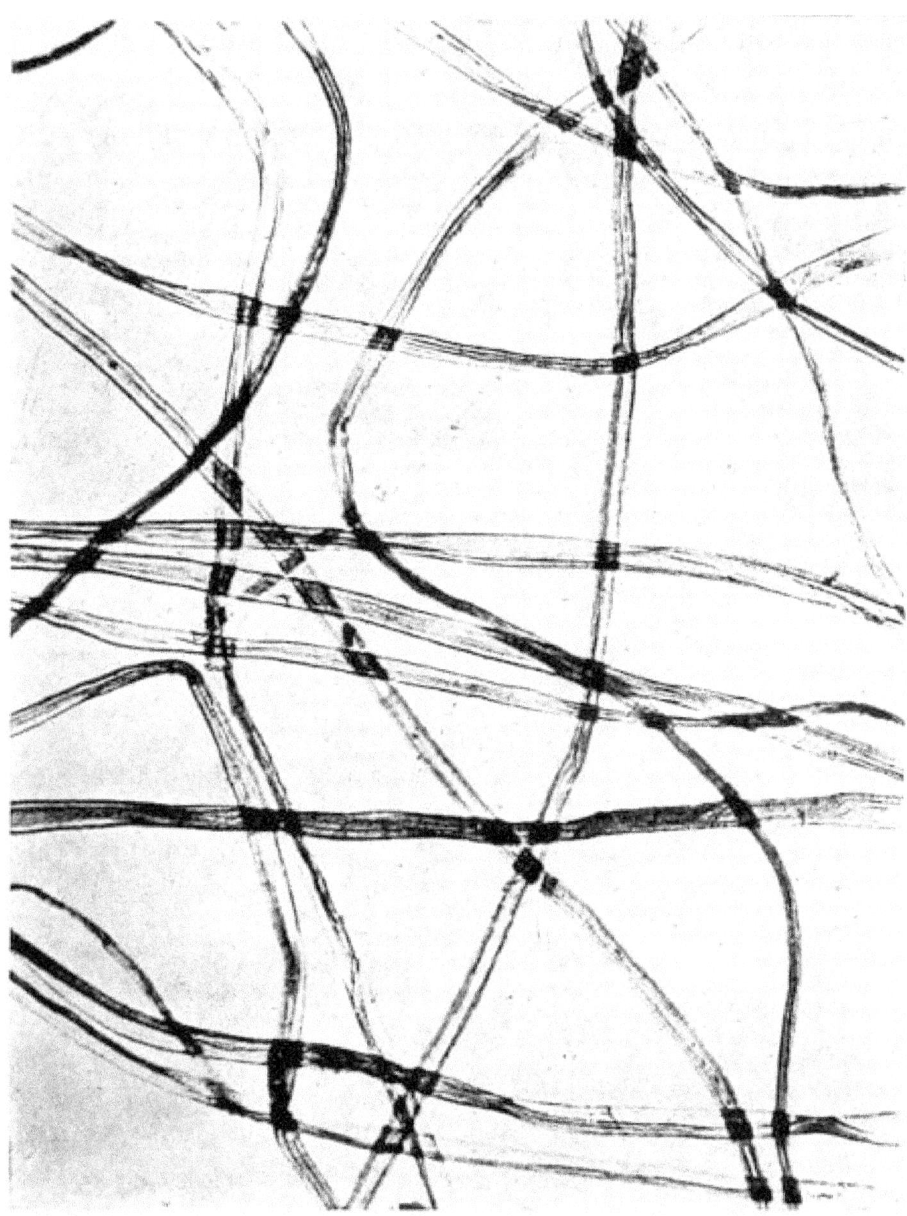

FIG. 18. - Coton.

La fibre de *lin* a une longueur moyenne de 27 mm. d'un diamètre de · 02 mm. Le lin brut est très différent du lin brut coton et se distingue facilement. La fibre est de forme élancée, avec des nœuds épaissis à intervalles réguliers sur toute sa longueur, dont l'aspect général peut être comparé à un bâton de bambou. Le canal central de la fibre est extrêmement étroit et court comme un petit fil sur toute la longueur de la fibre. Les parois cellulaires sont en outre marquées par de nombreux pores, qui apparaissent comme de petites lignes sombres allant d'un côté à l'autre, mais ne se rencontrant pas au centre.

FIG. 19. - Lin.

Dans le traitement nécessaire à la fabrication du papier, ces caractéristiques sont en grande partie détruites, et s'il est assez facile de vérifier qu'un papier est en lin, ou en coton, ou qu'un papier est principalement en coton avec un petit pourcentage de lin, il existe pourtant des conditions. sous lequel il est difficile de déterminer le pourcentage exact de coton ou de lin dans un papier chiffon. Si, par exemple, un papier contient des quantités à peu près égales de coton et de lin, les proportions exactes ne peuvent pas être déterminées à moins de 10 pour cent, surtout dans les papiers bien battus.

RÉACTIF POUR COLORER LES FIBRES.

Préparation. —Dissolvez 2 · 1 gramme d'iodure de potassium et 0,1 gramme d'iode dans 5 cc d'eau. Mélangez cette solution avec une solution contenant 20 grammes de chlorure de zinc sec dans 10 cm3 d'eau. Laisser reposer le mélange; verser le liquide clair dans des bouteilles appropriées.

COLORATION PRODUITE.

Coton, lin, chanvre. - Vin rouge.

Sparte, paille et cellulose de bois. — Violet bleuâtre.

Bois mécanique, jute écru. - Jaune.

Chanvre de Manille. - Bleu, gris bleuâtre à jaune.

CHAPITRE IV: ESPARTO ET PAILLE

PAPIERS ESPARTO.

La valeur d'Esparto pour la fabrication de papier d'impression haut de gamme et de papier à lettres de qualité moyenne est bien connue. Ce matériau a des qualités qui ne peuvent pas être facilement obtenues à partir d'autres fibres, telles que le chiffon et la pâte de bois. Il est principalement utilisé dans les papiers nécessaires à l'impression lithographique, aux livres et à l'illustration d'art, car il donne une feuille ayant une bonne surface et une feuille douce et flexible.

L'herbe est obtenue d'Espagne, du Maroc, d'Algérie, de Tunis et de Tripoli, pays dans lesquels elle pousse à l'état sauvage, nécessitant très peu de culture. L'état de la récolte est amélioré par un traitement approprié, et dans les districts où l'herbe est coupée pour l'exportation comme matériau de fabrication du papier, une attention particulière est accordée à la culture.

La plante pousse à une hauteur de trois ou quatre pieds, et à maturité, les longs brins d'herbe s'enroulent sous la forme d'un cylindre ressemblant à un morceau de fil de fer. La feuille se compose de deux parties, la tige et une gaine, qui se séparent facilement lors de la récolte. L'herbe est tirée à la main et empilée en tas afin qu'elle puisse être séchée par la chaleur du soleil, après quoi elle est soigneusement ramassée pour éliminer toutes les matières étrangères et les impuretés. Il est ensuite classé, les meilleurs types étant conservés pour le tissage et le reste étant vendu pour la fabrication du papier. Il est emballé en grosses balles d'environ 4 cwt. capacité, compressée en petit volume par de puissantes presses, et expédiée en Angleterre.

Esparto Pulp. —Le premier processus de fabrication du papier est le nettoyage. Les paquets d'herbe sont ouverts, secoués et passés dans une machine à saules. Celui-ci consiste en un tambour conique creux dont la surface extérieure est une toile métallique grossière. À l'intérieur du tambour est installé un arbre pourvu de dents en bois, et lorsque l'herbe passe à travers, il est secoué et la poussière est enlevée. L'herbe propre est transportée par des courroies mobiles vers la maison du digesteur. Pour la production d'un papier de grande qualité, l'herbe est souvent examinée par des filles, qui se tiennent de chaque côté du convoyeur mobile et enlèvent toutes les racines grossières et les matières étrangères non enlevées par la machine à saules.

Ébullition. - L'objet de la soumission de l'alfa à un traitement chimique est d'obtenir une fibre papetière pure appelée cellulose. La composition de cette matière première est illustrée par l'analyse suivante: -

Esparto espagnol.

Cellulose	48 · 25
L'eau	9 · 38
Extrait aqueux	10 · 19
Matière pecteuse	26 · 39
Matière grasse	2 · 07
Cendre	3 · 72
	100 · 0
Rendement de cellulose sèche obtenu en pratique à partir de bonnes matières premières	45 à 48%

En faisant bouillir l'alfa avec de la soude caustique sous pression pendant un temps déterminé, les constituants non fibreux sont éliminés, laissant la cellulose sous une forme plus ou moins pure selon la sévérité du traitement chimique.

FIG. 20. - Un plumeau en sparte.

En pratique, l'herbe est tassée étroitement dans des digesteurs stationnaires verticaux et une quantité déterminée de solution de soude caustique est ajoutée, la quantité de produit chimique utilisée étant égale à 15-18 pour cent. du poids de l'herbe emballée dans le digesteur. La forme de digesteur presque universellement employée est celle connue sous le nom de chaudière à «vomissements» du Sinclair, qui est construite de telle sorte qu'une circulation continue du liquide est maintenue au moyen de ce que l'on appelle des tuyaux de «vomissement». Ceux-ci sont montés sur les côtés du digesteur de telle manière que la solution de soude caustique circule du fond du digesteur, à travers les tuyaux de «vomissement», et est évacuée vers le bas sur le contenu de la chaudière à travers une plaque perforée fixée dans la partie supérieure du digesteur. La quantité requise de solution de soude caustique est placée dans le digesteur, le fond du récipient pendant que l'herbe est jetée. De cette manière, un poids beaucoup plus important d'herbe peut être bouilli en une seule opération, car le volume est considérablement réduit lorsque l'herbe est devenue complètement molle et humide.

FIG. 21. - Chaudière Esparto «Vomissements» de Sinclair.

Lorsque la chaudière est chargée, l'entrée est fermée et la vapeur activé à la pleine pression d'environ 40 ou 50 livres., ceci étant maintenu pendant une période d'environ quatre heures. Les constituants non fibreux de l'alfa sont progressivement dissous par la soude caustique, et lorsque l'opération est terminée, la liqueur noire est évacuée du digesteur dans de grands réservoirs de stockage, et l'herbe d'alfa qui reste dans le digesteur est ensuite complètement lavée. jusqu'à ce que le soda soit presque entièrement lavé.

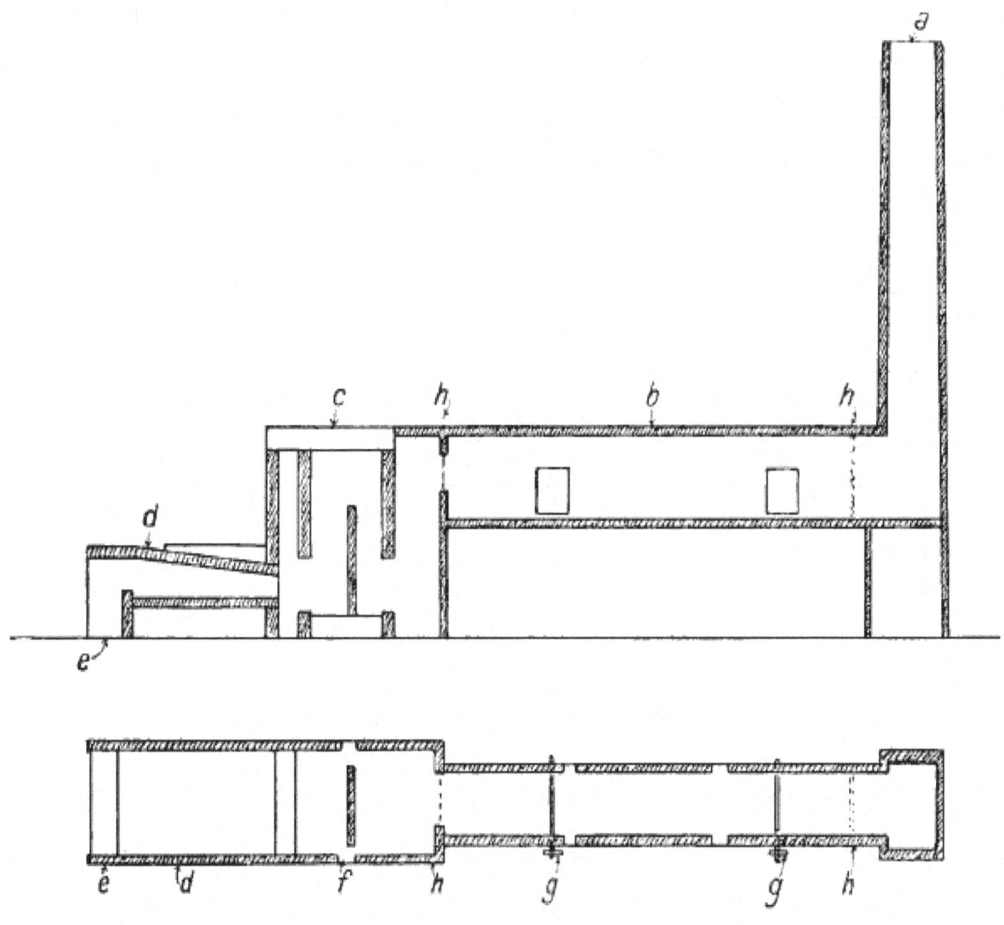

FIG. 22. —Un évaporateur Porion.

Les conditions d'ébullition et de blanchiment de l'alfa sont modifiées par le papetier selon les circonstances. Un rendement maximum en fibre est obtenu lorsque la quantité la plus faible possible de soude caustique est utilisée, mais un pourcentage plus important de poudre de blanchiment peut être nécessaire pour assurer une pâte bien blanchie. L'utilisation d'un excès de soude caustique est probablement la pratique générale pour plusieurs raisons, parmi lesquelles on peut noter l'opportunité de se prémunir contre les irrégularités dans la qualité de l'alfa, et par conséquent une ébullition insuffisante, ainsi que l'avantage d'avoir un peu de caustique libre dans les liqueurs épuisées pour éviter la fourrure des tubes de l'appareil d'évaporation dans le service de récupération de soude.

Les expériences suivantes, données par un contributeur à la *Paper Trade Review* il y a quelques années, sont intéressantes car elles montrent l'effet des proportions variables de soude caustique utilisées par unité d'herbe: -

DES EXPERIENCES *RE* RENDEMENT DE BLANCHI AIR SEC DE PATE D'ORAN ESPARTO.

Pâte séchée à l'air contenant 10 pour cent. l'eau.

Nbre d'expérience.	Esparto. Wt. pris. Grammes.	Liqueur de soude. Volume, CC	Pour cent. Na$_2$O.	Conditions d'ébullition. Temps. Heures.	Temp. °C.	Pression. Kg.	Poids de la pâte sèche à l'air. Grammes.	Pâte sèche sur alfa sec. Pour cent.	Poudre blanchissante. Pour cent.
1	200	800	1 · 58	3	142	55	87 · 30	43 · 65	29 · 5
2	200	800	2 · 13	3	142	55	80 · 67	40 · 33	18 · 5
3	200	800	2 · 69	3	142	55	72 · 00	36 · 00	10 · 5

DONNEES PRATIQUES CALCULEES A PARTIR D'EXPERIENCES.

Nbre d'expérience.	Ébullition. Temps. Heures	Pression. Kg	Poids d'Esparto pour donner 1 tonne de pulpe. Cwts	60 pour cent. Soude caustique nécessaire pour digérer Esparto. Cwts	Poudre de blanchiment nécessaire pour blanchir 1 tonne de pâte séchée	Pour une tonne d'Esparto utilisé. 60 pour cent. Caustique. Kg	Poudre blanchissante. Kg
.	.	.	.	.	.	.	.

						à l'air. Cwts.	
1	3	55	45 · 8	4 · 30	5 · 26	210	260
2	3	55	49 · 5	6 · 27	3 · 39	282	156
3	3	55	55 · 5	8 · 90	1 · 96	358	79

Récupération de l'alcool usé. - Comme il est possible de récupérer 75 à 80 pour cent. de la soude utilisée à l'origine dans la digestion de l'alfa, le lavage de l'herbe bouillie est effectué selon des principes scientifiques afin d'assurer une récupération maximale de la soude à un coût minimal.

La récupération est effectuée en évaporant la liqueur noire, avec les eaux de lavage, en une masse sirupeuse épaisse, qui peut être brûlée. Les constituants organiques et résineux de l'alfa qui ont été dissous par la soude caustique, formant les composés de soude solubles, s'enflamment facilement, et pendant la combustion les composés de soude organiques sont convertis plus ou moins complètement en carbonate de soude brut.

Il est donc évident que le coût de la valorisation dépend principalement de la quantité d'eau de lavage faible qui doit être évaporée. Par conséquent, des méthodes sont conçues au moyen desquelles l'herbe est soigneusement lavée avec le moins d'eau possible, et certaines des méthodes sont très ingénieuses.

Les liqueurs usées et les eaux de lavage sont évaporées en un petit volume dans un appareil à effet multiple sous vide, et la masse liquide épaisse obtenue par évaporation est brûlée soit dans un four rotatif, soit sur une sole ordinaire. Toutes les précautions sont prises pour effectuer cette opération avec une quantité minimale de charbon. La combustion de cette masse conduit à la formation d'une substance noire qui est retirée du four et laissée se carboniser ou brûler lentement jusqu'à ce que le carbonate de soude blanc impur, ou carbonate de soude, soit obtenu.

Deux systèmes de récupération sont d'usage général, qui méritent un bref préavis: -

Évaporation directe. —Les liqueurs peuvent être évaporées en un petit volume prêt à être incinéré par traitement dans de longues cuves ou fours peu profonds, la chaleur nécessaire au processus étant obtenu principalement à partir de la combustion de la liqueur concentrée épaisse. Le type le plus connu de cette forme d'appareil est l'évaporateur Porion.

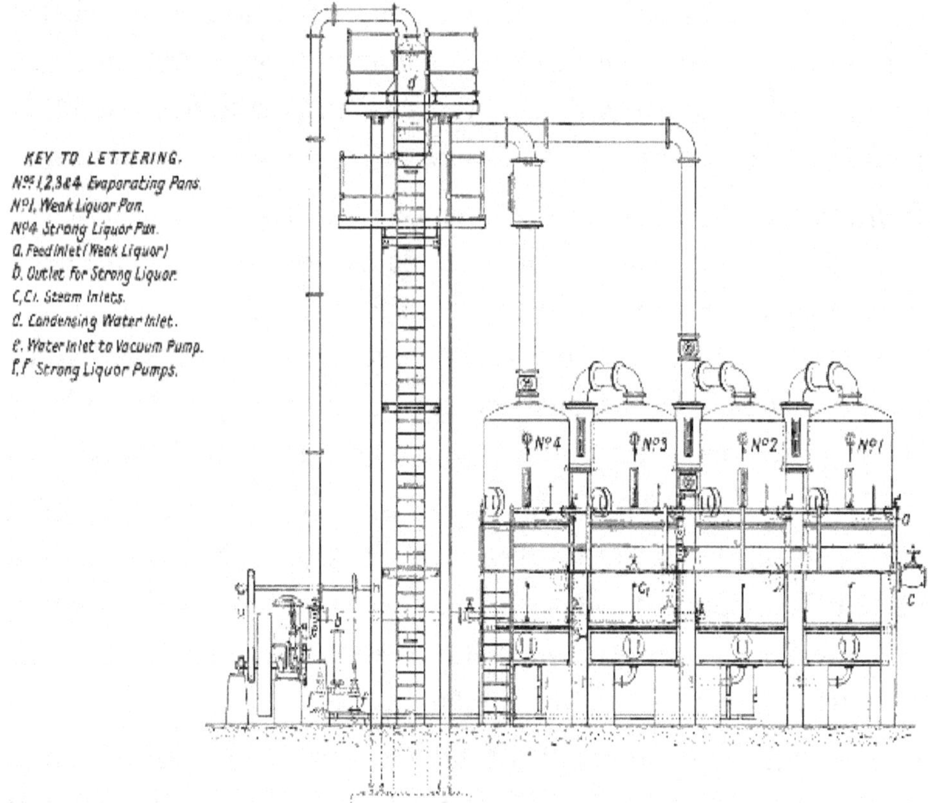

FIG. 23. —Évaporateur à effets multiples de Scott.

La combustion de la liqueur concentrée est démarrée par un four à charbon à une extrémité de l'appareil. La masse visqueuse épaisse prend feu et brûle avec une flamme féroce, et la chaleur est utilisée pour évaporer les liqueurs plus faibles qui s'écoulent en continu à travers des auges en briques peu profondes, dont la surface est librement exposée à la chaleur et aux flammes du foyer où la soude organique les composés produits par l'ébullition de l'alfa sont incinérés et transformés en carbonate de sodium.

Dans des conditions appropriées, cet évaporateur est le plus économique dans ses résultats. Il peut être érigé à moindre coût et, lorsque toute la chaleur est pleinement utilisée dans toutes les directions possibles, il peut être travaillé à un faible coût par rapport aux évaporateurs à effets multiples plus modernes.

Évaporation sous vide à effets multiples. - On profite du fait que l'eau bout à une température plus basse dans le vide qu'à la pression ordinaire de l'atmosphère. Il existe de nombreuses formes d'appareils basés sur ce principe, parmi lesquels le plus récent est l'évaporateur de Scott. La liqueur noire des chaudières est pompée à travers des tubes chauffés à l'extérieur par de la vapeur à haute pression. La liqueur est passée dans une chambre dans laquelle un léger vide est maintenu, de sorte qu'immédiatement à son entrée, la liqueur se sépare avec beaucoup d'eau sous forme de vapeur. La vapeur libérée est utilisée pour produire une nouvelle évaporation de la liqueur partiellement concentrée, et cette opération est répétée plusieurs fois jusqu'à ce que la concentration soit effectuée au point souhaité.

Dans la plupart des cas, l'incinération proprement dite de la liqueur épaisse est effectuée dans un four rotatif lorsqu'un tel appareil est utilisé.

TABLEAU D'EVAPORATION.

Montrant le volume de liqueur obtenu en évaporant 1000 gallons de lessive noire faible de densité d à une densité plus élevée D.

Densité inférieure d (à 100 ° F).	Densité plus élevée D (Twaddell) à 100 ° F.								
	20.	25.	30.	35.	40.	45.	50.	55.	60.
2	100	80	66 · 6	57 · 1	50	44 · 4	40	36 · 3	33 · 3
3	150	120	100	85 · 7	75	66 · 6	60	54 · 5	50
4	200	160	133 · 3	114 · 3	100	88 · 8	80	72 · 7	66 · 6
5	250	200	166 · 6	143	125	111 · 0	100	90 · 9	83 · 3

6	300	240	200	171 · 4	150	133 · 3	120	109	100
sept	350	280	233 · 3	200	175	155 · 5	140	127	116 · 6
8	400	320	266 · 6	228 · 6	200	177 · 6	160	145 · 5	133 · 3
9	450	360	300	257	225	200	180	163 · 5	150
dix	500	400	333 · 3	286	250	222	200	181 · 8	166 · 6

EXEMPLE : -1 000 gallons de liqueur faible à une densité de 7 ° Twaddell sont réduits à un volume de 200 gallons ayant une densité de 35 ° Twaddell, ou à un volume de 140 gallons avec une densité de 50 ° Twaddell, par évaporation.

Préparation de la soude caustique. - Le carbonate de soude brut récupéré lors des précédentes opérations d'ébullition est dissous dans de grandes cuves de lixiviation et extrait à l'eau chaude. La solution limpide obtenue après que toutes les impuretés ont été déposées est pompée dans les cuves de caustification, où elle est convertie en soude caustique, la perte due à la quantité de soude non récupérée étant compensée par l'ajout de soude ordinaire. Les casseroles de caustification sont de grands récipients en fer circulaires généralement de 9 pieds de diamètre et 8 ou 9 pieds de profondeur, dans lesquels un volume connu de la solution de carbonate de soude récupérée est placé.

Une quantité pesée de chaux vive ordinaire est ensuite placée dans une cage en fer perforée qui est fixée à l'intérieur du bac de caustification à un niveau tel que la totalité de la chaux est immergée dans la solution. La liqueur est conservée dans circulation constante au moyen d'un agitateur et portée à ébullition, avec pour résultat que la réaction chimique s'installe, le carbonate de soude étant converti en soude caustique et la chaux étant rejetée sous forme de craie. Lorsque l'opération est terminée, la vapeur est coupée et la craie se décante. La liqueur claire est soigneusement filtrée et pompée dans des réservoirs de stockage à partir desquels les quantités requises sont soutirées dans les digesteurs selon les circonstances.

La lessive. - L'herbe qui a été partiellement lavée dans le digesteur est creusée par les ouvriers et évacuée par un regard aménagé sur un côté du digesteur près du fond. Il est ensuite acheminé de n'importe quelle manière convenable vers le moteur de freinage, dans lequel l'herbe est plus complètement lavée. Cette machine importante a déjà été décrite à la page 53 . Le plancher du bateau s'incline légèrement vers le haut vers l'avant du rouleau et tombe brusquement derrière le rouleau, afin de favoriser une circulation du contenu du moteur autour du bateau.

Un poids défini d'herbe bouillie est jeté dans le moteur avec une grande quantité d'eau fraîche. La circulation du rouleau aspire le mélange de pâte et d'eau entre les couteaux, le brisant et en même temps le déchargeant derrière le rouleau batteur, et produisant une circulation continue du mélange dans les deux sections des récipients.

L'eau sale est continuellement éliminée du navire au moyen d'un «tambour-laveur». Il s'agit d'un grand tambour creux dont la surface extérieure est constituée d'une fine toile métallique, l'intérieur de la rondelle étant muni d'écopes spécialement courbées. Le tambour-rondelle est abaissé jusqu'à ce qu'il soit à moitié immergé dans le mélange de pulpe et d'eau, et pendant qu'il tourne l'eau sale trouve son chemin à travers le tissu métallique, étant pris par les écopes internes et déchargé à travers un tuyau vers un drain à l'extérieur du moteur de rupture. En même temps, de l'eau fraîche pénètre dans le récipient à une extrémité, et le lavage continu de la pâte est ainsi effectué.

Blanchiment. - L'herbe bouillie propre est blanchie au moyen d'une solution de chlorure de chaux.

Il existe plusieurs méthodes utilisées à cette fin, chacune ayant ses propres avantages, bien que ce soit en grande partie une question de conditions locales: -

(A) La pulpe peut être blanchie dans le moteur de lavage directement si l'herbe a été suffisamment nettoyée. Dans ce cas, le débit d'eau fraîche est arrêté et autant d'eau que possible éliminée au moyen du tambour-laveur. Le tambour laveur est ensuite soulevé hors de la pâte et un volume connu de solution de poudre de blanchiment correspondant à un poids défini de poudre sèche est ajouté au contenu du moteur de coupure. La quantité utilisée dépend de la quantité d'herbe sèche dans le moteur de freinage, la proportion habituelle étant de 8 à 10 pour cent. sur le poids séché à l'air calculé de l'herbe crue. Au fur et à mesure que la substance circule autour du moteur, la couleur passe progressivement du jaune foncé au blanc.

Le processus est parfois accéléré en insufflant une petite quantité de vapeur dans le mélange et en augmentant ainsi sa température. Un soin considérable doit être apporté à l'utilisation de la chaleur, car la pâte blanchie rapidement par ce moyen est susceptible de perdre sa couleur aux stades ultérieurs de la fabrication.

Lorsque la pâte a été blanchie dans la mesure requise, le tambour-laveur est à nouveau abaissé en contact avec la pâte blanchie, et cette dernière est soigneusement lavée de manière à être tout à fait exempte de traces d'agent de blanchiment et d'autres impuretés solubles.

(B) Esparto est souvent blanchi dans un moteur de blanchiment «tour» qui consiste en un grand récipient cylindrique de 9 pieds de diamètre et de 15 ou 16 pieds de profondeur, au fond duquel est fixée une petite pompe centrifuge.

L'herbe bouillie avec suffisamment d'eau et une solution de poudre de blanchiment claire est placée dans le moteur; la pompe centrifuge aspire le mélange du fond de la cuve et le décharge, au moyen d'un grand tuyau externe, directement dans le haut de la cuve, où, en tombant, il entre en contact avec un déflecteur circulaire, qui répartit la pulpe uniformément sur la surface du mélange dans le récipient. Une circulation continue et rapide est ainsi maintenue, et le procédé est dit très efficace. La pâte blanchie est ensuite lavée sans aucune trace d'agent de blanchiment.

(C) Esparto est fréquemment blanchi par le processus de «trempage». Dans ce cas, la pulpe est lavée dans le moteur de rupture, mélangée à la quantité requise d'eau de javel, et immédiatement déchargée par les tuyaux de sortie du moteur dans de grands réservoirs en brique, où l'eau de Javel est autorisée à agir tranquillement sur l'herbe bouillie. Cette méthode produit une pâte de bonne couleur et est économique.

Quel que soit le procédé de blanchiment adopté, il est nécessaire d'éliminer tous les sous-produits formés au cours du processus, car ces sous-produits solubles, s'ils sont laissés dans le mélange, produisent un abaissement de la couleur.

La présence de petites traces de solution de poudre de blanchiment peut être détectée en utilisant des papiers de test d'amidon et d'iodure de potassium. Si une poignée de pâte après le blanchiment, lorsqu'elle est essorée, ne rend pas le papier de test violet ou bleu, alors l'absence de tout agent de blanchiment gratuit est prise pour acquise. La moindre trace d'agent de blanchiment rendra ces papiers tests bleus ou violets selon la quantité présente. C'est le test habituellement appliqué par les hommes en charge des opérations de blanchiment.

Faire des feuilles de pâte sparte. —Pour faciliter la manipulation, il est habituel de transformer la pâte lavée et blanchie sous forme de feuilles humides. Ceci est effectué sur un machine connue sous le nom de «presse-pâte», un appareil qui ressemble étroitement à l'extrémité humide d'une machine à papier. Il se compose d'un ensemble de tamis plats ou de tamis, d'un fil horizontal similaire au fil de la machine à papier, pourvu de franges, des rouleaux de canapé habituels et de rouleaux de presse.

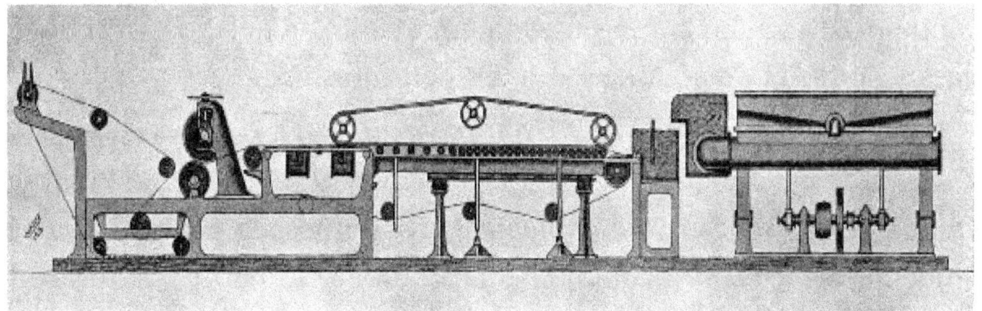

FIG. 24. —Une presse-pâte pour pâte spartiate.

La pâte diluée avec de l'eau est passée à travers les tamis et sur le fil horizontal, où elle est formée en une feuille humide, l'eau s'écoulant du fil et également éliminée par des pompes à vide. La feuille épaisse de pâte est transportée à travers les rouleaux de couchage et les rouleaux de presse, pour être finalement enroulée sur un rouleau en bois à l'extrémité de la machine. Dans cet état humide, il est prêt à être utilisé dans le moulin.

Pulpe sèche d'alfa. - Lorsque la pâte blanchie est destinée à l'exportation, une machine plus élaborée est utilisée - à toutes fins utiles une machine à papier - au moyen de laquelle la feuille continue de pâte humide est séchée et découpée en feuilles plus petites de taille appropriée. Ces feuilles séchées sont conditionnées en balles de 2 cwt. ou 4 cwt. de pâte séchée, puis enveloppée dans de la toile de jute et liée avec des fils de fer.

Autres méthodes. - Étant donné que le rendement en pâte d'alfa à partir de la matière première est inférieur à 50 pour cent. et il nécessite 45 cwt. d'herbe pour faire une tonne de pâte finie, des méthodes ont été conçues pour traiter l'herbe à l'état vert dans les districts où elle est cultivée, mais jusqu'à présent, rien n'a été fait à grande échelle.

L'isolement de la cellulose par traitement alcalin au froid a été suggéré, mais la méthode n'a jamais dépassé le stade expérimental. Ce processus a en effet été mentionné pour la première fois par Trabut, qui, il y a de nombreuses années, considérait que l'élimination des constituants non fibreux de l'herbe fraîche pouvait être facilement accomplie par le traitement moins drastique de l'alfa avec des carbonates alcalins de soude et de potasse à des températures ordinaires.

La production de pulpe d'alfa par fermentation bactériologique est une idée de date ultérieure. Selon l'inventeur, l'herbe est broyée mécaniquement au moyen de rouleaux puis immergée dans de l'eau de mer inoculée avec un bacille spécial obtenu à partir d'alterno, et progressivement résolue en cellulose et sous-produits solubles par fermentation qui est terminée en onze jours environ. La valeur commerciale de cette idée n'a pas encore été démontrée.

PATE SPARTE: CARACTERISTIQUES MICROSCOPIQUES.

La pulpe d'alfa, lorsqu'elle est examinée au microscope, est facilement reconnaissable, d'abord par l'aspect caractéristique des longues fibres minces de forme cylindrique, et d'autre part par les nombreuses cellules toujours présentes. Ces cellules sont constituées de vaisseaux cuticulaires aux bords dentelés, ainsi que de petits poils de graines en forme de poire, dont la forme est un moyen facile d'identifier l'alfa. Un examen de la section transversale de la matière première indique la provenance de ces récipients en forme de poire.

Test pour Esparto dans les papiers. - Le papier contenant de la fibre spartiate peut être testé au moyen d'une solution faible de sulfate d'aniline. Le papier suspect est chauffé doucement dans le réactif de test, et si l'alfa est présent, le papier prend une couleur rose-rouge ou rose, la profondeur de la couleur étant une mesure de la quantité d'alfa. La plupart des papiers de livre modernes sont préparés à partir de pâte de bois chimique et d'alfa mélangés dans des proportions variables, et bien que ce test puisse être utilisé comme un moyen de détecter une petite ou une grande proportion d'alfa, un examen microscopique est nécessaire pour une estimation plus précise. .

Les proportions utilisées par le papetier dépendent de la pesée de la pâte de bois et de l'alfa plus ou moins précise, tandis que le test microscopique est basé sur les proportions relatives représentées par le volume de fibres de chaque classe sur la lamelle de verre placée sous le microscope. Etant donné que la pâte de bois est constituée d'un certain nombre de fibres larges et plates en forme de ruban, et de l'alternat de petites fibres cylindriques, une pratique considérable est nécessaire pour effectuer une analyse correcte des deux constituants du papier.

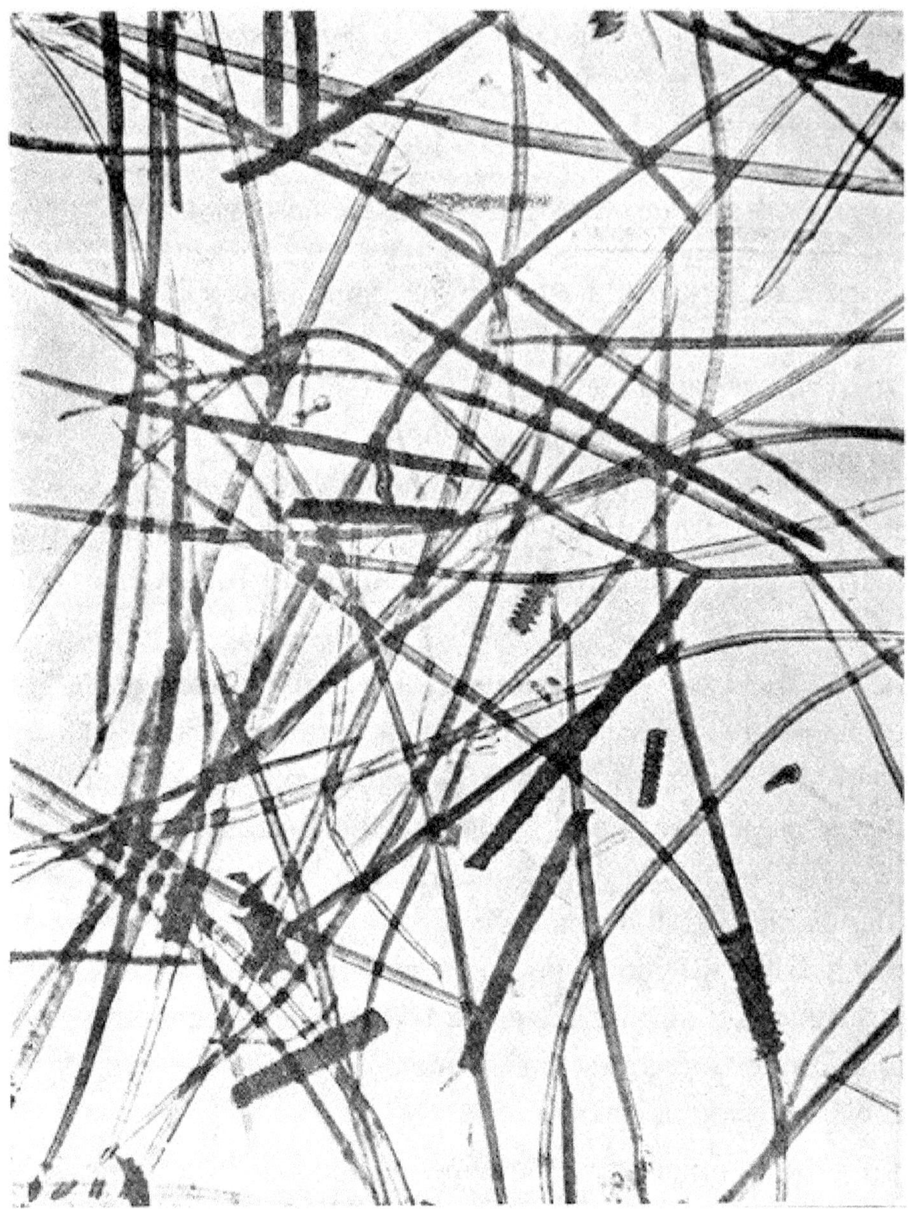

FIG. 25. - Pâte d'Esparto.

PAILLE.

L'utilisation de la paille pour la fabrication de papier a été mise en
évidence pour la première fois vers l'an 1800 par Matthias Koops, qui a

publié un livre imprimé sur du papier à base de paille, mais ce n'est qu'en 1860 que ce matériau a été utilisé en grande quantité.

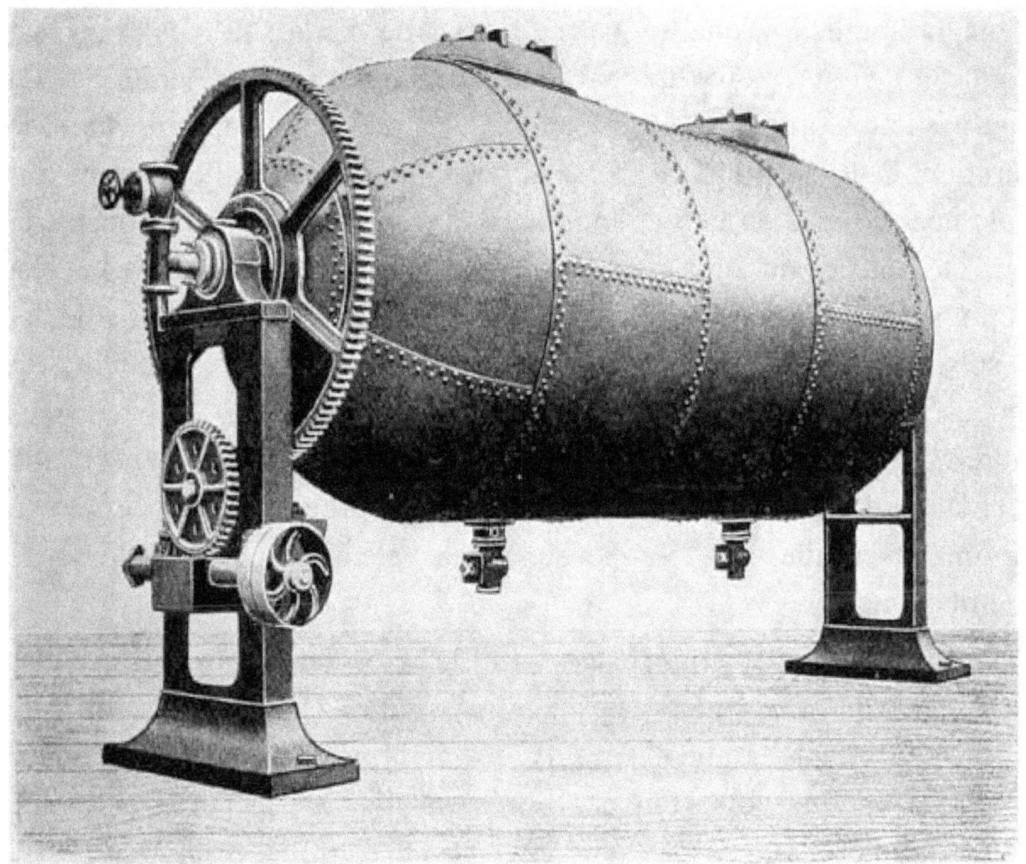

FIG. 26. —Un digesteur cylindrique pour la fibre bouillante.

La paille est maintenant convertie en pâte à papier blanchie pour les journaux et les imprimés, et est également utilisée pour la fabrication de planches de paille.

La production d'une pâte à papier blanche à partir de paille est réalisée d'une manière similaire à celle utilisée dans le cas de la fibre d'alfa, c'est-à-dire par digestion avec de la soude caustique sous pression et blanchiment ultérieur. Comme la paille contient des quantités considérables de matière siliceuse, le traitement chimique nécessaire pour réduire le matériau en pâte à papier est plus sévère, une solution de soude caustique plus forte étant utilisée, et le processus de digestion étant effectué à une température plus élevée.

Pour la meilleure qualité de cellulose de paille, le matériau est découpé en petits morceaux par des machines qui ressemblent à un coupe-paillettes ordinaire, et les nœuds sont retirés par une machine de séparation. Dans la plupart des cas, cependant, la paille entière est simplement coupée en petites longueurs d'environ un à deux pouces de long, et placée aussitôt dans le digesteur. Lorsque la paille est contaminée par des mauvaises herbes étrangères, du sable, des balles et des substances similaires, comme c'est généralement le cas, elle est soigneusement cueillie à la main par les filles, qui enlèvent ces impuretés, qui ont tendance à produire des particules de matière non blanchie dans la pâte finie. Le coût de ce processus de nettoyage préliminaire est plus que compensé par la valeur accrue de la pâte de paille blanchie.

Digérer. - La paille coupée est bouillie dans des récipients rotatifs cylindriques ou sphériques, les chaudières fixes stationnaires du type vomissement étant rarement employées car la circulation de la liqueur de soude caustique ne se fait pas librement avec de la paille emballée dans ces dernières.

Comme le matériau est très volumineux, une partie de la liqueur est d'abord placée dans la chaudière et la vapeur admise pendant que la paille est jetée. Par ce moyen, la paille est ramollie et réduite en vrac, de sorte qu'une plus grande quantité peut être ajoutée avant le digesteur est assez plein. La quantité totale de soude caustique est ensuite complétée par des ajouts supplémentaires de liqueur et le contenu du digesteur est chauffé par de la vapeur à haute pression pendant quatre à six heures.

Les conditions de traitement sont illustrées par l'essai suivant: -

Quantité de paille	5 600 livres
Soude caustique, 20 pour cent.	1120 livres

La soude caustique a été ajoutée sous la forme d'une liqueur, ayant un volume de 2 012 gallons et une densité de 1 · 055.

Temps d'ébullition	5 heures.
Pression	60 livres

La lessive. - La paille bouillie est évacuée dans de grandes cuves placées sous le digesteur et lavée à l'eau chaude, la plus petite quantité possible étant utilisée compatible avec un lavage complet afin d'éviter l'accumulation de grands volumes de lessive faible. La liqueur usée et les eaux de lavage sont évacuées dans des réservoirs de stockage et évaporées dans un appareil à effets multiples par le même procédé que celui utilisé pour la pâte d'alfa. Les derniers lavages sont généralement évacués car le pourcentage de soude qu'ils contiennent est trop faible pour payer le coût de la récupération.

Le lavage final de la pulpe de paille est complété par l'utilisation d'une machine à casser ou d'un potcher. Comme la pulpe de paille contient une grande proportion de matière cellulaire qui ne peut pas être considérée comme de vraies fibres, il y a toujours un risque de perte considérable de rendement si l'utilisation du moteur de rupture est largement adoptée, car les cellules courtes s'échappent à travers les mailles du tambour. - machine à laver. Le lavage est le plus économiquement effectué dans les cuves si un bon rendement en pâte est requis.

Séparer les nœuds. - La pulpe cassée des moteurs de rupture est diluée avec de grandes quantités d'eau et pompée sur des pièges à sable afin d'éliminer les nœuds et les mauvaises herbes qui ont résisté à l'action de la soude caustique. Ces pièges se composent de longs plateaux peu profonds, peut-être soixante à quatre-vingts mètres de long, un mètre de large et neuf pouces de profondeur, contenant des planches qui s'étendent d'un côté à l'autre, inclinées en angle et clouées au fond des plateaux. La pâte diluée s'écoule à travers les plateaux, laissant les particules lourdes, les nœuds et les corps étrangers derrière la pente planches, et passe enfin sur les crépines, qui retiennent les gros morceaux grossiers restants.

Faire des feuilles de pâte. —Le mélange des tamis contient un grand excès d'eau qui doit être éliminé avant que la pâte puisse être blanchie. A cet effet, une presse humide (voir page 103) ou une presse-pâte (voir page 85) est employée, et les feuilles de pâte humides sont alors prêtes pour le blanchiment.

Blanchiment. —Le procédé de blanchiment de la pâte est exactement similaire à celui utilisé pour traiter l'alfa.

De 1870 à 1890, de grandes quantités de paille ont été utilisées pour la fabrication de papier journal en conjonction avec l'alfa et la pâte de bois, mais le prix du matériau a été progressivement avancé de sorte qu'il ne pouvait pas être utilisé avec avantage, d'autant plus que la production de pâte de bois a donné un matériau qui était beaucoup moins cher, et qui pouvait être utilisé immédiatement sans traitement chimique.

Dans la fabrication du papier journal, la tendance au cours des dernières années a été de rendre les opérations de papeterie aussi mécaniques que possible et de se dispenser des opérations préliminaires indispensables à la fabrication des demi-étoffes, les procédés chimiques étant laissés entre les mains de la fabricants de pâte.

La fabrication de la cellulose de paille est maintenant pratiquement confinée à l'Allemagne, mais de petites quantités de cellulose de paille blanchie sont importées car la pâte confère certaines qualités au papier qui l'améliorent, notamment en rendant les papiers d'impression bon marché plus durs et plus opaques.

CARACTERISTIQUES MICROSCOPIQUES DE LA PAILLE.

La pâte à papier obtenue à partir de la paille est constituée d'un mélange de fibres courtes avec une grande proportion d'alvéoles de forme ovale. Les fibres sont courtes et ressemblent un peu à l'alfa, mais la présence des plus petites cellules est une certitude indication de la pulpe de paille. Les fibres elles-mêmes ressemblent étroitement aux fibres d'alfa, mais en règle générale, ces dernières sont de longues fibres minces, tandis que la fibre de paille est très souvent pliée et tordue ou légèrement pliée.

FIG. 27. - Paille.

La seule méthode de distinction entre la paille et l'alfa est par examen au microscope. Il n'y a pas de réactif chimique connu qui produira une réaction colorée sur un papier contenant de la paille qui servira à le distinguer d'un papier contenant de l'alfa. Si ces papiers sont doucement chauffé dans une solution faible de sulfate d'aniline, une couleur rose se développe lentement, dont l'intensité est dans une certaine mesure une mesure de la quantité de paille ou d'alfa présent.

La paille et l'alfa sont généralement décrits dans les manuels sous une seule rubrique, en partie parce que les fibres possèdent de fortes ressemblances dans la constitution physique et chimique, et en partie parce que les méthodes de fabrication sont identiques. En même temps, les qualités des deux pâtes sont si différentes qu'elles ne peuvent pas être utilisées sans discernement, l'une pour l'autre. La cellulose de paille ne peut pas être utilisée à la place de l'alfa, en particulier pour les papiers légers et volumineux. Par conséquent, dans les papiers de magazines et de livres contenant une fibre qui donne une coloration rose avec du sulfate d'aniline, il est assez sûr de supposer que de la pâte d'alfa est présente.

CHAPITRE V: PÂTE DE BOIS ET PAPIERS DE PÂTE DE BOIS

Le bois est transformé en pâte adaptée à la fabrication de papier par des méthodes qui produisent deux variétés distinctes. Le premier est *la pâte de bois mécanique* , ainsi appelée parce qu'elle est fabriquée par un procédé purement mécanique. La seconde est appelée *pâte* de *bois chimique* du fait que le matériau est soumis à un traitement chimique.

Bois broyé et cellulose.- Les deux variétés de pâte se distinguent parfois par l'emploi des termes bois broyé et cellulose. Dans le premier cas, la description implique un produit constitué de pâte obtenue par broyage du bois à l'état fibreux, tandis que dans le second, le mot suggère un produit chimique purifié débarrassé des constituants résineux et non fibreux trouvés dans le bois. C'est, en fait, la différence essentielle, car la pâte de bois mécanique est constituée de fibres qui ont été arrachées du bois au moyen d'une meule; sa composition chimique diffère légèrement de la matière première d'origine et contient la plupart des substances complexes naturelles du bois. La pâte de bois chimique, en revanche, est constituée de fibres isolées du bois de telle manière que les substances complexes non fibreuses sont plus ou moins entièrement éliminées. La différence entre ces deux pâtes est montrée dans l'analyse approximative suivante du bois d'épicéa et de la pâte qui en dérive. La composition de la pâte mécanique est pratiquement identique à celle du bois lui-même.

COMPOSITION DU BOIS D'EPICEA ET DE LA PATE DE BOIS CHIMIQUE (EPICEA).

	Bois (épicéa).	Pâte de bois chimique .
Cellulose	53 · 0	88 · 0
Résine	1 · 5	0 · 5
Extrait aqueux	2 · 5	0 · 5

L'eau	12 · 0	8 · 0
Lignine	30 · 5	2 · 5
Cendre	0 · 5	0 · 5
	100 · 0	100 · 0

L'utilisation de la pâte de bois mécanique est généralement limitée à la fabrication de journaux, d'imprimés et de papiers d'emballage, de cartons et de cartons courants. Il possède très peu de force, se décolore rapidement lorsqu'il est exposé à la lumière et à l'air, et perd progressivement son caractère fibreux. La pâte de bois chimique est une fibre solide, à partir de laquelle des papiers de grande qualité peuvent être fabriqués, dont la couleur et la résistance laissent peu à désirer.

Espèces de bois. - Les bois les plus couramment utilisés pour la fabrication de la pâte de bois appartiennent à l'ordre des conifères, ou arbres à cônes. En Europe, l'épinette et le sapin argenté sont les principales espèces, tandis qu'en Amérique l'épinette, le baumier, le pin et le sapin sont employés. Les bois plus durs, tels que la pruche, le hêtre, le mélèze et autres, ne sont pas convertis en pâte par le processus mécanique.

Opérations de bois. - Les arbres sont abattus au début de l'hiver par des bandes d'hommes spécialement formés au travail. L'organisation d'un camp de bûcherons lorsque les opérations sont de grande envergure est très complète et soigneusement organisée, chaque détail étant pris en compte afin de sortir le bois le moins cher et le plus rapidement possible. Les branches et les petites cimes sont enlevées des arbres lorsqu'ils sont tombés, et les troncs coupés en rondins de 12, 14 ou 16 pieds de longueur, puis empilés sur les rives de la rivière la plus proche, ou sur la glace, prêts pour la rupture de l'hiver.

Dès que la glace se brise et que les rivières deviennent navigables, les billes sont amenées à flotter jusqu'à leur destination, dans certains cas à des centaines de milles du lieu des opérations. Là où les rivières ne sont pas disponibles, le bois est extrait par des chevaux ou des bœufs, ou au moyen d'un train léger.

Coupe du journal. - Lorsque le bois arrive à l'usine, il est soigneusement mesuré, tant en ce qui concerne son diamètre que sa longueur, afin de pouvoir tenir un registre de la quantité utilisée. Certaines des billes sont empilées dans la cour de stockage pour être utilisées en hiver, et le reste est transformé en pâte jour après jour. Les grumes sont d'abord coupées en petits morceaux d'environ 2 pieds de long au moyen d'une puissante scie circulaire, les dispositions pour ce travail étant conçues de manière à réduire au maximum le coût de la main-d'œuvre. Tous les déchets sont jetés de côté pour être utilisés comme combustible.

Aboiement. —L'écorce sur les bûches est éliminée d'une ou deux manières. Une grande partie est éliminée lors du transfert de la forêt au moulin, mais même dans ce cas, le bois doit être nettoyé. En Norvège et en Suède, le bois est traité dans un *gobelet* ou un *aboyeur* , tandis qu'en Amérique et au Canada, l'utilisation du gobelet est pratiquement inconnue.

L'aboyeur consiste en un disque de fer lourd équipé de couteaux, généralement au nombre de trois, qui dépassent de la surface du disque d'environ un demi ou trois quarts de pouce. L'aboyeur tourne en position verticale, et les petits morceaux de bois sont amenés un par un en contact avec le disque de manière à ce que l'écorce soit rasée par les couteaux. La machine est équipée de commodités pour presser le bois contre le disque et tourner les bûches au fur et à mesure de leur écorce.

FIG. 28. - Paire d'écorces pour enlever l'écorce des grumes de bois.

La machine est enfermée dans un couvercle en fonte solide, et toute l'écorce rasée est emportée par le fort courant d'air créé par le mouvement rapide du disque, puis brûlée.

Le système de gobelet est assez différent. Dans ce cas, les pièces courtes sont jetées dans un grand tambour circulaire avec de l'eau chaude, et l'écorce est enlevée par le frottement des pièces lorsque le tambour tourne. La perte de matière est bien sûr moindre dans ce processus, mais le bois n'est pas nettoyé aussi efficacement.

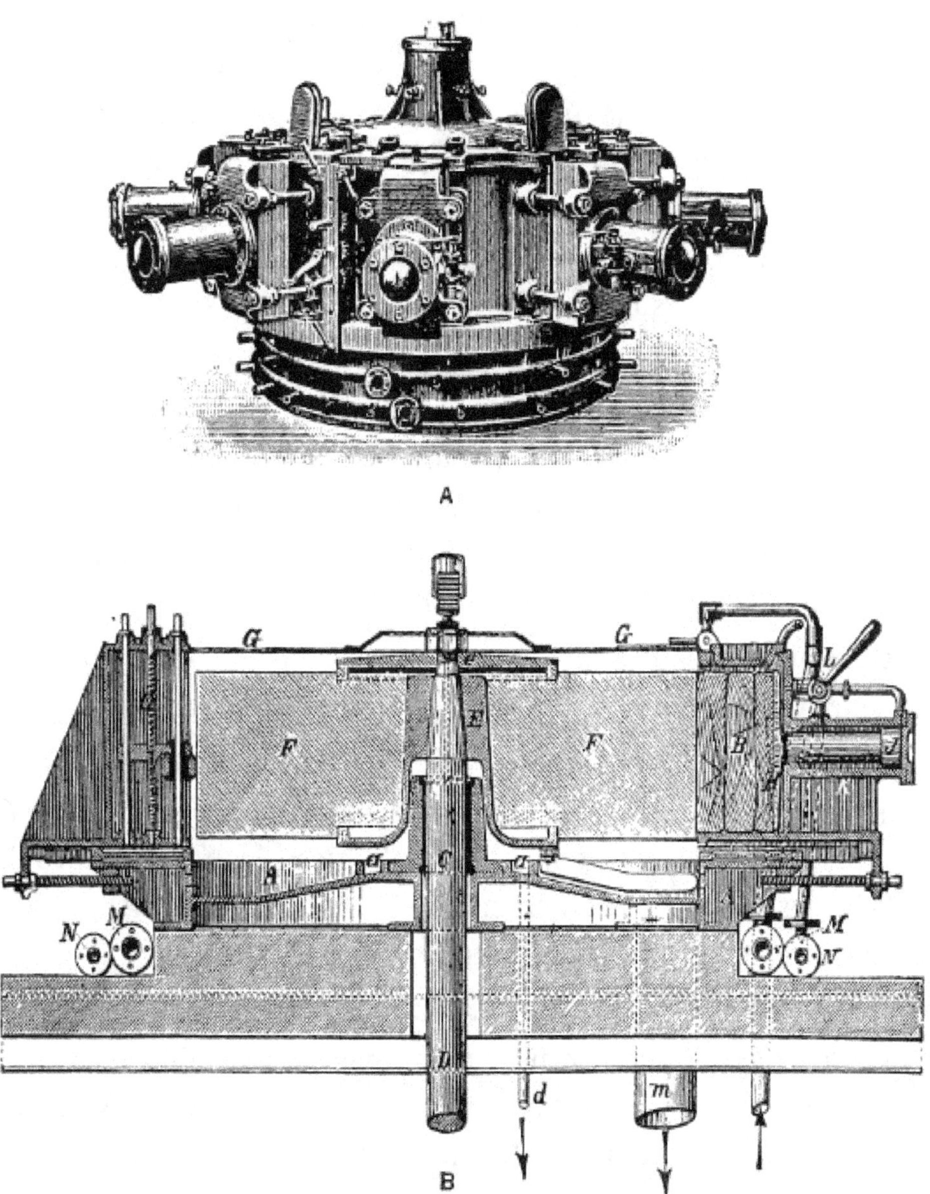

FIG. 29. - Vue de la meuleuse horizontale (A), avec section (B).

Le bois à ce stade peut être utilisé pour la fabrication de pâte mécanique ou chimique. En règle générale, les pièces sont prélevées sans discernement pour l'un ou l'autre processus, mais parfois le bois est trié, la matière propre exempte de nœuds et de défauts étant réservée à une pâte chimique de haute qualité.

Broyage. - La caractéristique principale du processus de meulage est l'usure du bois lorsqu'il est maintenu contre la surface d'une meule à rotation rapide, les fibres au fur et à mesure qu'elles sont frottées étant instantanément emportées de la pierre par un courant d'eau. Une description complète des machines utilisées et des modifications du procédé pratiquées par les fabricants est impossible dans cet ouvrage, mais les points suivants suffiront.

La machine se compose d'une grande meule d'environ 54 pouces de diamètre et 27 pouces d'épaisseur. Il tourne en position verticale ou horizontale à grande vitesse. La pierre tourne à l'intérieur d'un boîtier qui est pourvu d'un certain nombre de *poches* , ainsi appelées, dans lesquelles les morceaux de bois sont jetés à intervalles réguliers, aussi vite que le bois est broyé par le frottement de la pierre.

Un flux continu d'eau jouant sur la surface de la pierre emporte la pulpe dans un réservoir ou une fosse sous la machine.

La qualité de la pâte peut être modifiée par les conditions dans lesquelles elle est fabriquée. En limitant la proportion d'eau pour que le bois reste plus longtemps en contact avec la pierre, la température de la masse dans les poches augmente. Une telle *pâte moulue à chaud* , comme on l'appelle, est dure et résistante.

Lorsque les fibres sont éliminées de la pierre aussi vite qu'elles sont produites, la température n'augmente pas et on fabrique de la pâte *moulue froide* , qui n'est pas caractérisée par la sensation quelque peu coriace de la pâte fabriquée à la température plus élevée.

La surface de la pierre joue également un rôle important. Si la pierre est lisse, le bois est frotté lentement, mais si la surface a été rugueuse et rainurée au moyen d'un outil spécial, les fibres sont rapidement arrachées. Dans le premier cas, la pulpe provient de la pierre à l'état finement broyé et dans un état uniforme, tandis que dans le second la pâte est grossière et granuleuse.

Le rendement de la machine est cependant beaucoup augmenté par l'utilisation de pierres tranchantes et par l'application d'une pression considérable sur les blocs de bois.

FIG. 30. - Un broyeur vertical pour la fabrication de pâte de bois mécanique moulue à chaud.

Dépistage. - Le mélange d'eau et de pulpe sortant du broyeur tombe dans une cuve sous la pierre, tous les gros copeaux étant retenus au moyen d'une plaque perforée. La pulpe plus fine, encore trop grossière pour être utilisée, est ensuite pompée vers les tamis, qui servent à éliminer toutes les fibres granuleuses et grossières et produire un matériau uniforme. Le *tamis à secousses* consiste en un plateau peu profond dont le fond est une plaque en laiton ou une série de plaques perforées de petits trous ou fentes. La pulpe s'écoule sur le plateau qui est maintenu dans un état d'agitation violente, la pulpe fine passant par les trous et les morceaux les plus grossiers descendant jusqu'au bord inférieur du plateau dans une auge qui les entraîne. L' *écran plat* est de construction quelque peu différente, mais le principe de séparation est le même. Il se compose de plaques perforées en laiton formant le fond d'un plateau en fonte peu profond, continuellement agité au moyen de cames fixées à la surface inférieure des plateaux.

FIG. 31. - Tamis centrifuge pour pâte de bois.

Le *tamis centrifuge* est une cage en finement perforé feuille de laiton qui tourne à une vitesse très élevée à l'intérieur d'une cuve circulaire en fonte. La pâte s'écoule à l'intérieur de la cage, les fibres fines étant

114

forcées à travers le tamis par l'action centrifuge de la machine, et le matériau grossier est retenu.

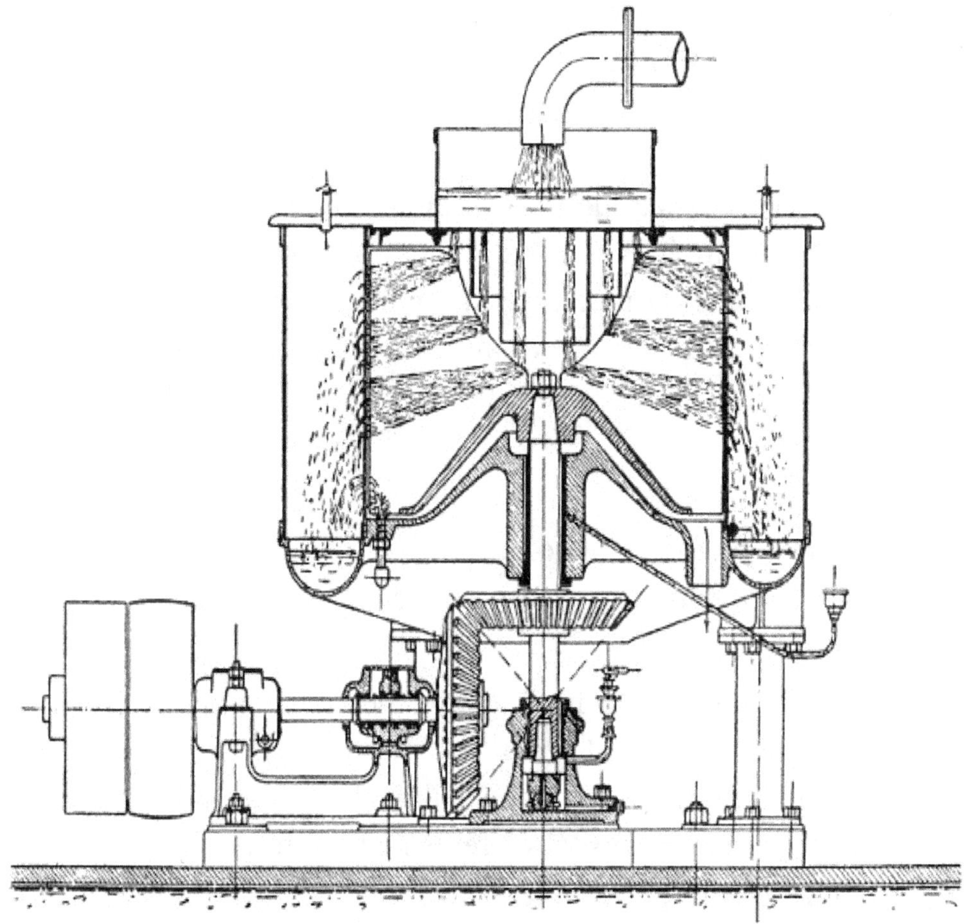

FIG. 32. - Coupe du tamis centrifuge pour pâte de bois.

Pressage humide. - La pulpe sortant des tamis est mélangée à une quantité d'eau si importante qu'il est nécessaire de la concentrer. Ceci est effectué au moyen de la presse à eau (Fig. 41). La pulpe et l'eau sont pompées dans une caisse en bois dans laquelle tourne un grand tambour creux, la surface de ce tambour étant constituée d'une fine toile métallique d'environ 60 ou 70 mesh. Le tambour n'est pas entièrement immergé dans le mélange, de sorte qu'en tournant la pulpe forme une peau ou une feuille mince sur la surface, et l'eau passe à travers le fil à l'intérieur du tambour creux. Le tambour porte la feuille mince hors de la boîte et au-dessus du niveau du mélange jusqu'à ce qu'elle entre en contact avec une couverture ou un feutre sans fin, qui est pressé contre la partie du tambour non immergée dans le liquide.

Par ce moyen, la feuille mince est transférée sur le feutre et transportée entre les rouleaux presseurs vers les rouleaux de finition. Le feutre, portant sur sa face supérieure la fine feuille de pâte, passe entre deux rouleaux, généralement de 16 à 20 pouces de diamètre, le supérieur étant en bois et le inférieur en fonte. La pulpe adhère au tambour supérieur et le feutre retourne autour du tambour inférieur vers la boîte contenant le mélange de pulpe et d'eau; la feuille mince est enroulée en continu sur le rouleau supérieur jusqu'à ce qu'une certaine épaisseur soit atteinte.

Lorsque cela se produit, le préposé enlève la feuille épaisse par un mouvement adroit d'un bâton pointu sur la face du rouleau. La pâte humide à ce stade se compose de 30 pour cent. pâte séchée à l'air et 70 pour cent. de l'eau.

Pressage hydraulique. - Les feuilles prélevées sur la presse à eau sont pliées en une forme pratique et empilées, de gros morceaux de sac étant placés entre les feuilles. A des intervalles déterminés, les piles sont soumises à une pression dans des presses hydrauliques afin d'enlever d'autres quantités d'eau, qui s'écoule lentement à travers le sac. De cette manière, une masse de pâte sous forme de feuilles épaisses pliées contenant 50 pour cent. de pâte de bois sèche est produite.

Les morceaux de sacs sont sortis et les feuilles mises en balles de n'importe quel poids requis, généralement 2 cwt. ou 4 cwt.

LA FABRICATION DE PATE DE BOIS CHIMIQUE.

La plupart des fibres végétales sont converties en pulpe par des procédés alcalins, c'est-à-dire en digérant la matière première avec de la soude caustique et des substances alcalines similaires. Le bois peut être traité de deux manières, dont l'une est le procédé ordinaire à la soude, et l'autre un traitement acide nécessitant l'utilisation d'acide sulfureux.

Préparation du bois. - Les bûches de bois sont coupées et écorcées exactement comme dans le cas de la pâte mécanique. Les morceaux courts de deux pieds sont ensuite découpés en petits flocons d'environ un pouce carré et un demi-pouce d'épaisseur au moyen d'une machine connue sous le nom de *déchiqueteuse* . Ceci est de construction similaire à un aboyeur, composé d'un disque de fer lourd tournant à grande vitesse à l'intérieur d'un couvercle robuste. Le disque tourne en position verticale et trois couteaux en saillie coupent les bûches en flocons. A cet effet, le disque est pourvu de trois fentes qui rayonnent du centre vers la circonférence sur environ 12 pouces. Les couteaux peuvent être ajustés de manière à ce qu'ils se lèvent à travers les fentes et au-dessus de la surface du disque à n'importe quelle distance requise.

Afin d'assurer l'uniformité de la taille des copeaux, la pratique est fréquemment adoptée de tamiser le bois sortant de la déchiqueteuse. Le tamis est un grand tambour squelette dont la surface extérieure est constituée d'un tissu métallique grossier capable de faire passer toutes les pièces de la taille mentionnée. Les copeaux et les morceaux plus gros sont retenus dans le tambour car il tourne en position horizontale et ne tombent qu'en atteignant l'extrémité extrême de la machine.

Les digesteurs. - Le but de l'ébullition du bois sous pression avec des produits chimiques est de dissocier la précieuse partie fibreuse de la plante de la partie résineuse et non fibreuse. Dans ce processus, le bois perd la moitié de son poids, le rendement en pâte étant d'environ 50 pour cent, et le reste est dissous par la solution chimique. Les conditions de traitement sont de caractère extrêmement varié, la qualité de la pâte produite variant en proportion.

Les digesteurs sont soit sphériques, cylindriques ou en forme d'œuf, étant construits pour tourner à une vitesse lente, ou fixé de façon permanente en position verticale. Les chaudières sphériques mesurent généralement 9 ou 10 pieds de diamètre, les digesteurs cylindriques mesurant 40 ou 50 pieds de haut et 12 ou 15 pieds de diamètre, les plus gros étant capables de prendre 20 tonnes de bois pour chaque opération.

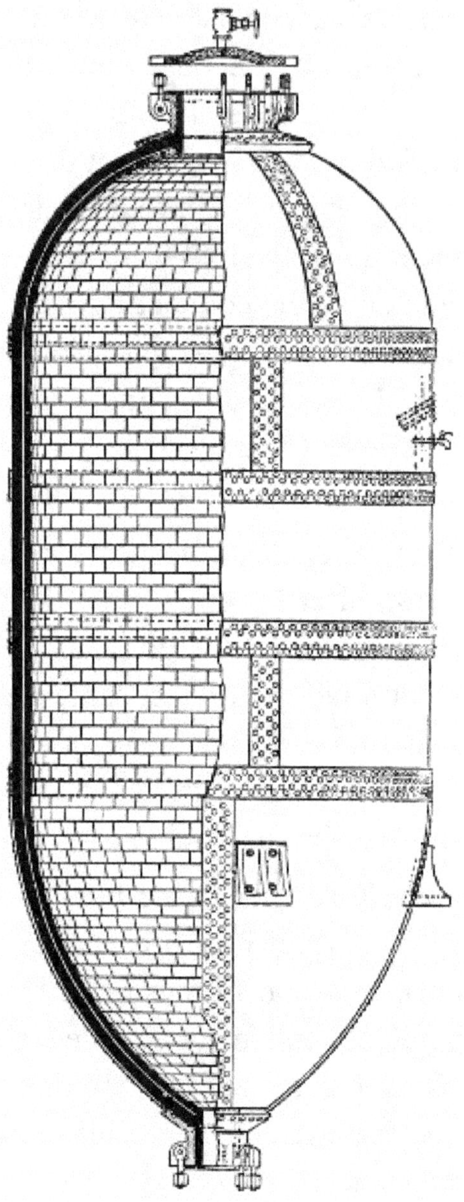

FIG. 33. - Digesteur de pâte de bois, en partie en élévation, en partie en coupe.

Pour le procédé alcalin, l'intérieur du digesteur ne nécessite aucun traitement spécial, mais avec le procédé acide, la partie interne de la chaudière est soigneusement doublée d'une épaisse couche de brique et de ciment résistant aux acides.

Le contenu du digesteur est chauffé au moyen de vapeur à haute pression, qui est soufflée directement dans la masse ou passée à travers une bobine située au fond de la cuve. Dans le premier cas, la vapeur d'eau est condensée par la liqueur, dont le volume est par conséquent augmenté, tandis que dans le dernier cas la vapeur condensée est soutirée en continu des tuyaux. Chaque système a ses propres avantages.

Différents types de pâte de bois chimique. —Selon la méthode de traitement donc la qualité de la pulpe varie. Les produits chimiques utilisés, le système d'ébullition, la température de digestion, la force des solutions, la durée de la période de cuisson et, enfin et surtout, les essences de bois, sont tous des facteurs déterminants dans la valeur du produit final. .

Pulpe de soude. —Ceci est préparé en digérant du bois avec de la soude caustique dans des chaudières à rotation pendant huit ou dix heures à une pression de 60 à 80 livres.

Pâte au sulfate. - Préparé en digérant le bois avec un mélange de soude caustique, de sulfure de soude et de sulfate de soude.

Pâte au sulfite. - Le procédé le plus généralement adopté pour la fabrication de la pâte de bois est le traitement de la matière dans des digesteurs revêtus de briques avec du bisulfite de chaux pendant huit à neuf heures à une pression de 80 livres.

Pulpe de Mitscherlich. - Il s'agit de pâte au sulfite préparée en digérant le bois à une température beaucoup plus basse et pendant une période plus longue que le sulfite ordinaire. La vapeur n'est pas soufflée directement dans la masse de bois, et la pression dépasse rarement 45 ou 50 livres, le temps d'ébullition occupant 45 à 50 heures. Ainsi appelé du nom de l'inventeur.

Pâte de bois au sulfite. - Ce nom est donné à la pâte préparée par digestion du bois avec des solutions contenant de l'acide sulfureux ou des sels d'acide sulfureux. L'acide est produit en brûlant du soufre ou certains minerais contenant du soufre, comme les pyrites de cuivre ou de fer, dans des fours spéciaux. La forme la plus moderne de four consiste en un tambour cylindrique en fonte tournant lentement en position horizontale sur des roulements appropriés. Le soufre est jeté à intervalles, ou introduit automatiquement, dans le four, la quantité d'air étant soigneusement réglementé pour éviter la formation d'acide sulfurique dans les étapes ultérieures de la préparation. Le soufre est également brûlé dans des fours stationnaires qui se composent de plateaux fermés plats peu profonds.

FIG. 34. - Vue des fours à soufre ordinaires.

Le gaz acide sulfureux chaud traverse des conduites et est refroidi, après quoi il est mis en contact avec de l'eau et de la chaux pour la production du bisulfite de chaux. Ceci est accompli par l'une des deux méthodes suivantes.

Système de tour. - Le gaz frais est aspiré dans de hautes tours généralement construites en bois de 7 ou 8 pieds de diamètre, remplies de masses de calcaire. Des réservoirs au sommet de chaque tour, une quantité d'eau soigneusement régulée s'écoule sur le calcaire et absorbe la colonne ascendante de gaz, celui-ci étant aspiré dans la tour par le bas. Le calcaire se dissout simultanément, et le liquide qui s'écoule des tuyaux au fond de la tour est constitué de chaux dissoute dans l'acide sulfureux, avec une certaine proportion d'acide sulfureux libre. Ceci est généralement connu comme une solution de bisulfite de chaux.

Système de réservoir. - Le système de tour quelque peu coûteux a dans de nombreux cas été remplacé par l'utilisation d'un certain nombre d'énormes cuves en bois, de 10 à 12 pieds de diamètre et de 8 à 10 pieds de haut. Ces cuves sont remplies d'eau et d'une quantité connue de chaux éteinte. Le gaz est forcé dans les réservoirs par pression ou aspiré par aspiration, et la conversion du lait de chaux en bisulfite de chaux se fait automatiquement. Afin d'assurer une absorption complète, le gaz traverse les cuves en série, de sorte que les gaz usés sortant des cuves ne contiennent pas de quantité appréciable d'acide sulfureux.

Afin d'obtenir une pâte de qualité uniforme, il est nécessaire que la liqueur soit de composition constante. La formule diffère dans les différents moulins selon les conditions qui se révèlent les plus appropriées.

Digesteurs de sulfites. - La forme presque universelle de chaudière employée dans la cuisson du bois par le procédé au sulfite est un grand récipient cylindrique d'environ 50 pieds de hauteur et de 14 à 15 pieds de diamètre intérieur, doublé de briques résistantes à l'acide.

Cette forme de digesteur est capable de contenir 20 tonnes de bois en une seule charge, ce qui donne 10 tonnes de pâte finie.

Le bois déchiqueté est déchargé dans les digesteurs à partir d'énormes bacs érigés juste au-dessus des ouvertures des digesteurs, de sorte que ces derniers peuvent être remplis sans délai et la quantité requise de liqueur de sulfite ajoutée.

Le regard ou le couvercle est à la fois mis en place, solidement fixé et la vapeur est mise en marche progressivement jusqu'à ce que la pression atteigne 70 ou 80 lb, pression à laquelle la cuisson est constante. Entretenu. Le déroulement de l'opération est surveillé et des échantillons de la liqueur sont prélevés de la chaudière à des intervalles à tester, de sorte que l'ébullition peut être arrêtée lorsque les résultats des tests montrent que le bois est suffisamment cuit.

Il n'y a pas de difficulté particulière dans cette opération, à condition que les conditions nécessaires soient respectées. Il est important que le bois soit sec et que la proportion de liqueur de sulfite par tonne de bois sec soit constante. Si le bois est mouillé, il faut tenir compte de l'excès d'eau et d'une liqueur un peu plus forte utilisée pour compenser cela. D'autres précautions de caractère similaire sont observées afin de minimiser le danger d'une pulpe insuffisamment cuite.

La lessive. -Lorsque la pulpe a été bouillie, processus qui dure généralement sept à huit heures, la vapeur est coupée et le contenu de la chaudière est soufflé dans de grandes cuves dites de purge, la pression de vapeur restant dans le digesteur étant suffisant pour vider la pulpe ramollie en quelques minutes. Une grande partie de la liqueur de sulfite épuisée, contenant maintenant les parties résineuses et non fibreuses dissoutes du bois d'origine, s'écoule de la masse dans le réservoir, puis des réserves abondantes d'eau propre sont ajoutées afin de laver les liqueurs résiduelles qu'il est essentiel de supprimer.

De nombreux autres dispositifs sont utilisés pour assurer le lavage complet de la pulpe bouillie.

Dépistage. - La production d'une pâte de haute qualité nécessite un tamisage adéquat pour éliminer les gros morceaux de bois non bouilli et les nœuds, ces derniers n'étant pas complètement ramollis. Les méthodes adoptées varient selon les besoins.

Pour une pâte propre et uniforme qui peut être facilement blanchie, le matériau des réservoirs de soufflage est, après lavage, mélangé à de grandes quantités d'eau et passe à travers des pièges à sable, qui consistent en de longues boîtes larges et peu profondes pourvues de panneaux déflecteurs inclinés pour retenir les nœuds et les gros morceaux de bois non ramolli, la pâte ainsi partiellement tamisée étant ensuite traitée dans l'appareil de criblage approprié.

Parfois, la pulpe lavée est envoyée directement aux tamis et les fibres bien bouillies triées par un système de tamis calibrés, qui séparent les fibres complètement isolées de la masse et retiennent les plus gros morceaux, ceux-ci étant décomposés dans un moteur approprié et mis de retour sur les écrans.

Les machines utilisées pour le tamisage de la pâte chimique sont identiques à celles utilisées pour le traitement mécanique de la pâte de bois.

Finition. - La pâte au sulfite ordinaire est traitée sous forme de feuilles sèches pour le marché et non expédiée à l'état humide comme le bois mécanique. La préparation de ce dernier à l'état sec présente plusieurs inconvénients pratiques qui ne se produisent cependant pas avec la pâte chimique.

Par conséquent, la pâte après avoir été tamisée n'est pas pressée mais soumise à un processus différent. A partir des tamis, le mélange de pâte et d'eau, cette dernière étant présente en grande quantité, est pompé dans un concentrateur, ou slusher, comme on l'appelle, au moyen duquel une partie de l'eau est prélevée.

Le slusher est constitué d'une caisse en bois divisée en deux compartiments par une cloison verticale. Dans le plus grand compartiment tourne un tambour creux recouvert d'une fine toile métallique, dont la construction et le but sont exactement les mêmes que ceux de la presse humide utilisée pour la pâte mécanique.

Lorsque le tambour tourne, la pâte adhère à la surface extérieure, tandis que l'eau passe à travers le tissu métallique. Le tambour n'est pas complètement immergé dans le mélange, de sorte que la peau de pulpe est sortie de l'eau par la rotation du tambour. Lorsque cela se produit, le contact d'un rouleau recouvert de bois ou de feutre qui tourne sur le dessus du tambour entraîne le transfert de la pâte du tambour vers le rouleau. La pulpe humide est continuellement grattée par une barre de fer ou un *docteur*, comme on l'appelle, reposant sur la surface du rouleau, et elle tombe finalement dans le deuxième compartiment du slusher sous une forme plus concentrée prête pour la machine de séchage.

Séchage. - La masse de pâte humide issue du slusher est acheminée dans un réservoir circulaire ou *coffre à garniture*, qui sert à alimenter la machine utilisée pour transformer la pâte en feuilles sèches.

La machine est à toutes fins utiles une machine à papier Fourdrinier, et le processus est similaire à celui utilisé pour la fabrication du papier. La pâte s'écoule en un flux continu sur un fil horizontal sans fin, qui la transporte en une couche mince; l'eau s'écoule à travers les mailles du fil, d'autres quantités étant éliminées par *des caissons d'aspiration*, qui aspirent l'eau grâce au vide produit par des pompes spéciales. La feuille humide passe ensuite entre les *rouleaux de couchage* qui compriment la pulpe, évacuant plus d'eau, puis à travers *les rouleaux de presse*, qui donnent finalement une feuille de pâte adhérente ferme contenant 70 pour cent. de l'eau. La feuille est séchée en passant sur un certain nombre de cylindres chauffés à la vapeur, qui font évaporer toute l'humidité de la pâte. À la fin de la machine, la pâte sèche est découpée en feuilles de n'importe quelle taille convenable et emballée en balles de deux ou quatre cwts.

Pâte au sulfite de Mitscherlich. —Ce terme s'applique au bois sulfite préparé en soumettant le bois déchiqueté à une pression relativement basse pendant une longue période. Le bois est placé dans la forme verticale stationnaire de digesteur avec la quantité requise de liqueur, et le chauffage produit par le passage de la vapeur à travers un serpentin de plomb situé au fond du digesteur, de sorte que la vapeur ne se condense pas dans la liqueur mais dans la bobine, à partir de laquelle il est tiré. La pression dépasse rarement 45 livres. mais la durée de la cuisson est de trente-six à quarante-huit heures. La chaudière n'est pas vidée sous pression, mais la pulpe est évacuée du digesteur après que la pression a été abaissée et le regard enlevé. Le contenu est généralement pelleté par les ouvriers.

La pulpe est soigneusement lavée, tamisée et préparée en feuilles humides sur la presse humide ordinaire. Cette pulpe n'est jamais séchée sur le Fourdrinier comme le sulfite ordinaire, car ses qualités particulières ne peuvent être préservées que par le traitement décrit. Cette pâte est particulièrement adaptée aux papiers parchemin, aux épreuves de graisse et aux papiers transparents.

Pâte de bois de soude. —Le bois déchiqueté est bouilli dans des digesteurs fixes ou rotatifs pendant huit ou neuf heures à une pression de 70 ou 80 livres. Une solution de soude caustique est employée, environ 16 à 20 pour cent. du poids du bois ajouté au contenu du digesteur. De la vapeur vive est soufflée directement dans la masse et, après l'opération, la liqueur usée est soigneusement conservée pour un traitement ultérieur. La pulpe est lavée de telle manière que la quantité d'eau réellement utilisée soit maintenue au plus petit volume possible compatible avec une élimination complète des matières solubles. Ceci est fait afin que les liqueurs usées puissent être traitées pour la récupération de la soude.

Récupération des alcools usés. —Lorsque le bois est cuit par les procédés à la soude et au sulfate, les solutions contenant la matière organique dissoute du bois peuvent être évaporées et le produit chimique d'origine récupéré. Dans le cas de la pâte de soude, le procédé de traitement est le suivant: les liqueurs épuisées et les lavages sont évaporés au moyen d'un appareil à vide à effets multiples en un sirop épais. La liqueur concentrée produite est ensuite brûlée dans des fours spéciaux, toute la matière organique étant consommée, laissant une masse noire constituée principalement de carbonate de soude. La masse est lavée à l'eau pour éliminer le carbonate qui est ensuite converti en soude caustique en étant bouilli avec de la chaux.

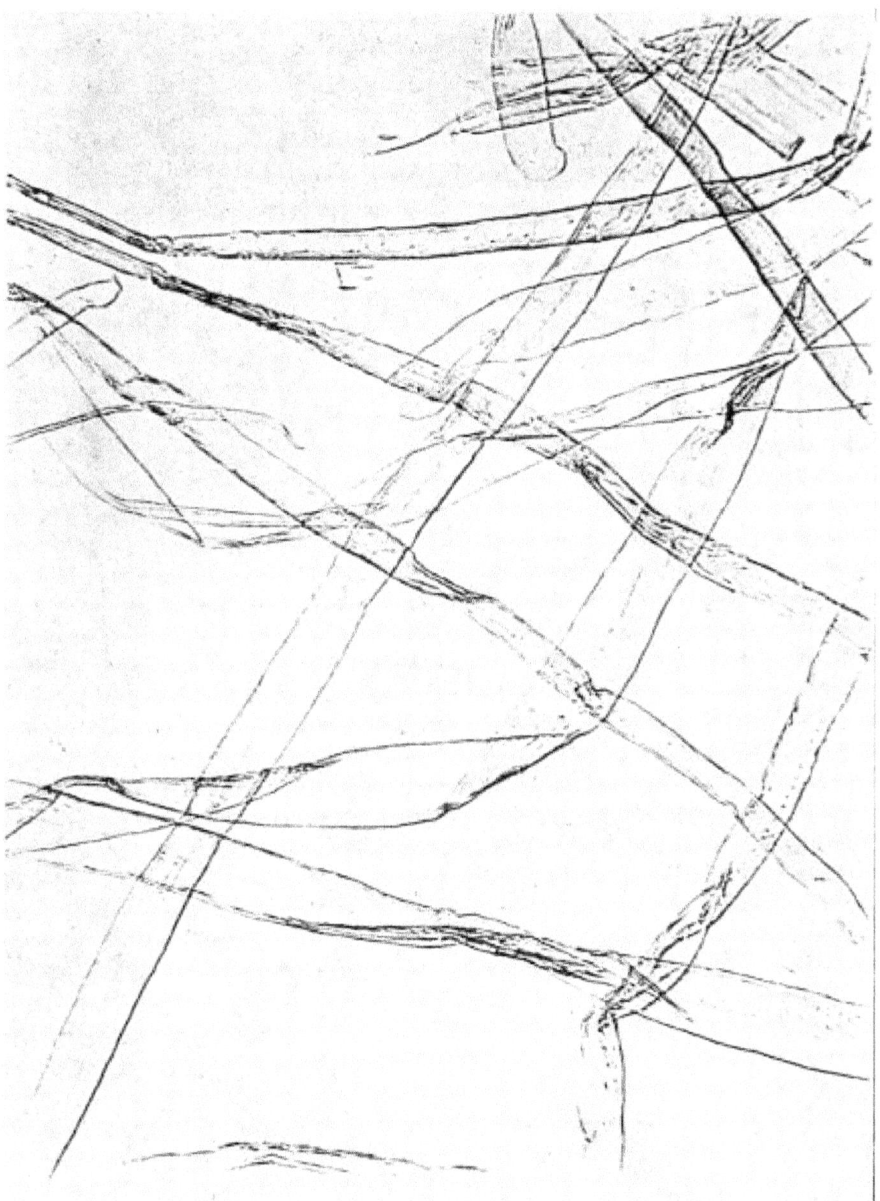

FIG. 35. - Pâte de bois d'épicéa.

Les liqueurs usées issues du procédé au sulfite n'ont aucune valeur, car elles ne peuvent pas être récupérées par cette méthode. Actuellement, la totalité du soufre utilisé et de la matière organique dissoute du bois est perdue. Cela signifie la perte d'environ

250 à 350 livres. de soufre et près de 50 pour cent. du poids de bois pour chaque tonne de pâte produite.

PATE DE BOIS; CARACTERISTIQUES MICROSCOPIQUES.

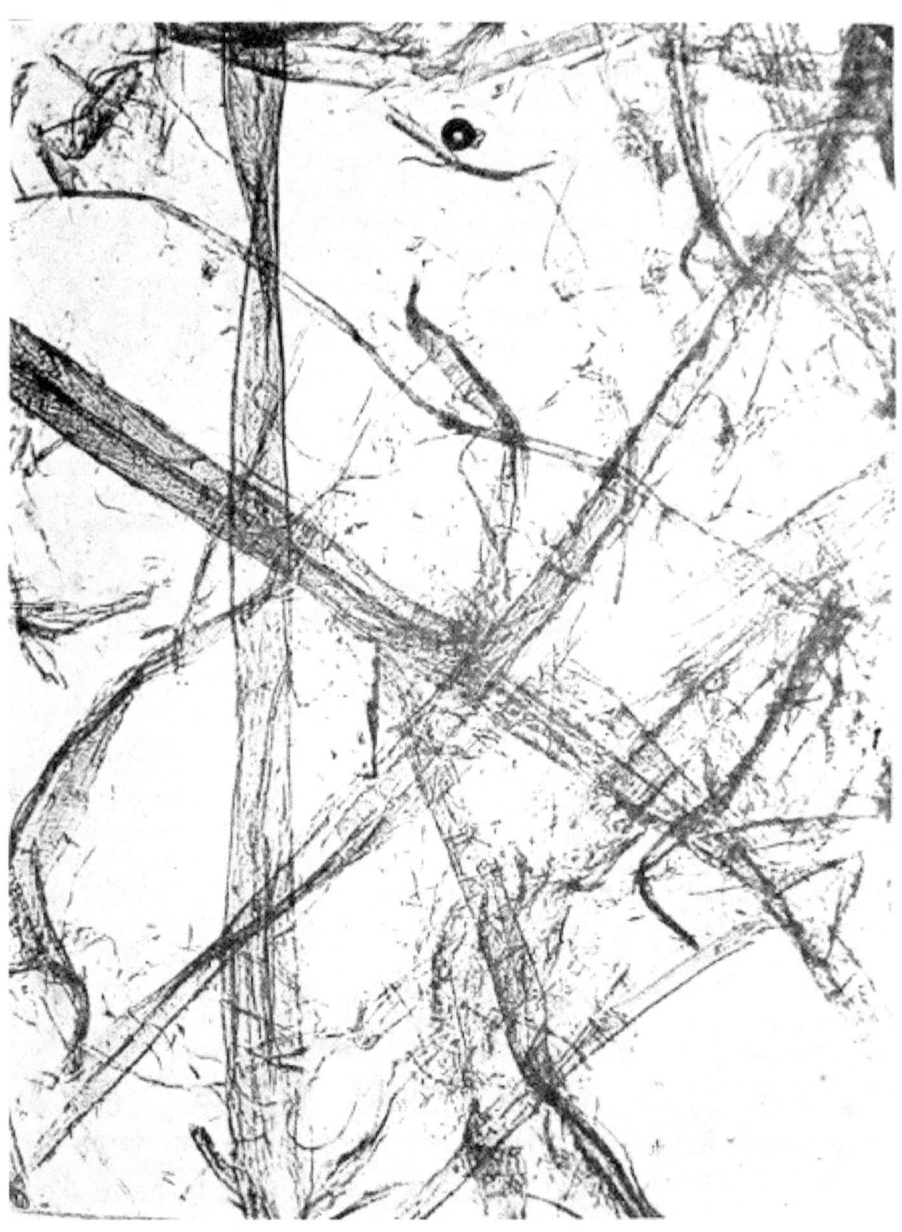

FIG. 36. - Pâte de bois mécanique.

Les pâtes mécaniques et chimiques se distinguent facilement au microscope. Le premier est constitué de fibres de forme et de taille irrégulières, mélangées à une grande proportion de particules sans structure, toutes attestant qu'elles ont été déchirées et séparées par des méthodes mécaniques. La pâte chimique, en revanche, est constituée de fibres isolées par un procédé qui les préserve en parfait état et forme. La pâte des différents bois peut être différenciée par des détails infimes dans la structure des fibres, certains des bois étant déterminés à partir de la présence de cellules caractéristiques.

Il est également possible de recourir à l'utilisation de sulfate d'aniline et, pour les travaux microscopiques, le réactif le plus utile est un mélange de chlorure de zinc et d'iode. Cela produit une couleur jaune intense avec de la pâte mécanique et une couleur bleuâtre avec du sulfite et d'autres pâtes de bois chimiques.

LE JOURNAL QUOTIDIEN.

Les journaux d'aujourd'hui sont fabriqués presque exclusivement à partir de pâte de bois. L'utilisation de ce dernier matériau pour la fabrication du papier a augmenté régulièrement depuis la date de son introduction vers 1870 après JC , lorsque la pâte de bois a été importée en Angleterre en quantités considérables.

Les journaux et les imprimés bon marché sont constitués de pâtes de bois mécaniques et chimiques mélangées dans des proportions variables déterminées principalement par le prix payé pour le papier fini. Dans certains cas, la proportion de pâte de bois mécanique peut atteindre 85 pour cent, bien que la composition moyenne d'un papier de bois bon marché soit représentée par les proportions suivantes: pâte mécanique, 70 pour cent; pâte au sulfite, 20 pour cent; chargement, 10 pour cent.

Une idée de l'énorme quantité de matériel utilisé pour la presse quotidienne peut être jugée à partir d'un ou deux exemples. Un certain hebdomadaire populaire ayant un tirage d'un million et quart d'exemplaires par semaine nécessite chaque semaine 137 tonnes de papier produites à partir de 170 tonnes de bois. Un journal populaire d'un demi-sou, diffusé à environ un demi-million d'exemplaires par jour, consomme chaque semaine 185 tonnes de papier fabriqué à partir de 230 tonnes de bois.

Il est également facile, à partir de ces faits, d'estimer la quantité de bois qui doit être abattue pour répondre à la demande de journaux et d'imprimés bon marché.

La fabrication des journaux exige une compétence considérable et une gestion avisée, en raison de la vive concurrence entre les papeteries consacrées à cette classe de papier. Le processus qui se déroule en Angleterre est le suivant: -

La pâte mécanique, atteignant l'usine sous la forme de feuilles épaisses convenablement emballées en balles, est d'abord à nouveau brisée en pâte humide. Diverses machines sont utilisées pour cela, telles que le moteur de pétrissage de Wurster, le brise-roche de Cornett ou un dispositif similaire. Un vieux potier, tel que celui utilisé pour casser et laver les chiffons, fait un bon désintégrateur de pulpe. La pâte brisée est déchargée dans des moteurs de battage de toute manière appropriée ou commode et la bonne proportion de pâte de bois chimique est ajoutée sous forme de feuilles sèches. Le battement n'occupe que trente à quarante minutes dans le cas de l'actualité commune, contraste marqué avec les huit ou neuf heures qu'exigent les chiffons. De l'argile de Chine est ajoutée au contenu du batteur, de dix à douze pour cent. étant la pratique générale. Ceci est suivi d'une quantité mesurée de taille de colophane,

Dans les qualités les plus courantes de ces papiers, les matériaux sont ajoutés à l'état sec, mais pour les grades plus fins de papier journal, l'argile de porcelaine est mélangée avec de l'eau et soigneusement égouttée à travers un tamis fin avant utilisation. Le gâteau d'alun est également dissous et traité de manière similaire afin d'éviter la saleté et les grosses particules susceptibles de produire des trous dans le papier.

La machine à papier utilisée pour la fabrication d'impressions bon marché est conçue pour produire jusqu'à 100 à 180 tonnes de papier fini par semaine, chaque détail étant arrangé pour une grande production à une vitesse très élevée. Dans la machine moderne, il est possible de produire du papier à une vitesse de 450 à 550 pieds par minute, la largeur de la feuille étant de 120 à 160 pouces.

Une attention particulière est accordée à l'économie de toute sorte en ce qui concerne la puissance requise pour entraîner la machine, la quantité de vapeur consommée lors du séchage du papier, la récupération de l'excès de fibres et d'argile de porcelaine qui s'échappe du fil de la machine, et des détails similaires d'un ordre mécanique.

FIG. 37. —Les écrans pour éliminer les fibres grossières de la pâte battue.

La pâte battue, après avoir été calibrée et colorée, est déchargée dans d'énormes réservoirs circulaires en briques, ou coffres de rangement, dont deux se trouvent avec chaque machine à papier. L'approvisionnement en pulpe et en eau pour la machine est prélevé dans un coffre tandis que le second est rempli à partir du battant les moteurs, afin de garantir un mélange de composition constante.

FIG. 38. —La machine à papier (extrémité humide montrant le fil).

La pulpe est pompée du coffre dans une petite boîte de régulation placée au-dessus du fil de la machine, et cette boîte est maintenue pleine de pâte battue de sorte que l'apport de pâte et d'eau à la machine soit parfaitement constant. La pâte, diluée avec la bonne quantité d' *eau* de *retour* , est soigneusement filtrée à travers des tamis rotatifs et laissée s'écouler à travers une boîte de distribution sur le fil de la machine, où elle forme rapidement une feuille de papier.

L'excès d'eau, avec une certaine proportion de fibres fines et d'argile de porcelaine, tombe à travers le fil, et est pris en dessous dans une boîte peu profonde, appelée la sauvegarde-tout. Cette *eau de retour*, comme on l'appelle, est réutilisée pour diluer la pulpe battue à la bonne consistance, comme déjà décrit.

La totalité de l'eau ainsi obtenue n'est pas entièrement utilisée dans la boîte de régulation, et tout surplus est pompé en permanence dans de grands réservoirs de stockage et utilisé dans les moteurs de battage pour décomposer la pâte sèche.

Dans de nombreux cas, lorsqu'une grande quantité d'eau est utilisée sur la machine, des méthodes spéciales doivent être adoptées pour récupérer toutes les fibres et l'argile, qui autrement seraient perdues, et il existe de nombreux systèmes ingénieux en usage grâce auxquels cette économie est effectué.

La pratique la plus courante consiste à autoriser l'excès d'eau, qui contient de 8 à 15 livres. de matières en suspension par mille gallons, pour s'écouler à travers une série de réservoirs en brique à une vitesse lente. L'argile et la fibre se déposent au fond des réservoirs, et l'eau s'échappe du dernier réservoir presque claire et exempte de fibres et de charges.

Le séchage du papier humide sortant des rouleaux presseurs de la machine est effectué de manière usuelle au moyen de cylindres de séchage. En raison de la forte augmentation de vitesse à laquelle le papier est produit, le nombre de cylindres de séchage a également été augmenté, et à l'heure actuelle une machine de cette description est équipée de 28 ou 32 cylindres, le but étant de sécher le papier de manière économique.

PATE DE BOIS MECANIQUE DANS LE PAPIER.

La présence de pâte de bois mécanique dans le papier est détectée au moyen de plusieurs réactifs, qui produisent une couleur définie lorsqu'ils sont appliqués sur une feuille de papier contenant du bois mécanique. La profondeur de couleur obtenue indique approximativement le pourcentage présent, mais une pratique et une expérience considérables sont nécessaires pour interpréter exactement la couleur. Une méthode plus fiable d'estimation du pourcentage de bois mécanique dans un papier est l'examen microscopique.

Les réactifs utilisables sont:

(1) *Acide nitrique.* —Cela produit une tache brune sur le papier, mais ce n'est pas un réactif souhaitable pour les usages de bureau ordinaires.

(2) *Sulfate d'aniline.* - Une solution de celui-ci est préparée en dissolvant 5 parties de sulfate d'aniline dans 100 parties d'eau distillée. Lorsqu'il est appliqué sur la surface des nouvelles, il se produit une coloration jaune, plus ou moins intense selon la quantité de bois mécanique présente. Il ne peut être utilisé qu'avec des papiers blancs, ou des papiers très légèrement teintés.

(3) *Phloroglucine.* - Ce réactif sensible, qui donne une couleur rose-rose au pinceau sur la surface du papier, est préparé en dissolvant 4 grammes de phloroglucine dans 100 cm3 d'alcool rectifié, et en ajoutant au mélange 50 cm3 d'acide chlorhydrique concentré pur.

Il existe plusieurs autres composés d'aniline qui donnent des réactions colorées de caractère similaire, mais ils ne sont pas souvent utilisés. Le réactif de phloroglucine échoue comme test de bois mécanique dans des papiers qui ont été teints avec certaines couleurs d'aniline, par exemple le jaune métanil. Le papier qui a été coloré avec ce colorant donnera, lorsqu'il est humidifié avec le réactif phloroglucine, une couleur rose intense, même si aucun bois mécanique n'est présent. Cela est dû au fait que le colorant lui-même est soumis à l'action de l'acide chlorhydrique dans le réactif de test. La même couleur est produite sur le papier avec de l'acide chlorhydrique en *soi* .

Il est peu difficile de distinguer la couleur résultant de la présence d'un tel colorant, car l'effet est instantané, alors que la coloration due au bois mécanique se développe progressivement. De plus, la réaction due à la présence de jaune de métanil donne une surface colorée parfaitement uniforme, alors qu'avec la pâte de bois mécanique, les fibres semblent plus profondément colorées que le corps du papier.

Sortie d'une machine à papier. —La quantité de papier qui peut être produite sur la machine à papier est facilement calculée à partir des données suivantes: -

Vitesse de la machine en pieds par minute	F
Largeur nette du tablier en pouces	$ré$
Largeur de la feuille de papier en pouces	W
Longueur de feuille de papier en pouces	L
Nombre de feuilles dans la rame	S
Poids du papier par rame	R

La formule générale de la production de papier par heure est

$$\text{Sortie en lbs. par heure} = \frac{720 \times F \times D \times R}{S \times L \times W}.$$

Lorsque le nombre de feuilles dans la rame est de 480, cette formule se simplifie à

$$\text{Sortie en lbs. par heure} = \frac{1\frac{1}{2} \times R \times F \times D}{L \times l}.$$

Le terme «largeur de friche nette» s'applique à la largeur de le papier fini rogné à la fin de la machine. La formule ne tient pas compte de la tolérance requise pour la coupe des bords. Dans la plupart des cas, la largeur du bac de la machine est agencée de telle sorte que le papier est découpé en bandes de largeur égale au moment de quitter les calandres, *par exemple* , un bac de 80 pouces donnera 4 feuilles de 20 pouces de large chacune.

FIG. 39. —Machine à papier montrant le fil, les rouleaux de presse et les cylindres de séchage.

La méthode par laquelle la formule générale est obtenue peut être expliquée par un exemple.

Quelle est la sortie d'une machine ayant une vitesse de 100 pieds par minute, avec un deckle de 80 pouces, produisant une feuille de papier de 20 pouces sur 30 pouces, pesant 30 livres. par rame de 480 feuilles?

La machine produit chaque minute une feuille de papier de 100 pieds de long et 80 pouces de large.

D'où la production par minute en pouces carrés

$$= 12 \times 100 \times 80.$$

Rendement par heure en pouces carrés

$$= 60 \times 12 \times 100 \times 80.$$

Maintenant, chaque ($20 \times 30 \times 480$) pouces carrés est une surface d'une rame.

Production de papier par heure en rames

$$= \frac{60 \times 12 \times 100 \times 80}{480 \times 30 \times 20}.$$

Production de papier par heure en lbs.

$$= \frac{720 \times 100 \times 80 \times 30}{480 \times 30 \times 20}$$
$$= 600 \text{ livres}$$

La formule générale peut être appliquée aux fins du calcul de la vitesse à laquelle la machine doit être entraînée.

Exemple. —Une machine avec plateau de 75 pouces est nécessaire pour produire 6 cwts. par heure d'un papier 25 pouces sur 18 pouces[Pg 125] (500 feuilles), pesant 19 livres. à la rame. À quelle vitesse la machine doit-elle être entraînée?

Sortie en lbs. par heure

$$= \frac{720 \times F \times D \times R}{S \times L \times W}$$
$$672 = \frac{720 \times F \times 75 \times 19}{500 \times 18 \times 25}$$
$$F = 148 \text{ pieds par minute.}$$

CHAPITRE VI: PAPIERS ET CARTES MARRON

Browns communs.- La matière première utilisée dans la fabrication des papiers bruns courants est principalement le jute et les déchets de fibres de toutes sortes, tels que les déchets des usines de carton, les vieux papiers, les déchets de pâte de bois et autres substances de même nature. Le jute, sous forme de sacs ou de vieux sacs de jute, et les déchets de chanvre, en forme de vieille corde et ficelle, sont soumis à un léger traitement chimique juste suffisant pour isoler les fibres à un état dans lequel il est possible de travailler les en papier. L'ensachage et la ficelle sont coupés dans un hachoir à chiffon et bouillis dans des chaudières rotatives avec de la chaux ou de la soude caustique pendant plusieurs heures à une pression de 20 à 30 lb, la chaux étant utilisée lorsque l'on souhaite fabriquer un papier dur, et le de la soude caustique utilisée pour la production de papier au toucher plus doux. La pâte n'est pas toujours lavée très complètement après le processus de digestion, comme c'est le cas avec les papiers blancs, et il est souvent possible d'extraire des papiers bruns de cette classe une proportion considérable de la matière alcaline qui n'a pas été complètement éliminée de la pulpe bouillie. La présence de ce résidu alcalin n'affecte pas la qualité du papier brun ordinaire, mais constitue souvent un défaut grave dans le cas des middles ou des planches de paille, qui sont ensuite utilisées pour les boîtes et recouvertes de papiers colorés. La couleur du papier collé sur de telles planches incomplètement lavées est souvent gâtée par l'action de l'alcali lorsqu'il est humidifié avec la pâte. et il est souvent possible d'extraire des papiers bruns de cette classe une proportion considérable de la matière alcaline qui n'a pas été complètement éliminée de la pâte bouillie. La présence de ce résidu alcalin n'affecte pas la qualité du papier brun ordinaire, mais constitue souvent un défaut grave dans le cas des middles ou des planches de paille, qui sont ensuite utilisées pour les boîtes et recouvertes de papiers colorés. La couleur du papier collé sur de telles planches incomplètement lavées est souvent gâtée par l'action de l'alcali lorsqu'il est humidifié avec la pâte. et il est souvent possible d'extraire des papiers bruns de cette classe une proportion considérable de la matière alcaline qui n'a pas été complètement éliminée de la pâte bouillie. La présence de ce résidu alcalin n'affecte pas la qualité du papier brun ordinaire, mais constitue souvent un défaut grave dans le cas des middles ou des planches de paille, qui sont ensuite utilisées pour les boîtes et recouvertes de papiers colorés. La couleur du papier collé sur de telles planches incomplètement lavées est souvent gâtée par l'action de l'alcali lorsqu'il est humidifié avec la pâte. utilisé, de nombreux colorants aniline étant sensibles à la faible proportion d'alcali présente.

Les matériaux plus solides, tels que le jute ou les vieilles cordes et ficelles, sont soit utilisés seuls, soit mélangés avec des matières premières de qualité inférieure selon la qualité du papier à fabriquer. Les fibres de jute et de chanvre sont généralement battues seules dans le moteur avant que les autres matériaux ne soient ajoutés. La pâte est mélangée avec la quantité de charge requise, tandis que les opérations d'encollage et de coloration sont effectuées de la manière habituelle.

Les papiers bruns courants sont connus sous une variété de noms commerciaux qui à un moment donné indiquaient la nature du constituant fibreux, mais à l'heure actuelle, le nom n'est pas un guide ou une indication du matériau utilisé pour la fabrication du papier. Le brun épais couramment utilisé pour emballer le sucre et les produits d'épicerie divers dans des tons de gris et de bleu épais est un papier grossier fabriqué à partir de matériaux bon marché et contenant une grande proportion de matières minérales. Il est généralement fourni sous le nom commercial de *royal* .

Un papier d'emballage un peu plus léger et plus résistant de couleur blanche ou chamois, utilisé pour emballer les produits d'épicerie, le thé et le coton, est celui connu sous le nom de *boyaux* , un nom probablement dérivé de l'application de ce papier à l'origine sur la doublure des caisses.

Les papiers de Manille ainsi appelés étaient à l'origine fabriqués à partir de corde, mais le terme s'applique maintenant aux papiers qui peuvent êtrc cntièrement fabriqués à partir de pâte de bois.

Les bruns de corde sont des papiers courants faits d'un matériau assez solide de caractère divers, ce nom étant dérivé du fait que la corde et les fibres similaires étaient autrefois utilisées exclusivement.

Emballages de pâte de bois. —La plupart des papiers actuels sont fabriqués à partir de pâte de bois, ce matériau donnant un papier fin, léger et résistant, agréable à manipuler et forme un grand contraste avec les spécimens denses, opaques, lourdement chargés et inartistiques produits il y a quelques années. Le papier de ce type, bien qu'apparemment plus cher que les bruns courants, est vraiment plus économique à utiliser. Le papier est non seulement plus résistant, mais il est possible d'obtenir un plus grand nombre de feuilles pour un grammage donné. Le grand avantage dans l'amélioration des papiers bruns date de l'introduction des papiers kraft désormais bien connus, qui sont d'origine relativement récente.

Papier kraft. - Le terme Kraft, signifiant «résistance», est appliqué à un papier cellulosique remarquablement résistant préparé à partir d'épinette et d'autres bois de conifères par traitement à la soude, la particularité du procédé étant une digestion incomplète du bois.

Le bois préalablement broyé en morceaux de 1 pouce à 1½ pouces de longueur, est bouilli avec de la soude caustique, la digestion étant arrêtée avant que la pâte de bois n'ait été assez ramollie, et alors que la pâte est encore trop difficile pour être brisée en fibres isolées par simple agitation dans l'eau. La pâte, après un lavage minutieux, est désintégrée au moyen d'un bord-coureur, ou d'une certaine forme de moteur de rupture, le premier mentionné donnant probablement les résultats les plus satisfaisants, et convertie en papier par les méthodes habituelles.

Le bois peut également être réduit par le procédé au sulfate, auquel cas le bois déchiqueté est bouilli dans une liqueur à laquelle environ 25 pour cent. de lessive épuisée d'une cuisson précédente est ajoutée.

Les meilleurs résultats sont obtenus par une attention au processus de cuisson pour assurer une pulpe sous-cuite, par une isolation minutieuse des fibres dans un kollergang, ou bord-coureur, laquelle machine est capable de séparer les fibres sans les raccourcir, et par une manipulation appropriée sur la machine à papier.

Le papier produit dans des conditions favorables dans cette direction est merveilleusement dur et solide et peut être cité comme l'exemple le plus récent du fait que les possibilités latentes de la pâte de bois n'ont en aucun cas été épuisées ni même approfondies.

Papier kraft d'imitation.—Si le bois est bouilli dans l'eau à haute température, la fibre est ramollie et une grande partie de la matière résineuse est éliminée. Un tel bois, s'il est broyé de la même manière et par les mêmes procédés que la pâte de bois mécanique ordinaire, est facilement désintégré et une pâte à fibres longues peut être obtenue. Le processus de faire bouillir de courtes bûches de bois de 2 pieds dans un digesteur sous une pression de 20 à 50 lb. est connue depuis longtemps. Le bois après ébullition est partiellement lavé puis transformé en pâte par le procédé mécanique habituel. Le bois est facilement broyé et donne une pâte contenant de longues fibres qui, dans leurs propriétés physiques, ressemblent étroitement à celles de la cellulose de bois pure, mais les constituants d'origine du bois sont présents presque inchangés, tout comme dans la pâte mécanique. Le produit obtenu par broyage est un matériau souple très résistant de couleur jaune brunâtre, *Brun nature* . Il est principalement utilisé pour la préparation de papiers d'emballage résistants, pour les couvertures de livres de poche bon marché et à d'autres fins diverses. Lorsque ce papier de pâte de bois mécanique brun est glacé des deux côtés, il est alors appelé *ocre glacé* , le mot ocre faisant référence à la couleur. Une fois reconstitué en papiers légers, il est vendu comme *papier kraft d'imitation* .

Une grande variété de papiers d'emballage sont maintenant fabriqués à partir de pâte de bois, tels que les *scellements* , les *bruns sulfites* , les *manilas* , les *bouchons en sulfite* , mais les distinctions entre ces papiers concernent principalement la quantité de finition, la couleur et la taille de la feuille. Les méthodes de fabrication ne diffèrent que par de petits détails comme l'indiquent ces distinctions.

Beaux enveloppements. —Les papiers utilisés pour l'emballage de petites marchandises telles que l'argenterie et autres articles délicats sont généralement des tissus dont les meilleures qualités sont faites de chiffon et les qualités moins chères de la pâte de bois. Ces papiers sont connus sous le nom de tissu, crêpe, tissu froissé, tissu de manille et par une variété de termes commerciaux.

FIG. 40. —Machine monocylindre ou Yankee.

La plupart des emballages fins de la classe des papiers mouchoirs et des papiers un peu plus lourds connus sous le nom de MG Caps sont fabriqués sur une machine à cylindre unique, qui produit un papier ayant une surface très polie d'un côté et une surface rugueuse non émaillée de l'autre côté.

Dans la machine monocylindre, la pulpe battue passe du coffre-fort au fil de la machine Fourdrinier ordinaire et à travers les rouleaux de presse, mais au lieu d'être séché sur un certain nombre de cylindres, le papier est conduit sur un seul cylindre de très grand diamètre qui est chauffé intérieurement avec de la vapeur. Le papier est généralement pressé contre la surface du cylindre au moyen d'un feutre épais, qui est cependant parfois omis. La face du papier entrant en contact avec le cylindre devient très polie, la surface en contact avec le feutre restant dans un état rugueux non fini. On dit que ce papier est glacé à la machine et est connu sous le nom de papier MG.

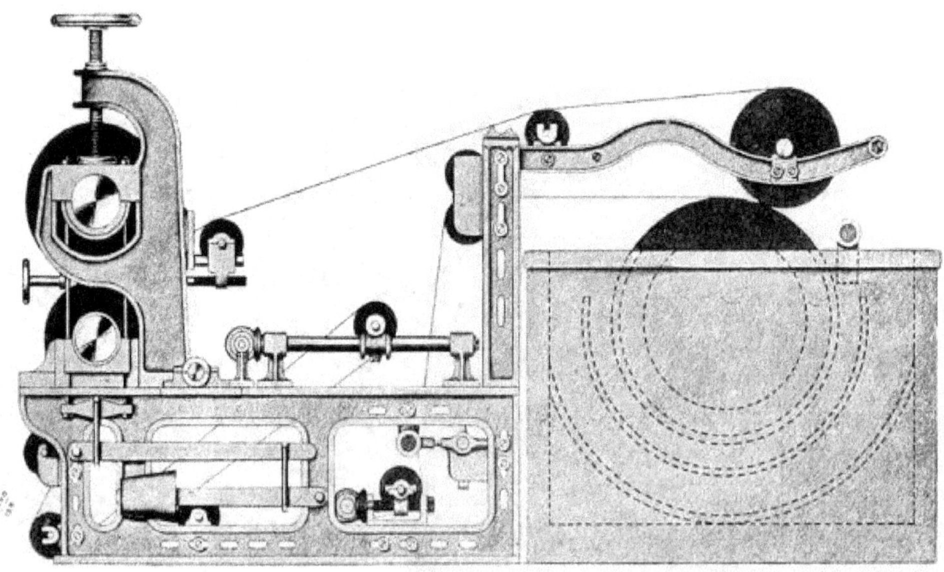

FIG. 41. —Section de la presse humide ou de la machine à carton.

Planches. —Les cartes, cartons, supports, cartons, panneaux de chariot et produits de papier similaires sont fabriqués soit sur une *machine à carton unique* , au moyen de laquelle des feuilles individuelles de toute épaisseur requise peuvent être obtenues, soit sur une *machine à carton continu* , capable de produire des cartes et des cartes simples ou duplex d'épaisseur modérée.

La matière première utilisée est constituée, comme dans le cas des bruns et des emballages, de toute substance fibreuse imaginable mélangée à de la matière minérale puis convenablement colorée. Les procédés préliminaires de traitement de la pâte sont exactement les mêmes que ceux employés dans le cas des papiers bruns jusqu'au point où le battage a été effectué.

MACHINE A CARTE UNIQUE.

La pulpe battue, diluée avec de grandes quantités d'eau, est pompée en continu dans une grande cuve en bois de forme rectangulaire. A l'intérieur de cette cuve tourne lentement un tambour cylindrique creux, dont la circonférence est recouverte d'une toile métallique à mailles fines. Le tambour n'est pas complètement immergé dans le mélange de pâte et d'eau, de sorte qu'en tournant, l'eau passe à travers le fil, tandis que la pâte adhère à la surface. L'eau s'écoule régulièrement à l'intérieur du tambour et s'écoule à travers des tuyaux montés de chaque côté de la cuve près de l'axe du tambour, et la pulpe est amenée hors de l'eau jusqu'à ce qu'elle entre en contact avec un feutre mobile. La fine feuille de pâte humide adhère à ce feutre, passe à travers des rouleaux presseurs qui enlèvent une partie de l'eau, et est finalement portée entre deux rouleaux en bois ou en fer de grand diamètre. La pâte adhère au rouleau supérieur et s'enroule sur le rouleau supérieur, le feutre étant ramené par le rouleau inférieur vers la cuve. Lorsque la feuille sur le rouleau supérieur a atteint l'épaisseur souhaitée, elle est immédiatement coupée et transférée sur une pile de feuilles similaires, un morceau de gros sac ou de toile étant intercalé entre chaque planche humide. Les dimensions de la planche pleine grandeur sont déterminées par le diamètre du rouleau supérieur et sa longueur. Un rouleau de 74 pouces de large et 14 pouces de diamètre donnera une planche de 74 pouces sur 44 pouces. Les dimensions de la planche pleine grandeur sont déterminées par le diamètre du rouleau supérieur et sa longueur. Un rouleau de 74 pouces de large et 14 pouces de diamètre donnera une planche de 74 pouces sur 44 pouces. Les dimensions de la planche pleine grandeur sont déterminées par le diamètre du rouleau supérieur et sa longueur. Un rouleau de 74 pouces de large et 14 pouces de diamètre donnera une planche de 74 pouces sur 44 pouces.

Dès qu'un nombre suffisant de panneaux humides a été obtenu, ils sont soumis à une pression afin d'éliminer l'excès d'eau et en même temps de comprimer le matériau en panneaux denses et lourds. Les morceaux de sacs sont ensuite retirés et les planches séchées par exposition à l'air à température ordinaire ou dans une chambre chauffée.

FIG. 42. —Machine à carton double cylindre.

Les planches séchées sont finies par des rouleaux de glaçage. Ces rouleaux compriment encore plus les panneaux et confèrent une surface polic. La quantité de "finition" peut être modifiée par la pression, le nombre de laminages, la température des rouleaux et en amortissant la surface des panneaux secs juste avant qu'ils ne soient vitrés. Les planches sont découpées aux dimensions standard avant ou après le vitrage.

Cartes duplex. —Si la machine monoplace est équipée de deux cuves au lieu d'une, il est possible de fabriquer une planche avec des surfaces de couleurs différentes. Une planche de couleur rouge d'un côté et blanche de l'autre est fabriquée en ayant une cuve pleine de pulpe colorée en rouge et la deuxième cuve pleine de pulpe blanche. Les fines feuilles humides des deux cuves sont rassemblées et passées à travers les rouleaux de vitrage, ce qui fait adhérer étroitement les feuilles humides les unes aux autres, la double feuille de pâte ainsi formée étant enroulée sur les rouleaux à l'extrémité de la machine. La planche est ensuite séchée, glacée et finie de la manière habituelle.

Le même principe est parfois adopté sur la machine Fourdrinier pour les emballeuses duplex. Ainsi, une pâte brune commune est traitée conjointement avec une pâte teinte pour produire un papier brun ayant une surface de bon papier convenablement colorée. La pâte brune s'écoule sur le fil de la machine à papier, et après qu'elle a été privée d'une partie de l'eau au niveau des boîtes d'aspiration, un mince filet de pâte colorée, diluée à une consistance appropriée, s'écoule d'un creux peu profond, placé à travers et au-dessus du fil, sur la bande de papier brun humide de manière à la recouvrir complètement sous la forme d'une mince feuille uniforme de pâte colorée. L'adhérence de ce dernier à la surface du papier brun est pratiquement parfaite, et le poids de la couchette et des rouleaux presseurs assure un feutrage uniforme des fibres.

Middles. —Ce terme s'applique à un carton fin ou épais fait d'un matériau courant, dont la couleur et l'aspect sont de peu d'importance pour les produits de qualité inférieure. Les planches de ce type sont recouvertes par la suite de papiers de toutes couleurs et qualités, et l'origine du mot «milieu» est facilement visible. La fabrication d'un carton composé de deux papiers extérieurs de bonne matière et d'un milieu produit à partir de matière commune est effectuée par la machine à carton continu, sauf si le carton est trop épais pour être passés sur des cylindres de séchage, calandrés et enroulés, auquel cas les panneaux sont produits sur une machine humide ordinaire et le papier collé sur la surface du panneau sec.

Le terme est, cependant, maintenant également appliqué à un papier commun fait de pâte de bois mécanique avec peut-être un peu de pâte chimique, utilisé pour les billets de tramway, les circulaires publicitaires bon marché, les cartes de calendrier communes, et à des fins similaires, à laquelle aucune surface extérieure d'un spécial le caractère est ajouté.

MACHINE A CARTON CONTINU.

Cette machine diffère de la machine à carton unique en ce que le carton fini peut être produit à partir de la pâte en une seule opération. Elle est principalement utilisée pour les cartes et planches d'épaisseur modérée qui peuvent être enroulées sous forme de bobine en bout de machine.

Le mélange de pulpe et d'eau est pompé dans deux cuves ou plus et formé en un certain nombre de feuilles minces, qui sont toutes rassemblées entre des rouleaux presseurs et passées à travers des rouleaux presseurs lourds qui compriment les différentes couches en une masse compacte. La feuille épaisse obtenue est séchée sur des cylindres chauffés à la vapeur qui sont placés à l'extrémité des rouleaux presseurs, et calandrée. L'ensemble du processus, en effet, ressemble à celui de la fabrication du papier ordinaire, la principale différence étant la méthode de production de la feuille ou de la carte humide.

Certaines machines sont construites avec six ou sept cuves et quarante à cinquante cylindres de séchage, et sont capables de produire une grande quantité de matière finie.

Le panneau peut être fait de qualité et de texture uniformes partout, ou être fini avec du papier de haute qualité sur un ou les deux côtés. Dans ce dernier cas, les constituants de la partie «médiane» sont des déchets de papier et des matières premières de qualité inférieure, la surface extérieure de la pâte de bois, blanche ou coloré selon les circonstances. La variété des papiers et cartons qui peuvent être produits est due au fait que les différentes cuves de pâte sont indépendantes les unes des autres et peuvent être remplies de tout type de papier. Les feuilles combinées formant le panneau ultime sont séchées sur les cylindres ordinaires, calandrées et enroulées à la fin de la machine.

CHAPITRE VII: TYPES DE PAPIER SPÉCIALES

Il existe de nombreuses variétés de produits en papier obtenus en soumettant du papier fini à un certain nombre de processus spéciaux. Parmi ceux-ci, seuls quelques-uns des plus importants seront décrits.

Ces produits peuvent être divisés approximativement en trois classes: -

(1) Papiers enduits sur une face ou sur les deux faces de diverses substances, telles que «art», papiers photographiques, etc.

(2) Papiers imprégnés de produits chimiques, tels que les papiers bleus, médicamenteux et chèques.

(3) Pâte à papier transformée en produits modifiés par traitement chimique, tels que carton vulcanisé, viscoïde, etc.

De la première classe, les papiers couchés utilisés pour les illustrations artistiques et chromo sont les plus importants.

De la seconde classe, les plans et papiers imprégnés de produits chimiques, principalement employés pour la production de dessins d'ingénieurs, peuvent être considérés comme typiques.

Dans la troisième classe, le parchemin végétal et le carton vulcanisé sont les plus connus.

Parchemin. - Ceci est produit par l'action de l'acide sulfurique sur du papier ordinaire, le plus approprié à cet effet étant fait de chiffon de coton non collé, exempt d'additions telles que la pâte de bois mécanique. La présence de cette dernière substance doit être évitée, car elle est susceptible de se carboniser ou de brûler, de sorte que dans le produit fini, elle se montre sous la forme de petits trous. Le processus dépend de la puissance de l'acide sulfurique pour transformer la surface du papier en une masse gélatineuse, qui s'est avérée être constituée d'une substance appelée amyloïde.

Le meilleur parchemin est fabriqué à partir de cellulose pure comme le chiffon ou la pâte de bois chimique. La qualité du parchemin dépend de l'attention portée à la force de l'acide, à la température du bain d'acide, à la période d'immersion, à l'élimination complète de l'acide et au séchage soigneux du parchemin humide.

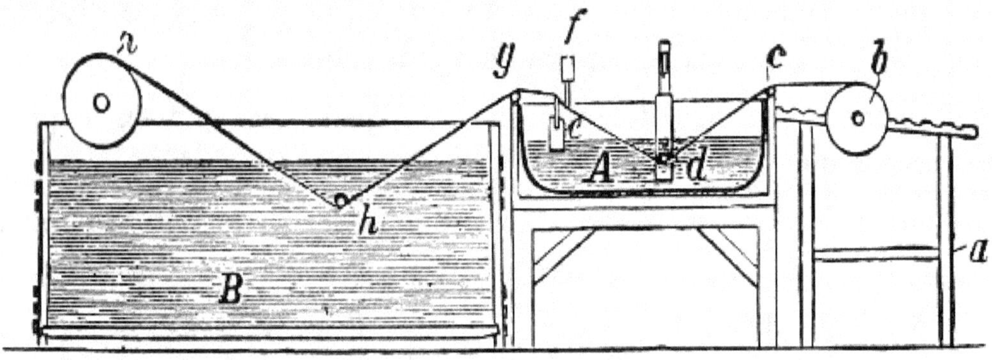

FIG. 43. - Appareil pour fabriquer du papier sulfurisé.

L'acide est utilisé à une force de 1,1 poids spécifique, étant préparé en diluant l'acide concentré commercial dans un récipient en plomb, avec une quantité suffisante d'eau.

Le parchemin est généralement préparé en faisant passer une feuille de papier continue à travers un bain d'acide de la force appropriée à une vitesse qui assure la bonne période d'immersion. Lorsque le papier traité quitte le bain, il passe à travers des rouleaux presseurs qui éliminent l'excès d'acide, et le papier est ensuite conduit à travers une série de réservoirs contenant de l'eau douce, les dernières traces d'acide étant neutralisées par de petits ajouts d'ammoniac ou d'un alcali , à la dernière cuve de lavage. Le parchemin humide est ensuite passé à travers des rouleaux appropriés et soigneusement séché sur des cylindres chauffés intérieurement à la vapeur. Le papier est parfaitement tendu en séchant, car il rétrécit énormément, et deviendrait autrement coqueluche et inégale.

Des feuilles épaisses de papier sulfurisé sont fréquemment fabriquées en faisant passer trois feuilles de papier à travers le bain d'acide et en les rassemblant entre les rouleaux avant le lavage. Les feuilles s'unissent lorsqu'elles sont pressées ensemble; le reste du processus étant le même que celui utilisé pour les feuilles simples.

Le parchemin présente des différences remarquables par rapport au papier d'origine, la résistance étant multipliée par trois ou quatre, la densité d'environ 30%, cette dernière étant représentée par le retrait, qui s'élève à au moins 30%.

Papier vulcanisé. - Le chlorure de zinc a la propriété de parchmenter le papier de manière similaire à l'acide sulfurique. Le produit obtenu lorsque ce réactif est utilisé est généralement appelé fibre vulcanisée. Le papier est passé sous forme de feuille continue dans un bain de chlorure de zinc fort, ayant une densité de 160-170 Twaddell, ce qui fait gonfler la cellulose et se gélatinise partiellement. Un très grand excès de chlorure de zinc fort est nécessaire, et le procédé n'est rendu commercialement possible que par une récupération soigneuse du zinc des eaux de lavage, qui sont soumises à un traitement chimique.

Le produit *vulcanisé* est ensuite traité avec de l'acide nitrique ou avec un mélange d'acides nitrique et sulfurique pour les rendre imperméables. La dextrine est fréquemment utilisée pour retarder l'action chimique afin de permettre la manipulation nécessaire du matériau avant qu'il ne soit finalement lavé. L'élimination complète de l'excès de zinc et d'acide est une caractéristique nécessaire de toute l'opération.

Papier Willesden. -Lorsque le papier est passé à travers une solution ammoniacale d'oxyde de cuivre, une gélatinisation superficielle de la surface a lieu, de sorte que le papier une fois lavé et séché est imprégné d'oxyde de cuivre, qui aide à le préserver et devient imperméable. Un tel matériau est bien connu sous le nom de papier Willesden.

Papiers imprimés bleus ou cyanotypes. —Ce nom est généralement donné au processus au moyen duquel les plans des ingénieurs et des architectes peuvent être reproduits. Il a été découvert en 1842 par Sir John Herschel. C'est une méthode utile pour reproduire des dessins, et elle est d'ailleurs d'une grande valeur pour le photographe amateur en raison de la facilité avec laquelle elle peut être appliquée pour obtenir rapidement et facilement des épreuves à partir de négatifs sans bains ni produits chimiques spéciaux. Le procédé est basé sur la réduction d'un sel ferrique à l'état ferreux par la lumière et la formation de bleu de Prusse par l'action du ferricyanure de potassium. Le *cyanotype négatif* donne des lignes blanches sur fond bleu. Diverses formules sont couramment utilisées.

-	Herschel.	Clark.	Watt.	Rockwood.
Solution 1.				
Ferricyanure de potassium	16	27	48	dix
L'eau	100	100	100	100
Ammoniac	-	2 · 3	-	-
Solution saturée d'acide oxalique	-	20	-	-
Solution 2.				
Ammoniac-citrate de fer	20	30	50	30
L'eau	100	100	100	100
Acide borique	-	-	0 · 5	-
Dextrine	-	-	-	5

Des parties égales des deux solutions préparées sont mélangées si nécessaire et réparties uniformément sur du papier de bonne taille. Le papier est suspendu, séché et conservé dans un endroit sombre et sec.

Le *cyanotype positif* donne des lignes bleues sur un fond blanc, étant l'inverse de l'impression bleue ordinaire. Autrement dit, aucune image ne se forme là où la lumière agit et la réaction est la formation de bleu due à l'union d'un sel ferreux avec du ferrocyanure de potassium.

Pizzighelli en 1881 a donné la formule suivante: -

-	Solution 1.	Solution 2.	Solution 3.	Solution 4.
L'eau	100	100	100	100
La gomme arabique	20	-	-	-
Ammoniac-citrate de fer	-	50	-	-
Chlorure ferrique	-	-	50	-
Ferrocyanure de potassium	-	-	-	20

Mélangez les trois premières solutions dans l'ordre suivant dans les proportions indiquées: -

Solution 1.	20	les pièces.
Solution 2.	8	„
Solution 3.	5	„

Dès que la solution, qui au début devient épaisse et trouble, est claire et fine, elle est étalée sur la surface d'un papier de bonne taille, qui est ensuite séché dans une pièce chaude.

L'impression, qui apparaît jaune sur fond jaune foncé, est traitée avec le révélateur (solution 4) au moyen d'un pinceau trempé dans la solution. Lorsque l'image est de couleur bleu foncé, l'impression est lavée à l'eau puis placée dans de l'acide chlorhydrique dilué (1 partie d'acide pour 10 parties d'eau) jusqu'à ce que le sol soit assez blanc. Un dernier lavage à l'eau est alors nécessaire.

Waterhouse donne la formule suivante: -

-	Solution 1.	Solution 2.	Solution 3.	Solution 4.
L'eau	650	150	-	100
La gomme arabique	170	-	-	-
L'acide tartrique	-	40	-	-
Solution de chlorure ferrique 45 ° Baumé	-	-	150	-
Ferrocyanure de potassium	-	-	-	20

Les solutions 1 et 2 sont mélangées et le n ° 3 est ajouté progressivement sous agitation constante. Le mélange est laissé vingt-quatre heures et dilué avec de l'eau jusqu'à une densité de 1 · 100.

Le papier est enduit de la solution et utilisé comme déjà indiqué, étant développé dans du ferrocyanure de solution de potassium et lavé avec de l'eau, traité avec de l'acide chlorhydrique faible, puis enfin nettoyé de toute trace d'acide.

Lignes noires sur fond blanc. —Cette modification du modèle ordinaire est obtenue avec la formule suivante: -

L'eau	96 · 0	les pièces.
Gélatine	1 · 5	,,
Perchlorure de fer (à l'état sirupeux)	6 · 0	,,
L'acide tartrique	6 · 0	,,
Sulfate de fer	1 · 5	,,

Le papier est enduit de la solution. Après impression, l'image est développée avec une solution contenant

Acide gallique	1	partie.
De l'alcool	dix	les pièces.
L'eau	50	,,

Un dernier lavage de l'impression avec de l'eau complète l'opération.

PAPIERS COUCHES.

Ce terme devrait inclure correctement toutes les variétés de papiers spéciaux qui sont enduits de matières étrangères à des fins particulières, tels que les papiers d'art, chromo, papier d'aluminium, dorés, émeri, carbone, photographiques, marbres et sablés. Dans la pratique cependant, le terme est presque entièrement limité aux papiers «d'art» utilisés pour les travaux d'illustration et l'impression en demi-teintes.

Un papier «d'art», selon la définition donnée ci-dessus, consiste en une feuille de papier ordinaire, sur une ou les deux faces qui ont été enduits par l'application d'un mélange d'une matière minérale, telle que la pâte de porcelaine ou le blanc satiné, et de certains adhésifs, comme la caséine ou la colle. Le but du couchage est de conférer au papier une surface parfaitement lisse, rendue nécessaire en raison des conditions dans lesquelles l'impression des illustrations est réalisée.

FIG. 44. —Arrangement général des plantes pour la fabrication du papier «Art».

La machine utilisée pour enduire le papier consiste en un grand tambour creux d'environ 40 pouces de diamètre et 48 pouces de largeur. Le papier est amené sur le tambour en une feuille continue, et le mélange de revêtement appliqué sur la surface au moyen d'une brosse rotative ou d'un feutre sans fin qui tourne dans une auge en cuivre contenant un mélange de revêtement qui est généralement maintenu à une température de 120 ° Fahr.

La quantité de matière appliquée à la surface du papier est varié en modifiant la proportion d'eau dans l'auge. Lorsque le papier couché humide est étiré sur le tambour, il entre en contact avec un certain nombre de brosses plates qui se déplacent d'un côté à l'autre et brossent bien le revêtement dans le papier.

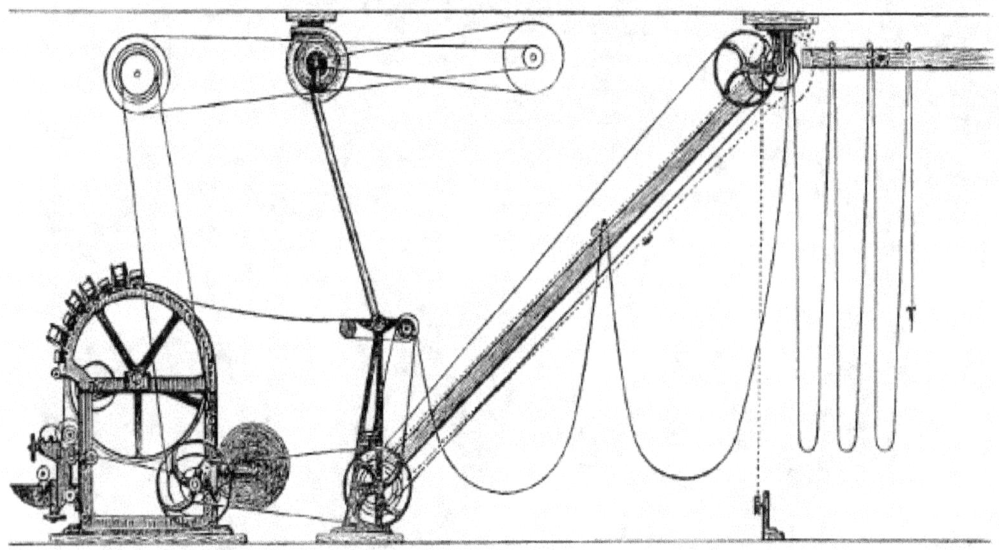

FIG. 45. - Élévation en coupe de l'usine de «revêtement».

Les deux ou trois dernières brosses du tambour sont constituées de poils très fins, de sorte que lorsque le papier couché quitte la machine, la surface est parfaitement plane et exempte de marques de pinceau. Le papier mouillé est ensuite dressé sur une échelle inclinée par un dispositif ingénieux, qui fait tomber le papier en festons ou boucles, et ceux-ci sont transportés corporellement vers l'avant au moyen de chaînes mobiles. Le processus, quelque peu difficile à décrire, se comprend plus facilement par une étude des illustrations données.

Le papier est séché par un courant d'air chaud qui peut être obtenu au moyen de tuyaux de vapeur placés sous les festons ou avec un ventilateur spécial. Le papier sec est ensuite conduit à travers des rouleaux de guidage et enroulé sous la forme d'une bobine.

Le papier à ce stade a une surface enduite terne, qui est quelque peu rugueux et inachevé, et un poli élevé lui est imparti par une machine connue sous le nom de supercalender.

La supercalandre consiste en un certain nombre de rouleaux alternés d'acier et de coton ou de papier placés verticalement dans une pile les uns au-dessus des autres. Lorsque le papier enduit passe à travers cette machine, le frottement des rouleaux alternés d'acier et de coton produit une finition élevée sur sa surface.

Un papier d'art enduit des deux côtés est fabriqué en faisant passer le papier deux fois dans la machine d'enduction. Des machines ont été conçues pour enduire les deux faces du papier en une seule opération, mais elles ne sont pas d'une utilisation très générale.

Les papiers d'art teintés sont préparés de la même manière, la couleur souhaitée étant obtenue par l'addition de pigments ou de colorants aniline au mélange dans la cuve contenant les matériaux de revêtement. Lorsque les deux faces de ces papiers teintés sont colorées différemment, ils sont souvent décrits comme des papiers couchés duplex.

Les papiers d'art d'imitation sont préparés par un procédé tout à fait différent, bien qu'ils aient l'apparence, plus ou moins, du papier couché. Ce ne sont que des papiers alfa très chargés, contenant souvent jusqu'à 25 à 30 pour cent. de matière minérale préparée comme suit: -

Une demi-matière d'alfa blanchie est battue avec n'importe quelle proportion appropriée de pâte de bois chimique dans un moteur de battage ordinaire, et une grande quantité d'argile de porcelaine est ajoutée en même temps. Le battage est effectué dans des conditions qui favorisent la rétention d'autant d'argile de porcelaine que la pâte en retiendra lors de sa transformation en papier sur la machine Fourdrinier.

Une fois que le papier est passé sur les cylindres de séchage de la machine, il est passé à travers les calandres de la manière habituelle, mais la surface du papier est humidifiée au moyen d'une fine pulvérisation d'eau juste avant son entrée dans les rouleaux de calandre. Le résultat est qu'une «finition à l'eau», ainsi appelée, est conférée au papier, et une imitation proche du papier d'art véritable est obtenue, l'effet de ce traitement particulier étant de comprimer les fibres et de faire remonter l'argile, comme c'était, à la surface.

Un papier contenant une si grande proportion de matière minérale intimement mélangée à la fibre est naturellement très faible. Il se déchire facilement et s'il est humidifié avec de l'eau, il se brise en morceaux. En même temps, c'est un substitut bon marché au papier d'art haut de gamme, convenant aux circulaires, aux catalogues temporaires et aux imprimés similaires.

Dans un papier «art», la nature des constituants fibreux est trop souvent considérée comme une question d'importance secondaire, car dans le processus d'impression l'encre n'entre pas du tout en contact avec le papier, et une impression est produite simplement sur un papier. couche d'argile qui est liée par la colle.

Les illustrations ne sont pas absolument permanentes, et il est parfaitement facile de retirer l'ensemble de l'empreinte et du revêtement lui-même en plongeant une feuille de papier dans de l'eau tiède et en frottant doucement la surface avec les doigts, ou avec une brosse en poil de chameau.

En fait, la quantité de matière de revêtement qui a été brossée sur un papier peut être déterminée approximativement en pesant un morceau de papier couché, en enlevant la matière minérale et la colle des deux côtés comme indiqué, ce qui permet au papier de sécher à nouveau, puis re - poids, la perte de poids représentant la quantité d'enrobage.

Il n'est pas surprenant de constater que le vrai papier est simplement considéré comme un moyen commode de produire, pour ainsi dire, une surface lisse d'argile, et un examen du matériau entre les deux surfaces d'argile révèle souvent un papier de très mauvaise qualité.

Il existe une ou deux méthodes empiriques pour tester l'état du revêtement sur un papier d'art. Si le revêtement est ferme et adhérent, alors en pressant le pouce humidifié sur la surface, aucune matière de revêtement n'est enlevée, mais dans un papier d'art mal fabriqué, une partie du revêtement adhère au pouce.

Une autre méthode consiste à froisser une feuille de papier entre les doigts, et si l'un des revêtements se détache facilement, le papier est considéré comme de mauvaise qualité.

L'examen complet d'un papier d'art, outre le test pratique d'impression, implique la détermination de la quantité de matière de revêtement ajoutée au papier, la proportion de colle dans le revêtement et l'analyse habituelle du papier lui-même.

PAPIERS D'EMBALLAGE.

Ce terme peut s'appliquer aux emballages spécialement traités avec des substances qui rendent le papier étanche à l'air et à l'eau. Ils sont principalement utilisés pour conserver les aliments, ou des articles tels que le tabac, qui doivent être maintenus légèrement humides.

Papier ciré. - Le papier sous forme de feuille continue est passé dans un bain de cire fondue à haute température, tout excès étant éliminé par des rouleaux presseurs à travers lesquels le papier ciré chaud est passé. Le papier est conduit sur des tambours squelettes et complètement refroidi avant d'être découpé en feuilles.

Papier de beurre. - Le papier parchemin ordinaire est généralement utilisé, mais à des fins spéciales, une solution contenant de l'albumine et du salpêtre est utilisée pour l'imprégnation du papier.

Papier matériel. - Les aiguilles et les articles en argent sont fréquemment emballés dans du papier imprégné ou mélangé à des substances censées empêcher leur contact avec des vapeurs nocives. L'utilisation de papiers noirs fortement chargé de pigment, encollé avec de la colle et un excès d'alun, est couramment utilisé. Pour l'argenterie, on utilise du papier trempé dans une solution de soude caustique contenant de l'oxyde de zinc. Un brevet récent suggère l'imprégnation du papier avec des huiles hydrocarbonées lourdes, qui étant légèrement volatiles recouvrent les marchandises, telles que les aiguilles, d'un film mince.

Papier de paraffine. - De grandes quantités de ce papier sont consommées pour emballer les aliments et autres articles qui doivent être protégés de l'air et de l'humidité.

Le papier est soit passé dans un bain de paraffine, soit passé sur un rouleau qui tourne dans une auge de paraffine.

Si le papier doit être enduit des deux côtés, il est passé à travers le bain contenant la paraffine à l'état fondu, dont l'excès est gratté du papier lorsqu'il quitte le bain. Le papier est refroidi par exposition à l'air, et lorsque la paraffine s'est solidifiée sur la feuille, le papier est enroulé sur un rouleau à l'extrémité de la machine.

Si le papier doit être couché sur une seule face, il est passé sur un rouleau chauffé qui tourne dans un bain de paraffine fondue, les autres opérations de séchage et de finition étant les mêmes que dans le cas d'un papier couché sur les deux faces.

Les papiers d'aluminium , nécessaires pour emballer le thé, le café et les denrées alimentaires similaires, sont préparés en enduisant du papier bon marché d'une solution de gomme et d'étain en poudre fine. La fabrication de la poudre fine est accomplie en faisant fondre l'étain à basse température et en le secouant continuellement pendant qu'il refroidit, moyennant quoi un mélange de poudre fine et de grosses particules est produit, ces dernières étant séparées par agitation de l'eau.

L'étain en bon état de division peut également être obtenu par un processus chimique. L'étain granulé est dissous dans de l'acide chlorhydrique fort, la solution diluée avec de l'eau et un bâton de zinc introduit dans la solution. L'étain est progressivement précipité.

La poudre séchée est enduite sur le papier avec de la gomme et, lorsque le papier est sec, le degré de brillance nécessaire est produit par un calandrage approprié.

Papiers de transfert. - Un certain nombre d'opérations importantes nécessitent l'utilisation de ce que l'on appelle des papiers de *transfert* , de sorte qu'un dessin écrit ou imprimé sur une surface spécialement préparée puisse être *transféré* sur une autre surface à partir de laquelle des copies peuvent être obtenues. Le principe sur lequel toutes ces opérations sont basées est le revêtement de papier approprié avec de l'amidon, de la farine et de la gomme, seuls ou mélangés, de manière à donner une surface suffisamment ferme pour prendre le dessin, mais qui se brise facilement lorsque la face imprimée est pressé contre l'objet en bois, en pierre ou en métal destiné à recevoir le dessin.

Ainsi, un papier peut d'abord être saupoudré d'amidon sec, ou enduit de pâte d'amidon, puis séché. Une couche de dextrine peut ensuite être placée sur le revêtement d'amidon et le dessin imprimé sur la surface de dextrine. Lorsque le papier est tourné face vers le bas sur une plaque métallique collante, le dessin adhère au métal et le papier est facilement retiré, du fait que la couche d'amidon sec entre lui et la dextrine n'est pas adhésive.

Ce principe est utilisé pour produire des dessins sur des boîtes de conserve utilisées pour l'emballage, des plaques publicitaires en métal, des articles ménagers de toutes sortes, des articles en grès et en faïence.

Il est en outre appliqué dans la préparation des pierres lithographiques nécessaires à l'impression.

Chaque classe de travail exige du papier d'un caractère approprié, mais le principe d'un revêtement de surface facilement détaché est pareil pour tous. La principale difficulté rencontrée est la capacité du papier à s'étirer lorsqu'il est amorti, et diverses méthodes sont conçues pour y remédier, soit en utilisant du papier qui s'étire très peu lorsqu'il est humide, soit en rendant le papier partiellement imperméable avant utilisation.

Papier maché. —Ce nom désigne une préparation de papier ou de pâte à papier mélangée à diverses substances minérales fermement cimentées entre elles par des adhésifs animaux ou végétaux.

La *pâte à papier* utilisée pour les produits haut de gamme se compose de cellulose de bois pure, tandis que pour les qualités les plus courantes, de la pâte de bois mécanique, des déchets de papier et tout autre matériau fibreux similaire sont utilisés.

Les substances *minérales* utilisées sont l'argile de porcelaine, la craie, le gypse, les barytes, l'ocre, la terre de Sienne et d'autres pigments minéraux.

Les matériaux *adhésifs* sont la colle, la caséine, la gomme, l'amidon, la pâte, la dextrine, la mousse d'Islande ou la cire.

À des fins expérimentales, de petites quantités de papier mâché peuvent être préparées de la manière suivante: -

Lorsque de vieux journaux ou papiers bruns sont utilisés comme base fibreuse du papier mâché, ils sont d'abord déchirés en petits morceaux, humidifiés avec de l'eau chaude, attachés dans un petit sac en tissu ou un sac, qui ne doit être rempli qu'à moitié, et puis immergé dans une bassine d'eau tiède et bien malaxé à la main, de sorte que le papier se réduit progressivement à l'état de pâte. Si le processus de pétrissage est effectué à fond, le papier est entièrement réduit en pâte. L'excès d'eau peut être éliminé par pression et la préparation du mélange final complétée par l'incorporation d'argile, de pigment et d'adhésif.

Dans la préparation du papier mâché pour les marchandises à grande échelle, un moteur de battage est utilisé afin de briser le vieux papier ou la pâte de bois en un état fibreux.

Les formules suivantes peuvent être utilisées pour fabriquer du papier mâché: -

(1)		(2)		(3)		(4)	
Pulpe	22	Pulpe	22	Pulpe	12	Pulpe	33
Argile	37	Craie	30	Taille de colophane	22	Amidon	9
Caséine	37	La colle	4	Farine	11	Argile	9
L'eau	4	L'eau	44	Kaolin	11	L'eau	49
				L'eau	44		
	100		100		100		100

Moules en plâtre. —Le plâtre de Paris ou gypse est le principal article utilisé pour les moules et les motifs. La préparation du gypse pour la coulée se fait comme suit: - Le gypse est progressivement transformé en une pâte crémeuse avec de l'eau, le mélange se faisant rapidement mais minutieusement.

Le motif dont on souhaite former un moule doit être enduit d'huile. Autour du motif placé sur une table, un mur de bois ou de carton est fixé, de sorte qu'un bassin sera formé d'une profondeur appropriée, empêchant le gypse de s'écouler. Les motifs de figures ou d'articles courbes doivent être réalisés en deux ou plusieurs parties. À cette fin, le motif est généralement coupé en deux morceaux. Deux moules peuvent maintenant être facilement obtenus en huilant d'abord le motif et en versant progressivement le gypse à l'état mince sur la surface, pour éviter la formation de bulles d'air.

Le séchage rapide du gypse imbibé est parfois peu pratique, mais l'ajout d'une solution saturée de borax dans l'eau au mélange de gypse peut être utilisé comme un contrôle.

Divers moyens sont utilisés pour durcir et renforcer le plâtre moulé, tels que l'addition de fibres de papier grossières, de lambeaux de toile, de limaille de fer ou de fil.

Coloration. —Habituellement, seule une aquarelle bon marché est requise; une légère couche d'un vernis bon marché peut suffire. Dans d'autres cas une aquarelle servant de charge pour le lissage de la surface peut recevoir une finition d'une ou plusieurs couches de solutions résineuses dans l'alcool ou de vernis copal. De nombreux produits sont enduits d'asphalte ou de vernis japonais et séchés à l'air froid ou chaud.

Certains des articles peuvent être décorés de volutes ou d'arabesques dans des couleurs à l'huile ou des émaux, ou les lignes peuvent être recouvertes de poudre de bronze, ou de feuille de métal, d'or ou d'aluminium.

Vernissage. —Les recettes de vernis suivantes conviennent: -

(1)		(2)		(3)		(4)	
Gomme laque	20	Gomme laque	dix	Gomme laque	6	Sandarac	15
De l'alcool	70	Colophane	dix	Sandarac	3	du mastique	5
Lampe noire	dix	De l'alcool	60	du mastique	18	Essence de térébenthine	5
		Lampe noire	20	De l'alcool	73	De l'alcool	75
	100		100		100		100

CHAPITRE VIII: PRODUITS CHIMIQUES UTILISÉS DANS LA FABRICATION DU PAPIER

La fabrication du papier est une industrie hautement technique, qui nécessite une connaissance pratique du génie mécanique, ainsi qu'une connaissance intime des nombreux problèmes chimiques importants liés à l'art.

La brève description suivante des divers produits chimiques utilisés dans la fabrication du papier est divisée en certaines classes, en fonction de l'ordre des opérations par lesquelles passe la matière première avant sa transformation finale en papier: -

(1) Les procédés alcalins utilisés pour traiter les fibres brutes: carbonate de sodium; soude caustique; citron vert; récupéré les cendres.

(2) La conversion du bois en pâte au sulfite: soufre; calcaire.

(3) L'opération de blanchiment: poudre de blanchiment; antichlors; les acides.

(4) Le calibrage et le chargement du papier: caséine; gélatine; taille de colophane; alun; amidon; silicate de soude; pigments et colorants solubles; mordants.

Substances minérales à charger: argile, blanc fixe, etc.

Carbonate de soude. - Cette substance, également connue sous les noms commerciaux d'alcali et de soude, est utilisée dans la papeterie pour la fabrication de soude caustique. Il est acheté par le papetier à l'usine chimique et utilisé avec les cendres récupérées (voir page 78) pour la production de solution de soude caustique, nécessaire au traitement des fibres brutes.

Il est également utilisé pour la préparation de colophane (voir «Colophane») et pour adoucir les eaux dures à des fins de production de vapeur.

TABLE DE CARBONATE DE SODIUM.

Affichage du pourcentage en poids et en livres par 100 gallons dans des solutions de différentes densités.

Twaddell.	Pourcentage en poids.		100 gallons contiennent des livres de		
	Na_2O.	Na_2CO_3.	Na_2O.	Na_2CO_3.	48 pour cent. Cendre.
1	0 · 28	0 · 47	2 · 76	4 · 72	5 · 74
2	0 · 56	0 · 95	5 · 61	9 · 60	11 · 68
3	0 · 84	1 · 42	8 · 42	14 · 41	17 · 56
4	1 · 11	1 · 90	11 · 34	19 · 38	23 · 64
5	1 · 39	2 · 38	14 · 26	24 · 40	29 · 73
6	1 · 67	2 · 85	17 · 10	29 · 36	35 · 77
sept	1 · 95	3 · 33	20 · 16	34 · 46	42 · 00
8	2 · 22	3 · 80	23 · 12	39 · 52	48 · 15
9	2 · 50	4 · 28	26 · 17	44 · 72	54 · 50
dix	2 · 78	4 · 76	29 · 71	50 · 00	60 · 90
11	3 · 06	5 · 23	32 · 27	55 · 18	67 · 22
12	3 · 34	5 · 71	35 · 36	60 · 50	73 · 72
13	3 · 61	6 · 17	38 · 43	65 · 72	80 · 07
14	3 · 88	6 · 64	41 · 57	71 · 06	86 · 58
15	4 · 16	7 · 10	44 · 65	76 · 33	93 · 03
16	4 · 42	7 · 57	47 · 80	81 · 77	99 · 61
17	4 · 70	8 · 04	51 · 02	87 · 24	106 · 31
18	4 · 97	8 · 51	54 · 25	92 · 74	113 · 10
19	5 · 24	8 · 97	57 · 45	98 · 26	119 · 70
20	5 · 52	9 · 43	60 · 67	103 · 70	126 · 42
21	5 · 79	9 · 90	63 · 98	109 · 40	133 · 45
22	6 · 06	10 · 37	67 · 32	115 · 10	140 · 12
23	6 · 33	10 · 83	70 · 63	120 · 81	147 · 10
24	6 · 61	11 · 30	74 · 00	126 · 62	154 · 20
25	6 · 88	11 · 76	77 · 38	132 · 30	161 · 12
26	7 · 15	12 · 23	80 · 83	138 · 20	168 · 51
27	7 · 42	12 · 70	84 · 31	144 · 12	175 · 70
28	7 · 70	13 · 16	87 · 67	150 · 20	182 · 70
29	7 · 97	13 · 63	91 · 28	156 · 15	190 · 14
30	8 · 24	14 · 09	94 · 77	162 · 00	197 · 40

Une analyse. —La valeur du carbonate de soude, du carbonate de soude et des cendres récupérées dépend de la quantité d'alcali disponible (Na_2O) présent.

Une quantité pesée (15,5 grammes commodément) est dissoute dans un volume mesuré d'eau distillée (500 cm3) et titrée avec de l'acide chlorhydrique normal standard, un indicateur de méthylorange étant utilisé.

Soude caustique. - Les fibres végétales brutes peuvent être réduites à l'état de pâte à papier par traitement à la soude caustique. En pratique, ce procédé est largement utilisé pour la fabrication de pâte d'alpha, de paille et de bois, la soude caustique épuisée étant récupérée et réutilisée.

Le papetier prépare la caustique nécessaire à la digestion de la matière première à partir de la cendre récupérée et du carbonate de soude.

Un volume convenable de liqueur claire obtenu en lixiviant les cendres récupérées est bouilli avec de la chaux dans des cuves de caustification appropriées, la réaction étant représentée comme suit: -

$$Na_2CO_3 + CaO + H_2O = 2\,NaOH + CaCO_3.$$

Carbonate de sodium + Citron vert + L'eau = Soude caustique + Craie.

Selon cette équation, 100 livres. de carbonate de sodium nécessitent 53 livres. de chaux vive, mais un léger excès est généralement ajouté, 58 ou 60 livres. étant le montant habituel effectivement employé. Plusieurs précautions doivent être observées lors du processus de caustification.

(1) La liqueur de la soude récupérée doit être claire et claire, indiquant une incinération complète des cendres.

(2) La liqueur est mieux caustifiée à une densité comprise entre 1 · 050 et 1 · 100 (10-20, Twaddell). Avec des solutions plus fortes, la réaction est compliquée et le rendement en soude caustique réduit. Lunge a montré que si la densité de la solution est de 1 · 025, la proportion de soude caustifiée est de 99,5 pour cent, alors qu'à une densité de 1 · 150, elle n'est que de 94,5 pour cent. Dans ce dernier cas, la soude caustique formée agit sur la craie produite et est reconvertie en carbonate.

[Pg 156]

(3) Les grandes quantités de résidus de craie résultant de la réaction doivent être soigneusement et soigneusement lavées. L'économie de l'ensemble du processus dépend en grande partie de ce petit détail en apparence.

TABLES DE SOUDE CAUSTIQUE.

Montrant la quantité de liqueur obtenue à partir de 1 cwt. de soude caustique et la quantité de soude caustique dans 100 gallons d'alcool (adapté de Lunge et autres).

Twaddell.	Gallons obtenus par quintal de Caustique.		Twaddell.	Livres de soude caustique par 100 gallons d'alcool.	
	60 pour cent. Caustique.	77 pour cent. Caustique pur.		60 pour cent. Caustique.	77 pour cent. Caustique pur.
1	1 777	2 358	1	6 · 3	4 · 75
2	896	1 179	2	12 · 5	9 · 5
3	596	767	3	18 · 8	14 · 6
4	448	574	4	25 · 0	19 · 5
5	359	457	5	31 · 2	24 · 5
6	298	384	6	37 · 6	29 · 2
sept	256	330	sept	43 · 8	34 · 0
8	223	287	8	50 · 1	39 · 0
9	199	256	9	56 · 2	43 · 7
dix	178	229	dix	62 · 9	48 · 9
11	162	208	11	69 · 1	53 · 7
12	148	190	12	75 · 7	58 · 7
13	136	176	13	82 · 1	63 · 7
14	126	166	14	88 · 5	67 · 5
15	117 · 5	152	15	95 · 0	73 · 5
16	110	141 · 5	16	101 · 5	79 · 0
17	103 · 5	135	17	107 · 8	83 · 0
18	98	125 · 5	18	114 · 4	89 · 0
19	92 · 8	119 · 5	19	120 · 8	93 · 8
20	88	114	20	127 · 2	98 · 0
25	70	90 · 3	25	159 · 5	124 · 0
30	56 · 5	73	30	197 · 3	153 · 0
35	48	61 · 5	35	234 · 9	182 · 2

40	41	53	40	272 · 6	211 · 6
45	35 · 3	45 · 5	45	317 · 4	246 · 3
50	31	40	50	362 · 1	281 · 0

TABLEAU DE DILUTION POUR LES LIQUEURS FORTES.

Affichage du nombre de gallons d'eau requis pour réduire la densité de 100 gallons d'alcool d'une densité plus élevée, D, à une densité inférieure, d. (Voir page 163).

Densité plus élevée, D (Twaddell).	Densité inférieure, d.										
	14.	13.	12.	11.	dix.	9.	8.	sept.	6.	5.	4.
42	200	223	250	281 · 8	320	367	425	500	600	740	950
40	185	207	233 · 3	263 · 6	300	344 · 4	400	471 · 4	566 · 6	700	900
38	171	192	216 · 6	245 · 5	280	322 · 2	375	442 · 8	533 · 3	660	850
36	157	177	200	227 · 3	260	300	350	414 · 3	500	620	800
34	143	161 · 5	183 · 3	209 · 1	240	277 · 7	325	385 · 7	466 · 6	580	750
32	128 · 6	146	166 · 6	191	220	255 · 5	300	357 · 1	433 · 3	540	700
30	114 · 3	130 · 6	150	172 · 8	200	233 · 3	275	328 · 5	400	500	650
28	100	115 · 3	133 · 3	154 · 6	180	211 · 1	250	300	366 · 6	460	600
26	85 · 7	100	116 · 6	136 · 4	160	188 · 8	225	271 · 4	333 · 3	420	550
24	71 · 4	84 · 6	100	118 · 2	140	166 · 6	200	243	300	380	500
22	57 · 1	69 · 2	83 · 3	100	120	144 · 4	175	214 · 4	266 · 6	340	450
20	43	53 · 6	66 · 6	81 · 8	100	122 · 2	150	185 · 7	233 · 3	300	400

18	28·6	38·4	50	63·7	80	100	125	157	200	260	350
16	14·3	23	33·3	45·5	60	77·7	100	128·5	166·6	220	300

Chaux et calcaire.- Le carbonate de soude et la cendre récupérée sont transformés en soude caustique au moyen de chaux. Une soixantaine de parties de chaux sont nécessaires pour la conversion de 100 parties de carbonate de soude. De grandes quantités de carbonate de chaux insoluble sont produites dans cette opération, et il faut faire très attention pour éviter une perte de soude caustique qui se produise si le résidu n'est pas soigneusement lavé. Dans certains cas, la craie résiduelle est drainée par des filtres sous vide afin d'éliminer toute trace d'alcali soluble. Des procédés ont été mis au point pour calciner le résidu afin de convertir le carbonate en chaux caustique pour être réutilisé, mais aucun procédé économique et pratique n'a encore été trouvé. Le traitement de la craie résiduelle avec de l'acide sulfurique pour la production de sulfate de calcium semble réalisable, mais la substance obtenue est très impure,

Le calcaire est nécessaire en quantité considérable pour la préparation du sulfite de chaux pour la fabrication de pâte de bois.

Cendres récupérées. - La liqueur noire obtenue lors du processus d'ébullition de la paille, de l'alfa et d'autres fibres papetières contient une grande proportion de constituants organiques non fibreux dérivés des fibres, dont la quantité peut être mesurée du fait que ces fibres perdent généralement 50 pour cent. de leur poids lorsqu'ils sont bouillis. La liqueur noire lors de l'évaporation donne une masse résineuse épaisse, qui est convertie en carbonate de soude lorsqu'elle est brûlée.

On profite de ce fait pour réaliser un procédé d'incinération à grande échelle, de sorte que la chaleur dérivée de la combustion de la masse résineuse est utilisée pour l'évaporation de liqueurs plus faibles. Les cendres sont tirées de fours spéciaux, mises de côté et laissées à carboniser tranquillement, de sorte que la matière carbonée est plus ou moins complètement brûlée. Les cendres sous cette forme en contiennent environ 40 pour cent. de soude, sa composition étant déterminée par la nature de la fibre traitée. Dans le cas de la paille, la quantité de silicate est considérable, comme le montre l'analyse typique suivante: -

Le carbonate de sodium	70 · 2
Hydrate de sodium	2 · 3
Sulfate de sodium	4 · 1
Chlorure de sodium	7 · 5
Silice	7 · 5
Oxydes de fer et d'alumine	0 · 75
Carbone non brûlé, etc.	7 · 65
	100 · 00

A l'heure actuelle, il n'y a pas de procédé d'usage général pour la récupération des liqueurs utilisées dans le traitement du bois par le procédé au sulfite. De nombreux schémas ont été proposés, dont le plus prometteur est celui de Drewsen.

Soufre et sulfites. —La substance cassante jaune pâle connue sous le nom de soufre est trop familière pour nécessiter une description détaillée. Il s'unit à l'oxygène dans diverses proportions, et ceux-ci en contact avec l'eau forment les divers acides sulfureux connus dans le commerce. Le soufre brûlé avec une quantité limitée d'air forme un gaz acide sulfureux, et cette substance est le principal produit de l'oxydation, qui par un traitement supplémentaire peut être converti en sulfites.

Dans la fabrication des composés soufrés nécessaires à la préparation de la pâte de bois, le four pour brûler le soufre se compose d'une cornue en fonte à fond plat qui est très peu profonde, et munie d'un sommet incurvé, auquel un tuyau est fixé, de sorte que l'acide sulfureux peut être évacué du four. Dans la forme la plus récente de four à soufre, un petit four rotatif de forme conique est utilisé, qui produit un gaz satisfaisant de composition constante de manière très économique.

Bisulfite de chaux. - Ce composé est obtenu lorsque le gaz acide sulfureux est mis en contact avec du calcaire humidifié. Dans la fabrication du bisulfite de chaux à grande échelle, le gaz acide sulfureux est aspiré ou pompé de hautes tours circulaires remplies de blocs de calcaire, maintenues humidifiées par un courant d'eau soigneusement régulé s'écoulant du haut de la tour.

Dans un autre système connu sous le nom de processus de réservoir d'acide, le gaz est forcé dans de grandes cuves circulaires contenant du lait de chaux.

Dans les deux cas, on prépare une solution contenant du bisulfite de chaux, ainsi qu'une certaine proportion d'acide sulfureux libre, le but du fabricant de pâte étant d'obtenir une solution contenant la plus grande proportion possible d'acide sulfureux libre. La composition d'une solution variera à ce titre, et ce qui suit peut être cité comme un exemple d'une telle liqueur: -

Acide sulfureux libre	3 · 23	par cent.
Acide sulfureux combiné	0 · 77	,, ,,
	4 · 00	,, ,,

A des fins expérimentales, la solution de bisulfite de chaux peut être préparée en faisant passer un gaz d'acide sulfureux dans un mélange d'eau et de sulfite de chaux. Ce dernier composé est insoluble dans l'eau, mais se dissout progressivement lorsque le gaz est absorbé. Un poids connu de sulfite de chaux est ajouté à un volume mesuré d'eau, et le gaz acide sulfureux est déchargé dans le mélange à partir d'un siphon d'acide sulfureux comprimé. La quantité de gaz absorbée est déterminée par pesée du siphon avant et après utilisation, la perte de poids représentant le gaz rejeté.

Les chiffres suivants peuvent être cités à titre d'exemple: -

	Quantités	utilisé.
Sulfite de calcium	536	grammes.
L'eau	7100	cc
Gaz absorbé	534	grammes.
Densité de solution	18 °	Twaddell.

La composition de la solution préparée est:

174

Acide sulfureux combiné	3 · 50
Acide sulfureux libre	6 · 54
Citron vert	3 · 06
L'eau	86 · 90
	100 · 00

Une analyse. - L'examen des liqueurs de sulfite pour l'acide sulfureux libre et combiné est effectué au moyen d'une solution standard d'iode et d'une solution normale de soude caustique.

Un volume connu de la liqueur de sulfite est d'abord titré avec une solution standard d'iode, le nombre de centimètres cubes requis étant une mesure de l'acide sulfureux total.

Chaque centimètre cube solution standard d'iode = · 0032 grammes de SO_2. La liqueur titrée est ensuite traitée avec de la soude caustique standard en quantité suffisante pour neutraliser exactement l'acide. Le volume de solution de soude caustique utilisé moins le nombre de centimètres cubes d'iode ajouté en premier est une mesure de l'acide sulfureux libre.

Poudre blanchissante. —Cette substance est préparée à grande échelle en permettant au chlore gazeux d'agir sur la chaux sèche éteinte. La chaux absorbe près de la moitié de son poids de chlore et forme une poudre blanche sèche, ayant une odeur très piquante. La meilleure poudre de blanchiment en contient environ 37%. de ce que l'on appelle «chlore disponible». La substance, lorsqu'elle est traitée avec de l'eau, donne une solution de couleur verdâtre connue sous le nom de liqueur de blanchiment, et lorsque le matériau de fabrication du papier brut, après avoir été digéré avec de la soude caustique, est traité avec cette solution, il est progressivement blanchi à une couleur blanche. . La composition de la poudre peut être représentée approximativement comme suit: -

Chlore disponible (combiné avec de la chaux)	36 · 00
Chlore sous forme de chlorure	0 · 32
Chlore sous forme de chlorate	0 · 26

Citron vert	44 · 66
Magnésie	0 · 43
Silice, oxydes de fer, etc.	1 · 33
Matière insoluble	17 · 00
	100 · 00

Puisque la quantité d'agent de blanchiment utilisé pour les pâtes de bois varie de 8 pour cent. à 25 pour cent. de poudre sur la pâte de bois sèche, le coût du blanchiment dans certains cas est considérable. L'économie du processus dépend dans une certaine mesure sur le soin apporté à l'achat de poudre de blanchiment de qualité standard, le stockage de celle-ci dans un endroit sombre et frais, et le traitement efficace ou l'épuisement de la poudre lorsque la liqueur de blanchiment est préparée.

La poudre est généralement agitée pendant environ une heure avec de l'eau suffisante pour produire une liqueur de 13 ° -15 ° Twaddell. On laisse la poudre non dissoute se déposer et la solution claire siphonnée, après quoi le sédiment est lavé une ou deux fois pour éliminer complètement toute la matière soluble.

TABLE DE LIQUEUR DE JAVEL.

Indiquer pour les solutions de poudre de blanchiment de densité connue la quantité de poudre nécessaire pour produire 100 gallons de liqueur et le nombre de gallons obtenus à partir de 1 cwt. de poudre (adapté de Lunge et Beichofen).

Twaddell.	Livres de chlore disponibles par 100 gallons.	Nombre de gallons obtenus à partir de 112 livres. de poudre.		Livres de poudre par 100 gallons d'alcool.	
		34 pour cent. Poudre.	35 pour cent. Poudre.	34 pour cent. Poudre.	35 pour cent. Poudre.
0 · 25	0 · 70	5 464	5 600	2 · 05	2 · 00
0 · 50	1 · 40	2 725	2 800	4 · 11	4 · 00
1	2 · 71	1 405	1 445	7 · 97	7 · 74
2	5 · 58	681	702	16 · 41	15 · 94
3	8 · 48	448	462	24 · 95	24 · 23

4	11 · 41	334	340	33 · 55	32 · 60
5	14 · 47	264	270	42 · 58	41 · 34
6	17 · 36	219 · 5	225	51 · 06	49 · 60
sept	20 · 44	186	191	60 · 11	58 · 40
8	23 · 75	160	165	69 · 85	67 · 85
9	26 · 62	141	147	78 · 30	76 · 57
dix	29 · 60	129	132 · 5	87 · 06	84 · 54
11	32 · 68	116 · 5	120	96 · 11	93 · 37
12	35 · 81	106 · 5	109 · 5	105 · 32	102 · 31
13	39 · 10	98	100	115 · 00	111 · 70
14	42 · 31	90	92 · 5	124 · 45	120 · 90
15	45 · 70	84	86	134 · 41	130 · 56
16	48 · 96	78	80	143 · 80	139 · 71
17	52 · 27	73 · 5	75	153 · 53	149 · 34
18	55 · 18	69	71	162 · 30	157 · 65
19	58 · 40	65 · 5	67	171 · 00	166 · 86
20	61 · 50	61 · 5	64	180 · 88	175 · 71

La meilleure méthode pour extraire la poudre est d'agiter le matériau avec de l'eau pendant une courte période et d'arrêter directement le processus de mélange, la densité maximale a été obtenue, qui se déroule généralement en 15 minutes. Une agitation prolongée empêche la poudre de se déposer facilement.

Les quantités maximales de liqueur pouvant être obtenues à partir de poudre de blanchiment sont indiquées à la page 162 . Le tableau suivant est utile pour montrer la quantité d'eau nécessaire pour diluer les liqueurs fortes, les chiffres étant applicables à toute solution indépendante de la nature de la substance dissoute.

TABLEAU DE DILUTION POUR LES LIQUEURS FAIBLES.

Affichage du nombre de gallons d'eau requis pour réduire la densité de 100 gallons d'alcool d'une densité plus élevée, D, à une densité inférieure, d . (Voir page 157.)

Densité plus élevée, D (Twaddell).	Densité inférieure, d.											
	12.	11.	dix.	9.	8.	sept.	6.	5.	4.	3.	2.	1.
16	33·3	45·4	60	77·7	100	128·5	166·6	220	300	433·3	700	1500
15	25·0	36·4	50	66·6	87·5	114·3	150	200	275	400	650	1400
14	16·6	27·3	40	55·5	75	100	133·3	180	250	366·6	600	1300
13	8·3	18·2	30	44·4	62·5	85·7	116·6	160	225	333·3	550	1200
12		9·1	20	33·3	50	71·4	100	140	200	300	500	1100
11			dix	22·2	37·5	57·1	83·3	120	175	266·6	450	1000
dix				11·1	25	42·8	66·6	100	150	233·3	400	900
9					12·5	28·5	50	80	125	200	350	800
8						14·2	33·3	60	100	166·6	300	700
sept							16·6	40	75	133·3	250	600
6								20	50	100	200	500
5									25	66·6	150	400
4										33·3	100	300

Antichlors. - Les résidus de chlore qui peuvent être laissés dans la pâte après le blanchiment sont fréquemment neutralisés par l'emploi de substances dites antichlors, qui réagissent avec l'hypochlorite de calcium en le transformant en chlorures.

L'hyposulfite de sodium est le plus fréquemment utilisé antichlor, la réaction entre celui-ci et l'hypochlorite entraînant la formation de sulfate de calcium et de chlorure de sodium; 100 livres de poudre de blanchiment commerciale nécessitera 30 livres. d'hyposulfite de sodium cristallisé.

Les sulfites de soude et de chaux agissent également comme antichlorures, réduisant l'hypochlorite de calcium en sulfate de chaux ou de soude. Le principal avantage de l'utilisation des sulfites réside dans le fait que les substances obtenues par la réaction sont neutres.

La meilleure pratique en matière de blanchiment est d'éviter la nécessité d'utiliser des formes d'antichlors en réglementant soigneusement le processus de blanchiment. Il a déjà été suggéré dans les références précédentes au blanchiment que les résultats souhaités sont obtenus lorsque la pâte et l'eau de Javel sont laissées en contact l'une avec l'autre dans des cuves ou des égouttoirs jusqu'à ce que l'eau de Javel soit complètement épuisée, les sels résiduels en solution étant éliminés par un lavage approfondi.

Gélatine. —Pour les papiers de taille animale ou de format pot, de la gélatine est utilisée. Il peut être préparé par le papetier à partir de coupures de peau, de peaux de mouton, d'os, etc., ou peut être acheté prêt à l'emploi.

Beadle donne les détails intéressants suivants sur la quantité de gélatine qui peut être obtenue à partir de morceaux de peau humides: -

POIDS DES MORCEAUX DE PEAU MOUILLEE, 2128 LB

Brouillon.	Gallons.	Pour cent. Gélatine en solution.	Poids de la gélatine. Kg.
1	126 · 48	6 · 775	85 · 64
2	128 · 96	6 · 052	78 · 04
3 et 4 mixtes	135 · 20	9 · 446	127 · 63
Total	390 · 64		291 · 31

Pourcentage de gélatine par rapport au poids des peaux mouillées = 13 · 69.

Un essai similaire sur la même classe de morceaux de peau humide a donné un rendement de 13,23 pour cent.

Deux essais, d'une classe quelque peu différente de morceaux de peau humide, ont donné respectivement 13 · 11 et 12 · 8 pour cent.

La température de l'eau de tirage doit être approximativement comme suit: -

Brouillon.	Au début.	À la fin.
1	120 ° F.	150 ° F.
2	130 ° F.	160 ° F.
3 et 4	140 ° F.	180 ° F.

Dans le projet final, il est souvent nécessaire d'utiliser de la vapeur vive à l'arrivée, mais cela doit être évité si possible.

L'eau contenue dans les morceaux de peau humides varie de 77 à 90 pour cent. dans les différentes pièces, mais dans la masse, la moyenne peut être prise à 85 pour cent.

Caséine. - La caséine est le principe azoté du lait et appartient à la classe des protéides qui sont des composés définis d'oxygène, d'hydrogène, de carbone et d'azote, formant la base des constituants les plus importants de toutes les fibres animales, l'albumine, la caséine et le gluten. Une forme très pure de caséine est le fromage à base de lait écrémé. La caséine appartient à cette classe d'albumen qui sont solubles dans l'eau, *par exemple l'* albumine d'oeuf, l'albumine sanguine ou sérum, et le lactalbumine ou l'albumine laitière; ceux-ci sont principalement précipités à partir de la solution par saturation avec du chlorure de sodium (sel commun) ou du sulfate de magnésium; mais ils sont tous coagulés par la chaleur.

Par l'action de la présure sur le lait, le principe protéide ou albumen est transformé en caillé (caséine). Ce caillé, lorsqu'il est débarrassé des graisses, est insoluble dans l'eau, mais il est soluble dans les acides dilués, ou alcalis, ou carbonates alcalins, de quelles substances, cependant, il est reprécipité par acidulation. Au lieu du procédé ci-dessus, la caséine peut être précipitée à partir du lait par saturation avec du sulfate de magnésie, et en lavant le précipité avec une solution de ce sel jusqu'à ce que les lavages ne contiennent pas d'albumine, puis en redissolvant la caséine préparée en ajoutant de l'eau. Le sel adhérant encore au précipité lui permet de se dissoudre. À grande échelle, la caséine est généralement préparée en traitant le lait avec de l'acide.

La caséine est facilement dissoute par les alcalis et les carbonates alcalins, le borax, la solution d'acide boracique, la soude caustique et le bicarbonate de soude.

Amidon. —Cette substance est utilisée dans de nombreuses classes de papier pour améliorer la surface et la finition. Il est ajouté à la pâte dans le moteur de battage sous forme sèche sous forme de poudre ou sous forme de pâte d'amidon, produite en faisant bouillir l'amidon dans l'eau.

La viscosité de la pâte d'amidon est quelque peu augmentée par l'ajout d'une petite quantité d'alcali, mais il faut faire preuve de prudence lors de l'ébullition, qui ne doit être effectuée que suffisamment pour provoquer l'éclatement des granules d'amidon, car toute ébullition excessive provoque l'amidon. pâte pour perdre une partie de sa viscosité.

La présence d'amidon dans le papier est détectée par la coloration bleue produite lorsque le papier est plongé dans une faible solution d'iode. La détermination du pourcentage exact d'amidon dans un papier est une question difficile.

Silicate de soude. - La précipitation de silice gélatineuse sur la pâte dans le moteur de battage est généralement considérée comme favorable à la production d'une feuille de papier ayant ce que l'on appelle une finition plus dure. La précipitation est effectuée en ajoutant une solution de silicate de soude au moteur de battage, avec l'addition ultérieure de suffisamment de sulfate d'alumine pour réagir avec le silicate de soude.

ANALYSE DES ALUMS COMMERCIAUX.

(Griffin et Little.)

-	(1)	(2)	(3)	(4)
Insoluble dans l'eau	0 · 05	10 · 61	0 · 11	0 · 56
Alumine (Al_2O_3)	15 · 47	14 · 96	11 · 64	16 · 58
Protoxyde de fer (FeO)	0 · 02	0 · 13	0 · 06	-
Sesquioxyde de fer (Fe_2O_3)	0 · 00	1 · 08	1 · 17	0 · 04
Oxyde de zinc (ZnO)	-	-	-	-
Soude (Na_2O)	1 · 72	0 · 57	4 · 75	0 · 56
Magnésie (MgO)	-	-	0 · 45	-
Acide sulfurique (SO_3) combiné	37 · 26	37 · 36	35 · 98	39 · 17
Sans acide sulfurique (SO_3)	-	1 · 08	5 · 13	-
L'eau par différence	45 · 48	34 · 21	40 · 71	43 · 09
	100 · 00	100 · 00	100 · 00	100 · 00
Test d'encollage (parties de colle de colophane neutre sèche précipitées par une partie d'alun)	3 · 32	3 · 47	3 · 19	3 · 71

TABLEAU MONTRANT LA VALEUR DES SOLUTIONS DE SULFATE D'ALUMINIUM.

Twaddell.	Livres par 100 gallons.		Sulfate d' alumine contenant 15 pour cent. Al_2O_3.
	Al_2O_3.	SO_3.	
1	1 · 4	3 · 3	9 · 0
2	2 · 8	6 · 5	19 · 0
3	4 · 2	9 · 8	28 · 0
4	5 · 6	13 · 0	37 · 0
5	7 · 0	16 · 3	47 · 0
6	8 · 4	19 · 6	56 · 0
sept	9 · 8	22 · 8	65 · 0
8	11 · 2	26 · 1	75 · 0
9	12 · 6	29 · 4	84 · 0
dix	14 · 0	32 · 6	93 · 0
11	15 · 4	35 · 9	103 · 0

12	16 · 8	39 · 1	112 · 0
14	20 · 3	47 · 3	135 · 0
16	23 · 1	53 · 8	155 · 0
18	26 · 2	60 · 3	172 · 0
20	29 · 4	68 · 5	196 · 0
25	37 · 1	86 · 5	247 · 0
30	44 · 8	104 · 4	299 · 0
35	53 · 2	124 · 0	355 · 0
40	60 · 9	142 · 0	405 · 0
45	68 · 6	159 · 9	456 · 0
50	77 · 7	181 · 0	578 · 0
55	86 · 1	200 · 6	575 · 0
60	95 · 2	221 · 8	635 · 0

Alun. - L'alun est l'une des substances les plus importantes nécessaires à la fabrication du papier, sa fonction principale étant le collage du papier. Diverses formes sont utilisées à cet effet, la plus pure étant le sulfate d'alumine, nécessaire pour les papiers de haute qualité, et la forme moins chère connue sous le nom de gâteau d'alun, pour les journaux et l'impression courante.

L'alun est fabriqué à grande échelle en chauffant de l'argile ou de la bauxite avec de l'acide sulfurique. Cette réaction donne du sulfate d'alumine avec de la silice. Si la masse est chauffée à sec, elle est vendue sous le nom de *gâteau d'alun* . Si la masse est extraite à l'eau chaude et la silice insoluble filtrée, la solution peut être évaporée pour la production de *sulfate d'alumine* , qui est vendu sous forme de gros gâteaux ou sous forme de cristaux.

En sélectionnant soigneusement la matière première, un sulfate d'alumine peut être préparé presque entièrement exempt de fer. La présence de ce dernier n'est pas souhaitable, car lors d'une exposition à l'air, le sulfate de fer produit lors de la fabrication de l'alun s'oxyde lentement et vire au brun. En fin de compte, cela affecte la couleur du papier fini.

De l'alun est ajouté à des solutions de taille animale ou de gélatine pour épaissir la solution et la rendre plus visqueuse. Il agit également comme un conservateur et est utilisé pour réguler l'absorption de la gélatine par le papier, les effets de pénétration étant matériellement variés par le degré d'utilisation de l'alun.

Dans le processus de dimensionnement du moteur, un terme appliqué à l'application de colophane en raison du fait que le processus est terminé dans le moteur de battage, l'alun joue un rôle important. La simple addition du savon de colophane préparé au mélange de pâte et d'eau dans le moteur de battage ne dimensionne pas le papier, mais l'alun précipite la colophane de sa solution, produisant un mélange complexe dit consistant en résinate d'alumine et de particules de colophane libres , et par la suite, la chaleur des cylindres de séchage de la machine à papier rend le papier plus ou moins imperméable à l'humidité.

L'aspect et le ton du papier, plus particulièrement des papiers colorés, sont éclaircis par l'utilisation d'un excès d'alun en plus de celui nécessaire pour précipiter le savon de colophane.

Taille de colophane. - Cette substance est principalement utilisée pour l'encollage des journaux et des papiers d'impression bon marché, et est également employée avec la gélatine pour les papiers d'écriture des roturiers. Il est préparé en faisant bouillir de la colophane avec du carbonate de soude dans diverses conditions.

La colophane, parfois appelée colophane, est obtenue à partir de la sève de certains sapins et pins. Cette distillation donne des spiritueux de térébenthine, laissant comme résidu le mélange de substances auquel est donné le nom de colophane. Il se comporte comme un acide et se combinera donc avec certains oxydes alcalins, produisant des résinates solubles.

La nature du savon colophane utilisé dans la papeterie varie en fonction des conditions dans lesquelles l'encollage est préparé. Si une grande proportion de colophane est utilisée, alors la colle obtenue consiste en un mélange de résinate de soude avec de la colophane libre dissoute dans la solution. Si la proportion de colophane est faible par rapport à la quantité de carbonate de soude, la composition du mélange final est assez différente. La différence de traitement entraîne la formation de:

(*A*) *Neutral Size* , préparé en faisant bouillir un poids connu de colophane avec suffisamment d'alcali pour se combiner avec lui et former un résinate neutre de soude. Théoriquement, cela peut être obtenu en utilisant 630 parties de colophane pour 100 parties de carbonate de sodium. Il est douteux dans quelle mesure la réaction est achevée de manière à produire une solution exactement neutre ne contenant que du résinate de soude.

(*B*) *Taille de l'acide.* - Lorsque la proportion de colophane est largement augmentée, la soude se transforme en résinate alcalin et l'excès de colophane se dissout progressivement dans le résinate formé.

Les opérations pratiques nécessaires à la préparation du gabarit sont relativement simples. Dans le cas d'un encollage contenant des pourcentages relativement faibles de colophane libre, l'ébullition est conduite dans des récipients ouverts, mais pour la fabrication d'un encollage de colophane contenant de grandes proportions de colophane libre bouillant sous pression dans des récipients fermés, il faut recourir à.

Avec le procédé à casserole ouverte, une casserole à double enveloppe de vapeur est utilisée, et la quantité requise d'alcali, dissoute dans l'eau, y est placée et chauffée au point d'ébullition. Le puits de colophane en poudre est ajouté en petites quantités de temps en temps, ceci étant effectué avec précaution afin que le gaz acide carbonique libéré pendant le procédé puisse facilement s'échapper. La colophane est généralement complètement saponifiée après quatre ou cinq heures d'ébullition. Il est ensuite passé à travers des crépines dans des réservoirs de stockage, à partir desquels il est aspiré dans les moteurs battants selon les besoins.

Dans le cas de la colophane bouillie sous pression, un récipient cylindrique muni d'un trou d'homme au sommet est utilisé. Les quantités correctes d'alcali et d'eau sont mises dans le digesteur, ainsi que la colophane sous forme de poudre, le digesteur étant équipé d'une plaque perforée placée à environ deux pieds au-dessus du fond du récipient afin d'empêcher la colophane de se transformer en un dur masse au fond du digesteur.

Il est ainsi possible de fabriquer un encollage épais contenant 30 ou 40%. de colophane libre et une proportion relativement faible d'eau. De nombreuses entreprises de papeterie préfèrent acheter une telle taille prête à l'emploi.

La modification la plus récente de la taille ordinaire de la colophane est un composé préparé en traitant la colophane avec du silicate de soude. Cet alcali dissout facilement la colophane et le savon obtenu lorsqu'il est convenablement dilué avec de l'eau se décompose dans le moteur de battage par addition de sulfate d'aluminium, avec la précipitation d'une silice gélatineuse qui aide au durcissement du papier.

Bacon a breveté un procédé dans lequel la colophane en poudre est fondue avec du silicate cristallin sec de soude. Le produit résultant est broyé en une poudre fine, qui est alors prête à l'emploi. Il se dissout facilement dans l'eau et, lorsqu'il est décomposé avec la proportion appropriée d'alun, donne une masse visqueuse gélatineuse réputée avoir d'excellentes propriétés d'encollage.

Les avantages d'une colle de colophane en poudre sèche facilement soluble dans l'eau sont évidents.

Chargement. - Le terme «chargement» s'applique aux diverses substances qui sont employées dans le but, comme on le suppose communément, d'alourdir le papier. Mais l'argile de porcelaine et des matériaux similaires ne sont pas ajoutés simplement pour donner du poids au papier, car ils servent à produire de l'opacité et à améliorer la surface de papiers qui ne pourraient être fabriqués de manière satisfaisante si ces matériaux n'étaient pas utilisés.

Examen du papier pour le chargement. - Si un morceau de papier est froissé, placé dans un petit creuset, puis enflammé jusqu'à ce que toute la matière carbonée ait brûlé, il reste un résidu dans le creuset qui peut être blanc ou coloré. Ceci est généralement appelé la *cendre* du papier. La quantité de cendre présente est déterminée en prélevant une quantité de papier pesée et en pesant le résidu obtenu. Des appareils spéciaux peuvent être obtenus pour effectuer des déterminations rapides des cendres dans le papier, mais pour des analyses occasionnelles, ils ne sont pas nécessaires.

Kaolin. —C'est le chargement le plus connu et le plus couramment utilisé. La forme la plus pure de ce matériau est le kaolin, une substance naturelle formée par la décomposition progressive des roches felspathiques résultant d'une exposition à l'action prolongée de l'air et de l'eau. L'argile est présente en grande abondance dans le Dorset, les Cornouailles et le Devon, les comtés du sud de l'Angleterre, où se trouvent les gisements les plus célèbres.

Le minéral naturel est lévigué avec de l'eau et le mélange est laissé s'écouler à travers une série d'étangs de décantation, de sorte que l'argile se dépose progressivement sous la forme d'un dépôt fin. L'argile est séchée et emballée dans des sacs. Sa valeur est largement contrôlée par la pureté de sa couleur et son absence de sable et de sable. Il s'agit essentiellement d'un silicate d'alumine, de composition approximative:

Silice (SiO_2)	43 · 00
Alumine (Al_2O_3)	35 · 00
Eau combinée	10 · 00
Humidité et impuretés	12 · 00
	100 · 00

La densité de la matière sèche est de 2 · 50.

Il est utilisé comme chargement dans toutes sortes de papiers et constitue également l'ingrédient principal du revêtement que l'on trouve sur les papiers d'art et chromo ordinaires.

Cendre contenant de l'argile de Chine. - Dans les journaux, les imprimés bon marché et les papiers d'art courants, la cendre contient presque toujours de l'argile de porcelaine. Cette substance est insoluble dans les acides dilués, mais est soumise à l'action de l'acide sulfurique concentré lorsqu'elle est digérée pendant un certain temps. Un test simple de la présence de kaolin dans les cendres est la coloration bleue qui est obtenue lorsque les cendres après avoir été enflammées sont chauffées progressivement avec quelques gouttes de solution de nitrate de cobalt. L'argile de Chine peut être décomposée par fusion avec du carbonate de soude dans un creuset. Par ce moyen, le silicate d'alumine est décomposé et l'alumine se met en solution, la silice restant sous forme de résidu insoluble. La solution filtrée est bouillie avec un excès d'ammoniaque qui donne un précipité gélatineux d'hydrate d'aluminium.

Sulfate de chaux. —Ce composé est apprécié principalement pour sa brillance de couleur, utilisé dans les papiers de grande qualité. Il est légèrement soluble dans l'eau, jusqu'à environ 23 livres. dans 1000 gallons, et ce fait doit être pris en compte lorsque le matériau est ajouté à la pâte dans le moteur de battage.

Il se présente naturellement sous diverses formes, telles que le gypse, l'albâtre, le sélénite, dont le premier lorsqu'il est finement pulvérisé est vendu au papetier sous forme de gypse, de plâtre en poudre et sous d'autres noms fantaisistes.

Il peut être préparé artificiellement en ajoutant de l'acide sulfurique à des solutions de sels de calcium; et le produit précipité ainsi obtenu est vendu sous le nom de terra alba, de durcissement perlé, de satinite, de blanc minéral, etc.

Les essais de sulfate de chaux dans les cendres de papier sont basés sur les réactions suivantes: -

Le sulfate de calcium est soluble dans l'acide chlorhydrique dilué. L'ajout de quelques gouttes de chlorure de baryum à la solution produit un précipité dense et épais, indiquant le sulfate. Une petite quantité de solution d'oxalate d'ammonium ajoutée à une autre portion du sel de calcium dissous préalablement neutralisé avec de l'ammoniac produit un précipité et indique du calcium.

Un test microscopique du papier pour la présence de sulfate de chaux est basé sur la légère solubilité du sel dans l'eau. Le papier est bouilli avec de l'eau distillée. L'eau est évaporée en une petite masse et transférée sur une barbotine de verre, et la formation progressive de sulfate caractéristique de cristaux de chaux peut être observée au microscope à mesure que l'eau se refroidit.

Craie française. —Ce matériau est préparé par broyage talc en une poudre fine, et possède une bonne couleur et une sensation un peu savonneuse. C'est un silicate de magnésie, ayant la composition approximative -

Silice (SiO_2)	62 · 00
Magnésie (MgO)	33 · 00
L'eau	4 · 30
Traces d'oxydes, etc.	0 · 70
	100 · 00

D'autres silicates de magnésie utilisés pour la fabrication du papier sont l'agalite et l'amiante, cette dernière étant un amiante finement broyé.

La composition de l'amiante est d'environ:

-	Italien.	Canadien.
Chaux et magnésie	38 · 0	33 · 0
Silice	42 · 0	41 · 0
Oxydes de fer et d'alumine	5 · 0	12 · 0
Eau totale	13 · 0	12 · 0
Traces de soude, etc.	2 · 0	3 · 0
	100 · 00	100 · 00

CHAPITRE IX: LE PROCESSUS DE BATTRE

Introduction. - Le processus de battage a pour objet la décomposition complète de la pâte blanchie à l'état de fibres uniques, et la réduction supplémentaire des fibres, si nécessaire, en morceaux plus petits. La désintégration de la matière est essentielle pour la production d'une feuille de papier presque homogène, et la quantité de battage requise varie fortement selon la nature de la matière première et la classe de papier à produire.

Le commerce du textile, par contre, dépend d'une matière première composée de fibres solides, ou de filaments caractérisés par une grande longueur, et tout processus de traitement qui tend à réduire la longueur de telles fibres est soigneusement évité, et il est donc évident que les fibres sans valeur à des fins textiles peuvent être affectées à la fabrication du papier.

État des fibres. - Les grandes différences de caractéristiques physiques et de structure des fibres employées pour la fabrication du papier suggèrent que les variations possibles du produit final obtenu par battage sont très nombreuses. C'est un fait bien connu, et il faut en outre noter que cette opération mécanique n'entraîne pas seulement des altérations d'ordre physique, mais introduit des modifications chimiques intéressantes et importantes.

Parmi les matériaux les plus connus, le lin, avec une longueur moyenne de fibre de 28 mm., Dont la structure se prête à une altération considérable par battement, est en contraste marqué à l'alfa, dont la longueur des fibres n'est que de 1 · 5 mm. Si le processus de battage d'un chiffon de lin aboutissait simplement à la découpe de toutes les fibres de 28 mm. longs en courts fragments de 1 · 5 mm., il n'y aurait rien de remarquable en lui, mais les changements qui se produisent en réduisant la longue fibre de lin à 1 · 5 ou 2 · 0 mm. sont d'un caractère bien plus important que cela.

Méthodes précoces. - Dans les premiers temps de la fabrication du papier, la désintégration de la demi-étoffe était effectuée par un véritable processus de «battage», les chiffons étant soumis à l'action de gros tampons qui brisaient la masse de fibres emmêlées en une pâte uniforme. Les fibres conservaient pour la plupart leur longueur maximale dans cette opération, qui était extrêmement lente et fastidieuse, tout en donnant en même temps une feuille de papier d'une résistance remarquable.

L'imitation la plus proche de ces vieux papiers chiffons se trouve dans les journaux japonais bien connus, qui sont extraordinairement solides. Certains d'entre eux, l'écrivain a examiné afin de déterminer la longueur de la fibre. Les feuilles, lorsqu'elles sont maintenues à la lumière, apparaissent «troubles» et «sauvages» en raison de la présence des fibres longues, qui n'ont été séparées ou arrachées que par les méthodes primitives de battage utilisées, et non complètement désintégrées.

Conditions de passage à tabac. - Vers 1700 de notre ère , une grande époque commença dans l'histoire de la fabrication du papier. Avec l'invention du moteur Hollander vers 1670 après J.-C. , le processus de désintégration a été considérablement accéléré, car il était possible de réduire beaucoup plus facilement la demi-charge. La substitution de l'idée de «battement» simple par un principe qui combinait l'isolement progressif des fibres individuelles avec un fractionnement de ces fibres dans le sens de la longueur et de la largeur était non seulement un avantage en termes d'économie de temps et de coût, mais aussi un matériau avancer dans les possibilités de plus grandes variations du papier fini.

Les conditions du processus de battage réalisé avec un Hollander permettent une altération considérable, de sorte que ces changements dans la fibre ne sont pas surprenants lorsqu'ils sont bien compris. En fait, il est maintenant admis qu'une étude approfondie de la théorie et de la pratique du battage est susceptible d'apporter des améliorations encore plus remarquables dans ce département important du travail du papetier. La qualité et le caractère du papier fabriqué peuvent varier selon:

(1) L'origine de la matière première, *par exemple des* chiffons, de l'alfa ou du bois;

(2) L'état du matériau, *par exemple* , vieux ou nouveaux chiffons, sparte verte ou mature, pâte de bois mécanique ou chimique;

(3) Le temps passé à battre, *par exemple* quatre heures pour une impression de chiffon ordinaire et douze heures pour un parchemin de chiffon;

(4) L'état des couteaux de battage, *par exemple* , matériel tranchant pour les buvards et matériel terne pour les papiers en cartouche;

(5) La vitesse du rouleau batteur, ainsi que son poids;

(6) la vitesse à laquelle le rouleau de batteur est abaissé sur la plaque de base;

(7) La température du contenu du moteur.

Le rouleau de batteur. - Si le rouleau de batteur est équipé de couteaux aiguisés, et que celui-ci est déposé rapidement près de la plaque de base, les fibres sont coupées courtes et elles n'assimilent pas l'eau. Si le rouleau est équipé de couteaux émoussés, ou «tacle», comme on l'appelle parfois, et qu'il est abaissé progressivement, les fibres sont étirées et meurtries sans être fortement raccourcies. Dans ces conditions, la matière devient très «humide» ou «grasse», comme on l'appelle. La cellulose entre en association avec l'eau lorsqu'elle est battue pendant de nombreuses heures, et la pulpe du moteur qui bat se transforme en une curieuse masse grasse de caractère semi-transparent. La pâte de chiffon battue pendant une longue période produit une feuille de papier dure, translucide et dense. Le fil de lin battu 48 à 60 heures est utilisé en pratique[Pg 178] pour la fabrication de cors de phonographe et usages similaires.

Les papiers doux et poreux comme les tampons, les papiers filtrants, les chromos lourds, les papiers litho, les antiquités, les impressions légères, sont fabriqués à partir de pâtes qui sont battues rapidement avec le rouleau posé près de la plaque de base peu de temps après le remplissage.

Avec des papiers résistants, denses et durs, tels que des parchemins, des bancs, des étanches à la graisse et similaires, la pâte est battue lentement et le rouleau est abaissé progressivement.

La nature de la pâte et le temps consacré au battage sont également des facteurs importants dans la production de ces différents papiers, trois à quatre heures suffisent pour une impression de pâte de bois ordinaire, alors qu'un parchemin de pâte de bois nécessite sept à huit heures.

Battre les pâtes séparément.- L'utilisation de l'alfa et de la pâte de bois conjointement ou mélangées à un chiffon a introduit de nouveaux problèmes dans la question du battage. Le plus important d'entre eux est peut-être l'opportunité de battre les pulpes séparément et de les passer éventuellement dans un mélangeur avant de les décharger dans un coffre. La nécessité de différencier la quantité de battements est déjà en partie reconnue lorsque des pâtes très différentes, telles que le chiffon fort et l'alfa, sont mélangées, mais l'ensemble du sujet doit être soigneusement étudié par le papetier et étudié sur ses mérites du point de vue de «Battre les effets», mis à part les questions de coût et d'opportunité. Le premier, parfaitement compris et examiné de manière exhaustive par des tests pratiques, ne serait bien entendu développé que s'il s'avère avantageux.

Le domaine de la recherche dans ce sens n'a pas encore été sérieusement exploré. Avec l'énorme consommation de pâtes de bois de qualité variable fabriquées à partir de nombreuses essences de bois différentes par plusieurs procédés, il y a amplement de place pour une enquête intéressante et rentable, en particulier comme les types de moteurs battants sont si nombreux. Les effets produits par le Hollander, le raffineur, le coureur de bord, le rouleau de batteur de pierre et d'autres mécanismes sont tous de types variés.

EFFET DES COUPS PROLONGES.

L'importance d'une connaissance des effets précis produits par le battage de la pâte ne peut pas être trop soulignée, et toute contribution au sujet dans le sens d'une recherche spéciale sera bien accueillie par tous les étudiants en cellulose.

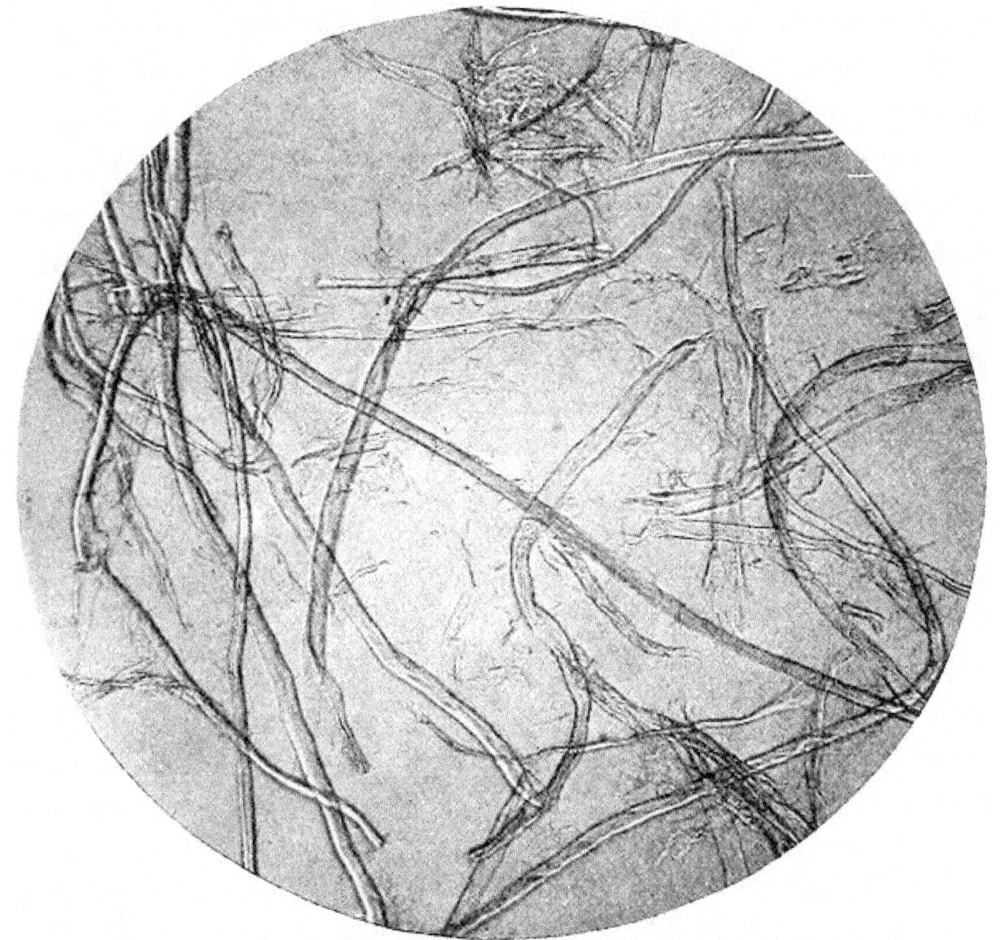

FIG. 46. - Pulpe de coton battue 8 heures.

Certaines expériences ont été menées par l'écrivain en 1906 avec des chiffons de coton, afin de déterminer les résultats obtenus en battant la pulpe pendant une période prolongée dans des conditions exactes et spécifiques.

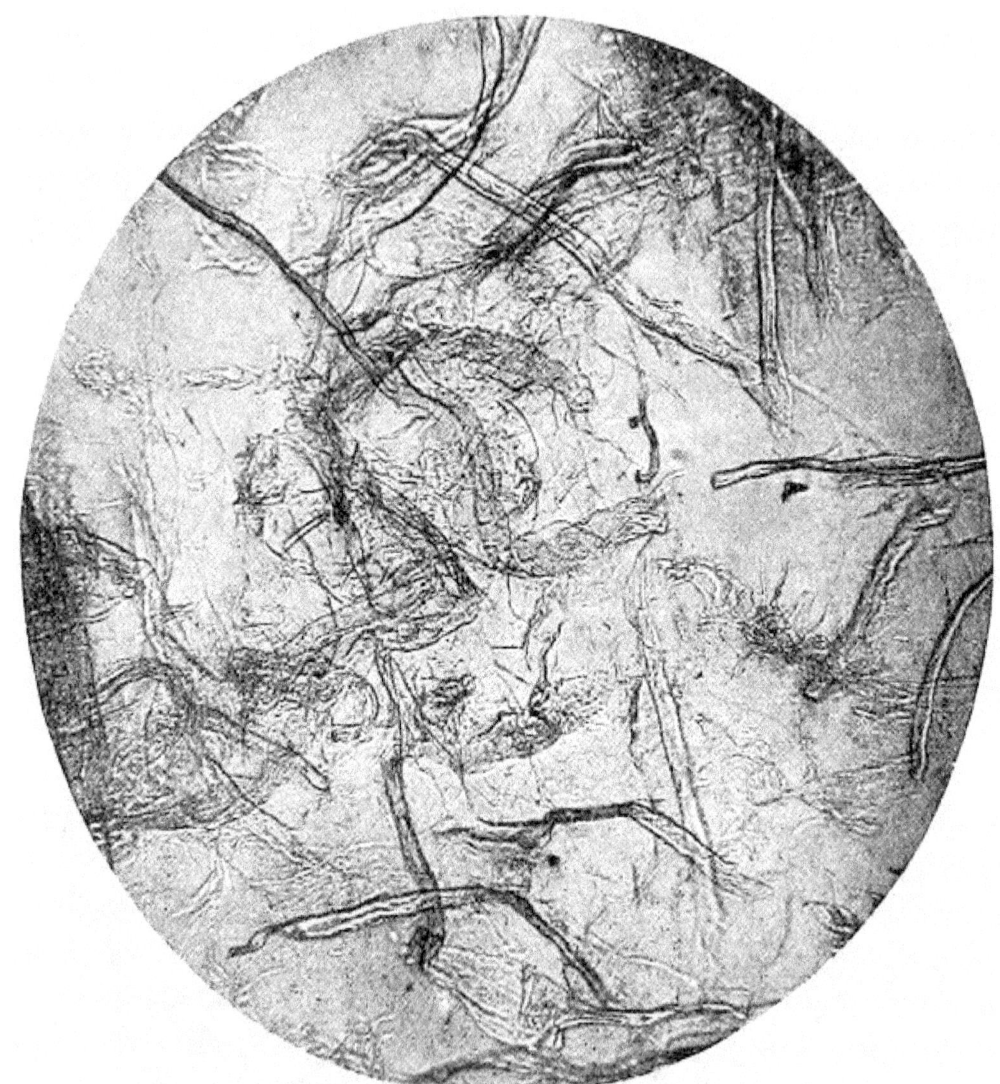

FIG. 47. - Pulpe de coton battue 37 heures.

Les chiffons de coton, de bonne qualité, ont été bouillis avec de la soude caustique de la manière habituelle pendant six ou sept heures, à une pression de 15 à 20 livres, lavés et partiellement décomposés dans le brise-chiffon, et enfin blanchis, transformés en deux. -stuff, puis transféré à un moteur de battage Hollander.

Les conditions particulières spécifiées pour l'opération de battage étaient que le batteur devait manipuler la pâte selon sa routine habituelle pour la fabrication du papier qu'il était habitué à fabriquer à partir de ces chiffons. Dans ce cas, le processus de routine impliquait de battre pendant huit heures, moment auquel la pâte était prête pour la machine à papier. Dans le cours normal, la pâte serait déchargé dans le coffre à bagages et converti en un papier de banque solide et fin.

Pendant le battage prolongé, la pâte est devenue très molle et «grasse», et une fois transformée en feuilles, le papier en séchant présentait des différences remarquables de retrait, les feuilles sèches obtenues à partir de pâte battue trente-sept heures étant beaucoup plus petites que celles obtenues à partir de pâte battu seulement quatre ou six heures. Le retrait réel est indiqué dans le tableau suivant: -

Heures.	Zone de feuille. Sq. mm.	Perte de superficie. Sq. mm.	Zones relatives. Deckle 100	Rétrécissement pour cent.
0	26 384 · 0	-	100 · 0	-
4	26 076 · 0	308 · 0	98 · 9	1 · 1
6	25 520 · 1	863 · 9	96 · 7	3 · 3
8	25 160 · 0	1 224 · 0	95 · 4	4 · 6
dix	24 794 · 8	1 589 · 2	93 · 9	6 · 1
13	24 467 · 4	1 916 · 6	92 · 8	7 · 2
15	24 215 · 2	2 168 · 8	91 · 8	8 · 2
17	24 024 · 0	2 360 · 0	90 · 9	9 · 1
19	23 616 · 2	2 767 · 8	89 · 6	10 · 4
21	23 616 · 0	2 768 · 0	89 · 6	10 · 4
23	23 535 · 7	2 848 · 3	89 · 3	10 · 7
25	23 329 · 9	3 054 · 1	88 · 5	11 · 5
27	22 920 · 5	3 463 · 5	86 · 9	13 · 1
29	22 831 · 2	3 552 · 8	86 · 5	13 · 5
31	22 492 · 9	3 891 · 1	85 · 3	14 · 7
33	21 917 · 2	4 466 · 8	83 · 1	16 · 9
35	21 226 · 1	5 157 · 9	80 · 5	19 · 5
37	20 778 · 8	5 605 · 2	78 · 8	21 · 2

Si ces résultats sont tracés sous la forme d'une courbe, la relation entre la période de battement et le retrait en surface est clairement indiquée. Pendant les vingt premières heures, le retrait est proportionnel à la période de battage, après quoi la courbe prend une forme irrégulière, montrant une tendance au retrait à se dérouler à une vitesse plus rapide.

Poids et substance du papier. - Le retrait du papier après un battage prolongé indique une feuille plus serrée et plus dense, de sorte que pour des papiers d'épaisseur égale, le poids par unité de surface était beaucoup plus important dans le cas de la pâte battue pendant toute la période. Les résultats obtenus sont très intéressants et le résumé suivant pour quelques-unes des lectures obtenues servira à montrer l'altération effectuée.

Heures.	Poids de 20 000 mm2. Grammes.	Épaisseur de la feuille. mm.	Grammes par mètre carré.	Kg. par rame 480 feuilles, 20 "× 30".
Classe A 8-10 heures.	1 875	· 183	93 · 75	38 · 23
Classe B 19-21 heures.	2 · 043	· 189	102 · 15	41 · 65
Classe C 33-35 heures.	2 · 203	· 189	110 · 15	44 · 93

Effets de dimensionnement et de vitrage. —Le comportement du papier waterleaf après encollage et glaçage a donné des résultats intéressants. En premier lieu, l'effet de la densité modifiée du papier est montré de manière frappante par la quantité de papier absorbé. Certaines feuilles sélectionnées ont été passées à travers une solution de gélatine ordinaire de la manière habituelle, puis séchées. La quantité de gélatine absorbée diffère à un degré remarquable, comme indiqué dans le tableau.

Résistance à la traction du papier. —Il est intéressant de noter que la résistance à la traction des papiers à feuilles d'eau semble rester assez constante pendant toute la période de battage. Mais cette uniformité est fortement altérée par les opérations de dimensionnement et de vitrage.

POURCENTAGE DE GELATINE SECHEE A L'AIR ABSORBEE PAR LES FEUILLES WATERLEAF.

Heures.	Pourcentage de taille absorbé.			Signifier.
	1er essai.	2e essai.	3e essai.	
8	5 · 5	6 · 0	6 · 2	5 · 9
dix	5 · 4	6 · 8	6 · 5	6 · 2
19	3 · 8	5 · 0	4 · 5	4 · 4
21	4 · 8	3 · 9	4 · 6	4 · 4
33	2 · 7	1 · 7	2 · 4	2 · 3
35	2 · 4	1 · 9	1 · 7	2 · 0

Ces résultats sont assez remarquables. Le battement prolongé ne semble pas avoir affecté la résistance à la traction de la feuille d'eau, et la perte pratique de résistance qui se produit réellement dans le papier plus complètement fini ne se manifeste qu'après le processus d'encollage. L'importance de la gélatine comme facteur de résistance ultime est ainsi clairement et de manière frappante démontrée.

TESTS DE RESISTANCE SUR LE PAPIER WATERLEAF ORIGINAL.

Heures.	Résultat moyen des lectures. Kg.	Force moyenne du papier. Kg.
8	a 14 · 1	12 · 1
	b 10 · 1	
dix	un 15 · 4	13 · 2
	b 10 · 9	
19	a 16 · 5	14 · 0
	b 11 · 4	
21	un 15 · 2	14 · 0
	b 12 · 8	
33	un 13 · 4	12 · 4
	b 11 · 4	
35	a 14 · 5	13 · 6
	b 12 · 7	

TESTS DE RESISTANCE SUR PAPIERS, FORMAT UNIQUEMENT.

Heures.	Résultat moyen des lectures. Kg.	Force moyenne du papier. Kg.
8	un 22 · 7	20 · 0
	b 17 · 3	
dix	un 28 · 5	23 · 2
	b 18 · 0	
19	un 22 · 5	21 · 0
	b 19 · 5	
21	a 26 · 0	21 · 7
	b 17 · 5	
33	a 15 · 0	15 · 0
	b 15 · 0	
35	a 14 · 2	15 · 3
	b 16 · 5	

TESTS DE RESISTANCE SUR PAPIER COLLE ET EMAILLE.

Heures.	Résultat moyen des lectures. Kg.	Force moyenne du papier. Kg.
8	un 25 · 8	23 · 6
	b 21 · 4	
dix	un 28 · 4	23 · 6
	b 18 · 9	
19	un 27 · 0	22 · 9
	b 18 · 9	
21	un 24 · 9	22 · 7
	b 20 · 6	
33	a 16 · 1	15 · 2
	b 14 · 4	
35	a 17 · 5	16 · 2
	b 15 · 0	

On peut également remarquer que la résistance du papier fini après vingt heures de battage, comme en classe B, est égale à celle du papier après neuf heures de battage, comme en classe A. C'est curieux, surtout au vu de la fait que le pourcentage de gélatine dans les papiers de la classe B. n'est que de 4 4%. contre 6 · 0 pour cent. en classe A.

La relation entre le pourcentage de gélatine et la période de battement devient donc une question intéressante et mérite d'être étudiée. Les chiffres suggèrent de nouvelles recherches expérimentales selon des lignes précises.

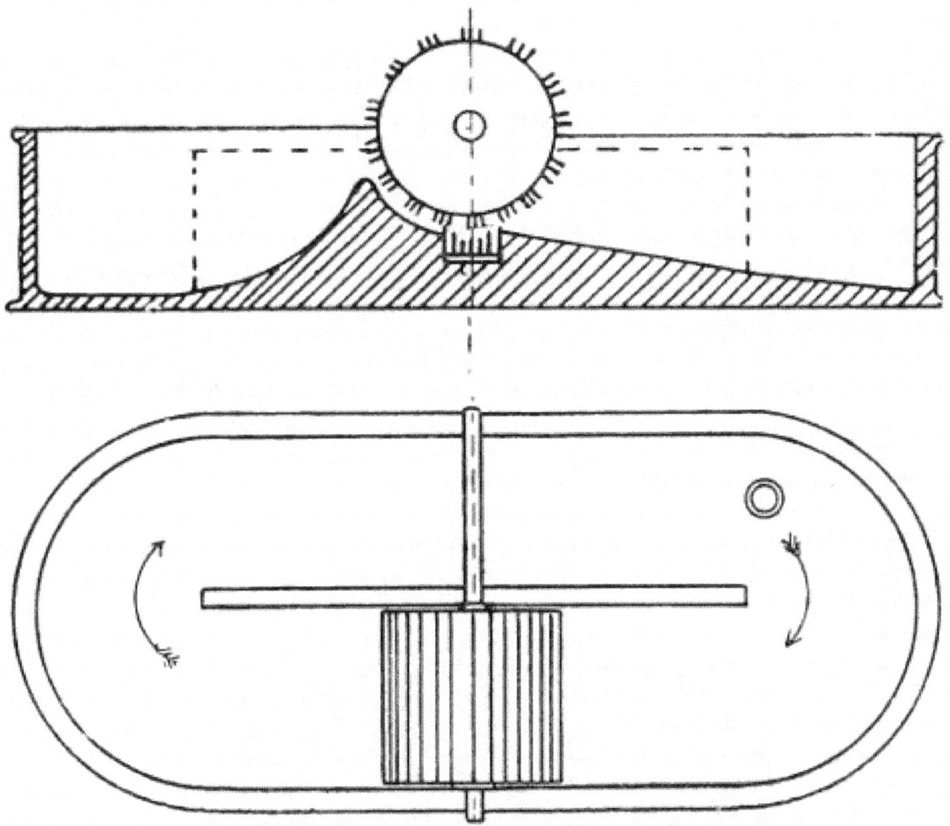

FIG. 48. - Plan et élévation en coupe d'un «Hollander».

Développements dans les moteurs battants. -Depuis l'introduction du moteur de battage Hollander, vers 1670 après JC , d'autres types de batteurs presque trop nombreux pour être mentionnés ont été conçus pour le remplacer, mais il n'en reste pas moins que le principe du Hollander original et sa conception générale sont toujours respectés en les moteurs utilisés par les papetiers pour des travaux de grande qualité.

Les modifications et améliorations qui ont pris la place au cours des cinquante dernières années concerne principalement les modifications résultant naturellement de l'introduction de fibres ne nécessitant pas un traitement aussi drastique que les chiffons.

Les machines actuellement utilisées pour réduire les demi-matières en pâte battue prête pour la machine à papier peuvent être classées comme suit: -

(1) Batteurs de type Hollander, dans lesquels la circulation de la pâte dans le moteur et le processus de battage proprement dit sont tous deux effectués par le rouleau batteur.

(2) Batteurs du type circulateur, dans lesquels le mouvement de la pulpe est maintenu par un dispositif spécial, et le rouleau batteur utilisé uniquement pour battre.

(3) Batteurs du type à rouleaux de pierre dans lesquels le rouleau et la plaque d'assise sont soit ou tous deux composés de pierre, de granit ou d'une substance non métallique similaire.

(4) Raffineurs, contenant des rouleaux batteurs de forme conique travaillant dans une coquille conique équipée de couteaux fixes.

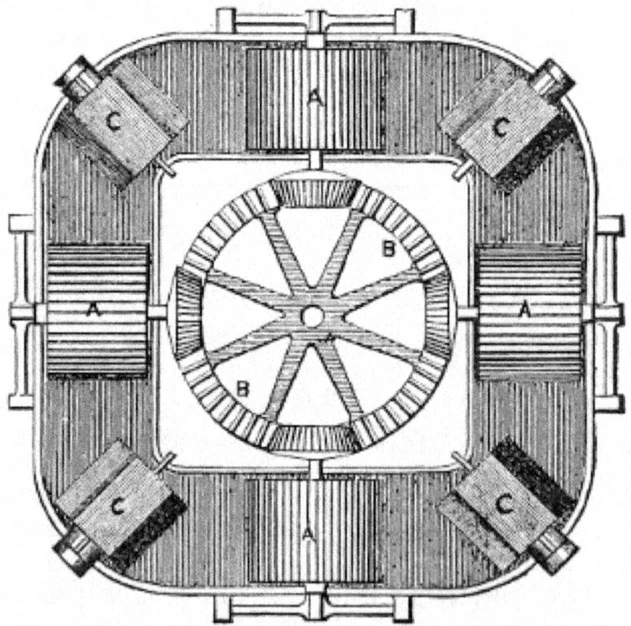

FIG. 49. - Moteur battant avec quatre rouleaux batteurs.

Le Hollander. - Ce moteur de battage dans sa forme la plus simple est constitué d'une auge de forme ovale, divisée en deux canaux par un «midfeather», qui ne va cependant pas complètement d'un bout à l'autre.

Dans l'un des canaux, le lit de l'auge s'incline légèrement jusqu'à l'endroit où la «plaque d'assise» est fixée. La plaque de base se compose d'un certain nombre de barres ou de couteaux en métal robustes fermement fixés dans un cadre en fer, qui se trouve à travers ce canal. Le rouleau de batteur, un rouleau en fonte lourd muni de couteaux en saillie ou de lames disposées en touffes de trois autour de la circonférence, et supporté sur des roulements de chaque côté du moteur, tourne au-dessus de la plaque de base avec les couteaux ajustés à toute distance requise de celui-ci , la montée ou la descente du rouleau batteur à cet effet étant effectuée par l'utilisation de paliers réglables.

Le lit de l'auge derrière le rouleau de batteur s'élève brusquement de la plaque de base puis tombe soudainement, comme le montre le schéma, formant le «retour».

Lorsque le moteur est en marche, le mélange d'eau et de pâte est aspiré entre les couteaux et circule autour de l'auge. Le matériau est désintégré en fibres de l'état requis, déchargé au cours de la chute, et maintenu dans un état de circulation continue, et le battement est maintenu jusqu'à ce que l'étoffe ait été suffisamment traitée.

Les dimensions du moteur varient en fonction de la capacité, qui est généralement exprimée en termes de quantité de pâte sèche que le batteur contiendra, et les chiffres suivants peuvent être considérés comme donnant les tailles moyennes: -

	2 cwt. Moteur.	5 cwt. Moteur.
Longueur	11 pi 0 po	16 pi 0 po
Largeur	5 pi 6 po	8 pi 0 po
Profondeur (moyenne)	2 pi 3 po	2 pi 9 po
Diamètre du rouleau	3 pi 6 po	3 pi 6 po

Diverses modifications de la forme et de la disposition du batteur ont été essayées de temps en temps. En 1869, Granville a breveté la substitution d'un deuxième rouleau de batteur à la place de la plaque de base fixe dans le but d'accélérer l'opération. Des tentatives répétées ont été faites pour construire un moteur battant avec deux ou plusieurs rouleaux, mais il est évident qu'un tel dispositif pourrait difficilement réussir, car il serait impossible d'assurer un ajustement correct des rouleaux, et dans ce cas, un rouleau pourrait faire tout le travail.

La première machine de ce type a été brevetée en 1872 par Salt. Des batteurs similaires ont été conçus par Forbes en 1880, Macfarlane en 1886, Pickles en 1894, qui a proposé d'utiliser trois rouleaux, et Partington en 1901. Hoffman décrit un moteur de battage qui fonctionnait en Amérique contenant quatre rouleaux, comme le montre le diagramme.

Le Umpherston. - Une modification notable du Hollander, ayant un agencement par lequel les deux canaux des moteurs sont placés l'un sous l'autre, et qui est largement utilisé pour les fibres, est l'Umpherston. Plusieurs moteurs différant dans les détails, mais incarnant le même principe, ont été construits à l'imitation de celui-ci.

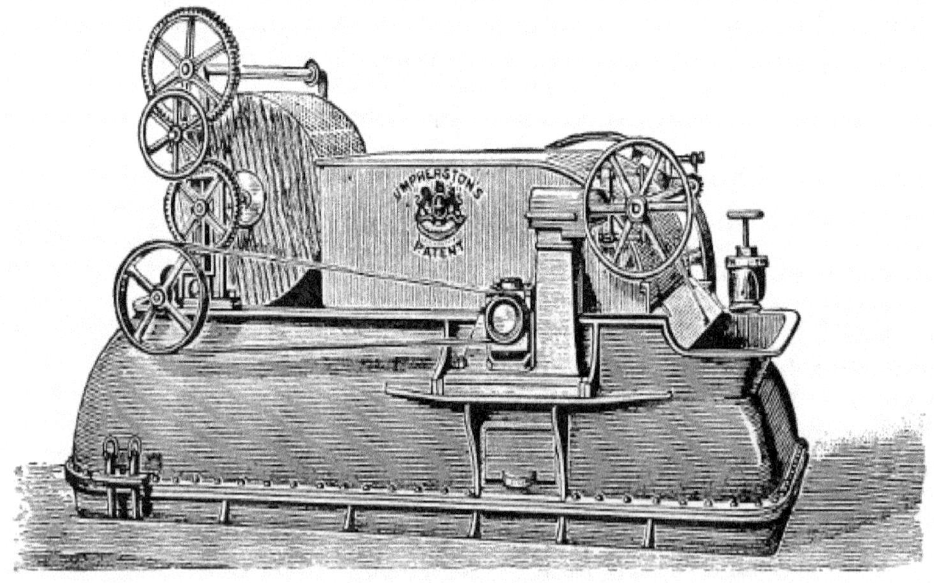

FIG. 50. - Umpherston Beater.

Les plaques de base de grande surface de travail ont été essayées pour la première fois en Angleterre par Cooke et Hibbert, en 1878, mais dans la pratique, il a été constaté qu'aucune déviation sérieuse du type étroit de plaque n'a beaucoup de valeur. En fait, certains fabricants de papier estiment qu'un ou deux couteaux suffiraient s'ils pouvaient être invoqués pour rester fidèles et correctement ajustés.

Le type de batteur à circulation. - L'ajout d'un dispositif pour maintenir la pâte en circulation indépendamment de l'action du rouleau a fait l'objet d'une attention considérable. Les premières expériences dans ce sens avec le Hollander aboutirent finalement à la construction du moteur du type circulateur mentionné en classe 2.

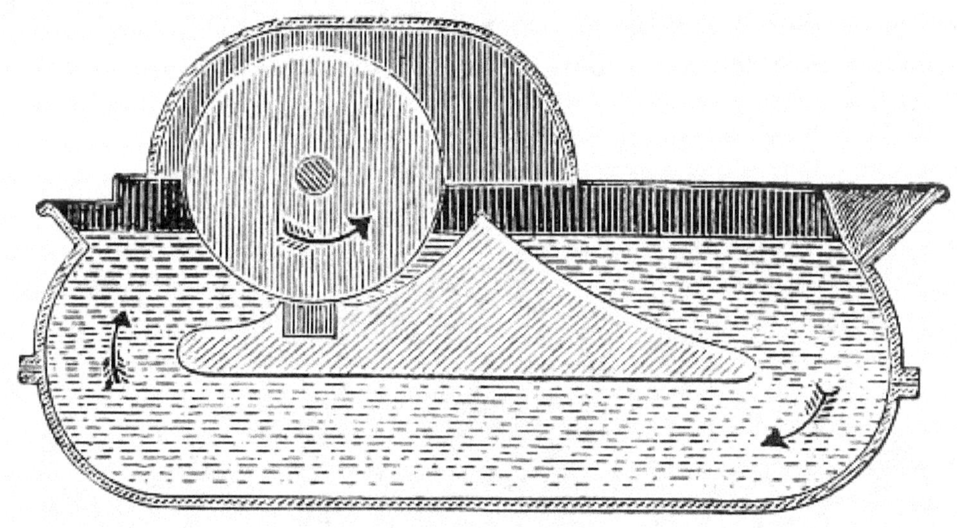

FIG. 51. —Section de l'Umpherston Beating Engine.

Ainsi, en 1872, Nugent a breveté une palette spéciale à utiliser dans le Hollander, par laquelle la pulpe dans l'auge du batteur était poussée vers le rouleau. De nombreux autres plans ont été essayés à cette fin, et les détails peuvent être consultés dans la liste des brevets (voir page 192).

L'introduction des batteurs avec des moyens spéciaux pour faire circuler la pâte s'est avérée être du plus grand service dans le traitement de matières comme l'alfa et la pâte de bois, car ces matériaux ne nécessitaient pas les mesures drastiques nécessaires avec la pâte de chiffon. En 1890, plusieurs moteurs de cette classe ont été adoptés, parmi lesquels on peut citer Hemmer, Reed et Taylor. La pulpe déchargée du rouleau batteur était aspirée à travers un tuyau ou un canal indépendant au moyen d'une vis d'Archimède ou d'une pompe centrifuge.

Rouleaux de batteur de pierre. - Le remplacement de la pierre par du métal dans le rouleau et la plaque de base du moteur entraîne des changements remarquables dans la nature des trucs battus. La fibre est soumise à l'action de surfaces rugueuses plutôt qu'à celle due au contact d'arêtes vives, avec pour résultat que la désintégration est beaucoup plus rapide, et produit une pâte de travail «humide» adaptée aux parchemins d'imitation et papiers similaires. Les derniers matériaux utilisés à cet effet sont la pierre de lave de basalte en Allemagne et le carborundum en Amérique.

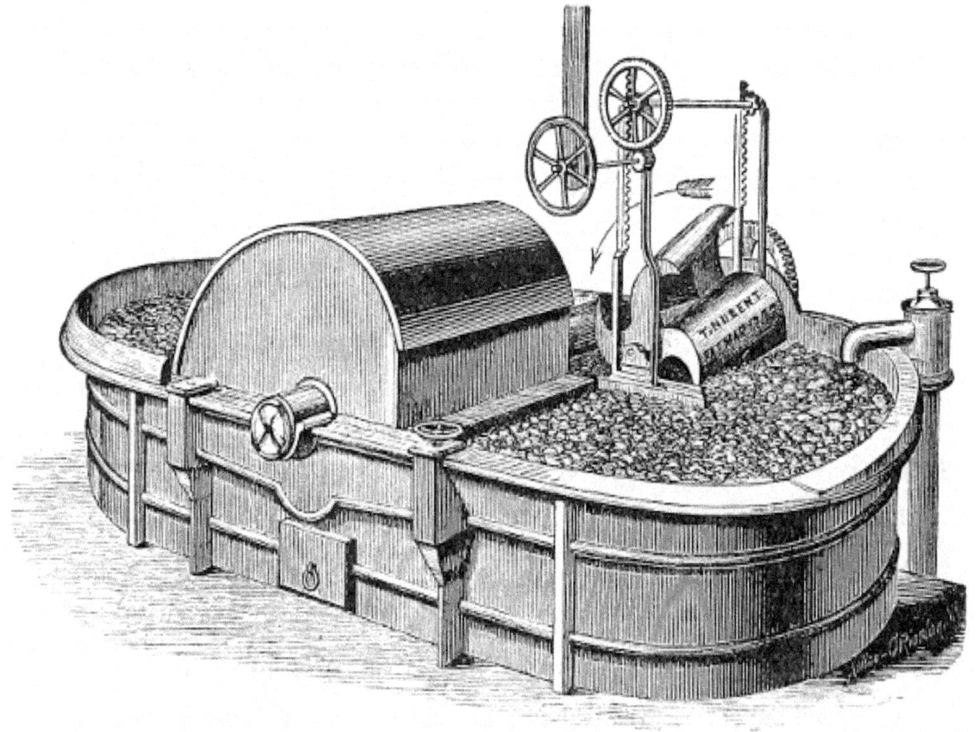

FIG. 52. - Moteur battant de Nugent avec palettes pour faire circuler la pâte.

Des précautions sont nécessaires dans la manipulation de ces batteurs pour éviter la fracture des parties en pierre. Dans le moteur Wagg Jordan, ce danger est considérablement réduit par la construction des pièces de travail.

Raffineurs. - Dans ces moteurs, le rouleau batteur est un tambour de forme conique portant les couteaux, qui tournent à l'intérieur d'une coquille conique entièrement garnie de couteaux fixes. Les fibres sont ainsi coupées à la longueur désirée, mais avant déchargement du moteur elles passent entre deux disques circulaires, un stationnaire et l'autre tournant en position verticale. Les disques ont pour effet de déchirer ou de meurtrir les fibres plutôt que de les couper.

Le raffineur est mieux utilisé pour nettoyer ou brosser la masse de pâte après une certaine quantité de traitement préliminaire dans le batteur, car le raffineur ne peut pas produire les effets obtenus par battage réel comme dans le Hollander.

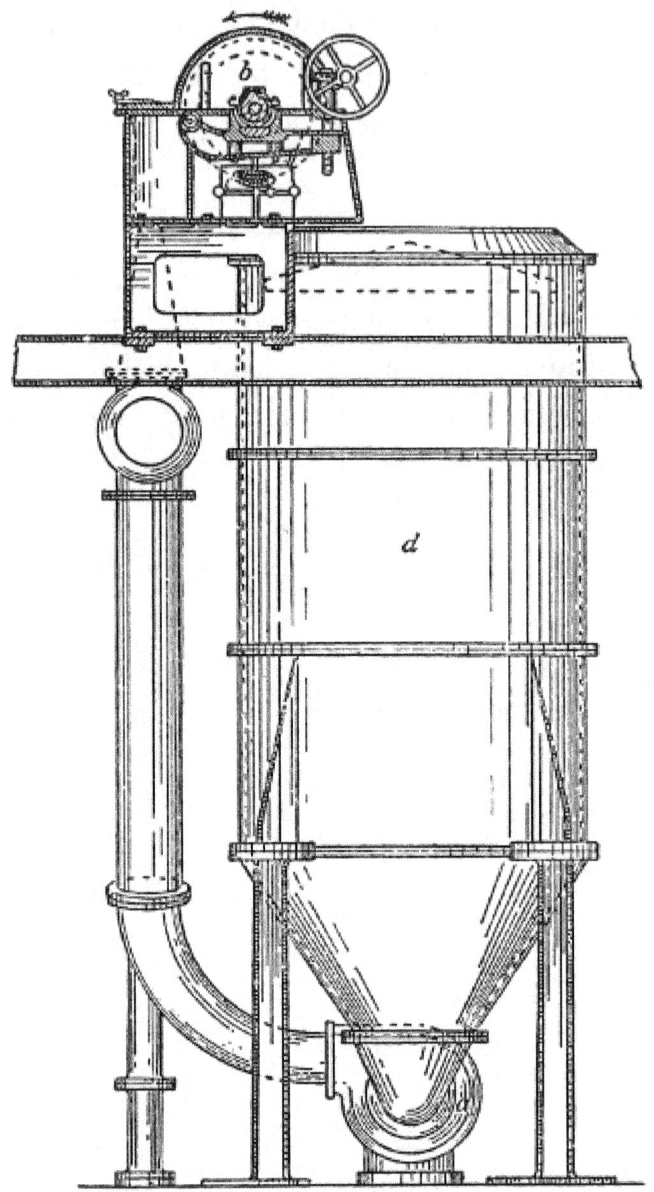

FIG. 53. —Un moteur battant «tour» avec pompe centrifuge pour faire circuler la pâte.

Consommation d'énergie. —Le long traitement nécessaire pour pulper complètement un matériau solide exige une grande quantité d'énergie. Les moteurs diffèrent considérablement dans leur consommation d'énergie et des comparaisons sont fréquemment faites en termes de puissance nécessaire pour battre un poids donné de pâte. Mais ce n'est pas toujours un vrai critère de travail efficace. Certains types de batteurs conviennent à la production de certains résultats, et la simple substitution d'un batteur consommant moins d'énergie est pire qu'inutile à moins qu'il ne puisse être démontré que les mêmes effets sont obtenus. L'efficacité du Hollander pour le battage de la pâte de chiffon, malgré sa forte consommation d'énergie, en est un bon exemple.

FIG. 54. - Parties fonctionnelles d'un moteur de raffinage moderne.

Avec ce facteur bien pris en compte, la puissance requise pour battre devient une étude intéressante. De nombreuses expériences détaillées ont été publiées de temps en temps, les plus récentes étant celles décrites par Beadle.

BREVETS SOUSCRITS EN RELATION AVEC DES MOTEURS BATTANTS.

1855. PARK (1170). - Une petite machine à vapeur était attachée à l'arbre du rouleau batteur, de sorte qu'il pouvait être entraîné directement.

1856. KINGSLAND (2828). - Forme de raffineur dans laquelle la pâte était battue par un disque vertical tournant dans un boîtier fermé.

1860. JORDANIE (792). - Machine conçue pour mélanger la pâte à papier, faite comme un moteur de raffinage conique, la surface de frottement étant pourvue de dents ou de couteaux.

1860. JORDANIE (2019). - Un moteur du type raffineur, construit avec un tambour conique tournant dans une enveloppe conique. Les couteaux à la plus grande extrémité du tambour sont placés plus près les uns des autres que ceux à la plus petite extrémité.

1863. PARK (1138). - Deux batteurs placés côte à côte sont entraînés par une machine à vapeur placée entre eux, les opérations étant tellement chronométrées qu'un moteur de chiffon est utilisé pour le freinage tandis que l'autre termine.

1864. IBOTSON (2913). - La pâte passe en continu d'un rouleau moteur à un autre, ou d'une partie d'un rouleau batteur à une autre partie du même rouleau à travers des plaques rainurées.

1866. ROECKNER (140). - Moteur de battage du type raffineur avec tambour et carter coniques.

1866. BERHAM (3299). - Un moteur battant du type conique avec le rouleau batteur tournant verticalement au lieu d'horizontalement.

1867. CROMPTON (482). - Dispositif pour relever les barres du rouleau batteur lorsque le bord de la plaque s'use.

1867. BOIS (914). - Modification sous la forme des barres de battage (de peu d'importance).

1867. BORD (3673). - Les couteaux du rouleau batteur, répartis à égale distance tout autour du rouleau, alternaient avec des bandes de bois.

1869. GRANVILLE (1041). - Substitution d'un second rouleau de batteur à la plaque de base fixe, les couteaux étant placés en spirale autour du rouleau.

1869. NEWELL (2905). - Poids du compteur de rouleaux de batteur[Pg 194]prêt à permettre la régulation exacte de la pression sur le matériel dans le moteur qui bat.

1870. ROSE (997). - Une plaque d'interception fixée au couvercle du moteur qui bat, qui fait retomber la partie de l'étoffe qui était habituellement transportée tout autour par le rouleau en arrière de la chute.

1870. BENTLEY ET JACKSON (1633). - Rouleau batteur ayant la même largeur que le moteur, et pourvu d'un couvercle muni d'un tuyau qui ramène le matériau vers l'avant du rouleau.

1871. PATTON (1336). - Partie inférieure du moteur de battement incurvée afin d'empêcher la substance de se déposer ou de s'accumuler à n'importe quelle partie de la machine.

1872. SALT (1901). - Un moteur battant du type habituel, mais ayant deux rouleaux de battage et deux rondelles de tambour, une paire dans chacun des deux canaux.

1873. GOULD (769). - Un curieux moteur à arbre horizontal ayant un disque circulaire à l'extrémité inférieure, muni de couteaux sur le dessous, qui sont en contact avec des couteaux fixes se trouvant au fond du navire. La circulation de la pulpe est effectuée par la force centrifuge générée.

1873. MARTIN (3751). - Un moteur battant avec deux rouleaux dans le même creux, le premier rouleau travaillant en conjonction avec un rouleau battant à surface lisse, l'autre étant en contact avec une plaque de base du type habituel, objet du premier le rouleau étant de désintégrer partiellement le matériau sans risque d'étouffement.

1874. JOHNSTONE (3708). - Machine à pâte dans laquelle l'action de frottement de deux meules l'une sur l'autre est utilisée comme moyen de battre.

1876. GARDNER (307). - Moteur battant dans lequel le rouleau batteur est de forme conique, travaillant verticalement en contact avec le fond du moteur battant, qui est également de forme conique, le moteur lui-même étant circulaire.

1878. COOKE ET HIBBERT (4068). - Le sommier construit sous la forme d'un segment circulaire avec une face beaucoup plus grande que d'habitude, et capable de réglage, le rouleau de batteur lui-même étant fixé dans les roulements.

1880. FORBES (692). - Un long moteur de battement ovale divisé en trois canaux au lieu de deux. Dans les deux canaux extérieurs sont placés des rouleaux batteurs et des rondelles de tambour. La substance déchargée sur les chutes arrière des deux moteurs de battage s'écoule dans le canal central et est mise en circulation par une palette spéciale construite de manière à délivrer la pâte en deux flux égaux dans les canaux externes à chacun des rouleaux de batteur.

1880. UMPHERSTON (1150). - Un moteur construit avec un passage au-dessous de la chute de sorte que la substance circule dans une auge sous le rouleau batteur, l'objectif étant d'assurer un traitement plus efficace et de gagner de la place au sol.

1883. AITCHISON (5381). - Un moteur de battage de forme habituelle, mais avec le rouleau de batteur fait de forme conique avec la plus grande circonférence vers l'extérieur, et la plaque de base placée sur une pente parallèle aux couteaux sur le rouleau de batteur.

1884. MAYFIELD (2028). - Le recul du moteur qui bat est de construction entièrement différente de la machine ordinaire, dans le but d'améliorer la circulation.

1884. HOYT (11177). - Un moteur ressemblant à l'Umpherston, mais avec un rouleau plus grand, dont le diamètre est égal à toute la profondeur du moteur, le recul étant aligné avec l'axe du rouleau du batteur.

1885. JORDANIE (7156). - Ajouts au moteur Jordan pour l'admission d'eau et de vapeur au moteur selon les besoins.

1885. KORSCHILGEN (9433). - Le rouleau de batteur en pierre ou en métal avec une enveloppe en pierre munie de nervures ou de couteaux rapprochés.

1886. HIBBERT (4237). - Un moteur de battage équipé d'un rouleau de batteur ordinaire, et ayant en plus un disque lourd tournant verticalement, le disque étant équipé de couteaux sur une surface qui tournent au contact de couteaux fixés sur un disque fixe.

1886. KRON (9885). - Dispositif pour assurer une meilleure circulation de la pâte, la matière sortant du rouleau batteur étant divisée en deux flux qui se rejoignent devant le rouleau.

1886. HORNE (10237). - Long récipient rectangulaire avec un grand rouleau de batteur à une extrémité, conçu de manière à forcer la pulpe sortant du rouleau de batteur à passer par une cloison la séparant de la pâte allant vers le rouleau de batteur.

1886. MACFARLANE (11084). - Un moteur équipé de deux rouleaux batteurs qui tournent dans des sens opposés, la matière étant mélangée entre eux.

1887. NACKE (746). - Une roue de circulation centrifuge tournant horizontalement au centre du moteur de battage est utilisée en combinaison avec un disque de coupe parallèle.

1887. MARSHALL (1808). - Affineur conique ayant en plus à sa grande extrémité une paire de disques abrasifs munis de couteaux et tournant verticalement.

1887. VOITH (6174). - Une modification des couvercles des rouleaux de battage qui empêche la matière d'être transportée autour du cylindre et la fait passer librement sur la chute arrière.

1890. HEMMER (17483). - Moteur de battage pourvu d'un canal de retour séparé pour la pulpe, la circulation à travers le canal étant effectuée par une petite pompe centrifuge.

1890. AE REED (19107). - Moteur battant dans lequel la pulpe déchargée sur la chute arrière est acheminée vers l'avant du rouleau batteur par une hélice à vis.

1891. KARGER (11564). - Batteur semblable à l'Umpherston, mais pourvu d'un rouleau de circulation muni de saillies radiales qui amène la matière à l'avant du rouleau de batteur.

1892. TAYLOR (7397). - Un moteur de battage dans lequel le rouleau de batteur fonctionne dans une chambre fermée au-dessus de la cuve pleine de pulpe, la substance étant continuellement mise en circulation par une pompe centrifuge qui tire le stock du fond de la cuve et le délivre au rouleau de batteur.

1892. ANNANDALE (9173). - Un moteur de battage de forme conique avec le rouleau de batteur tournant en position verticale; la plus grande extrémité du cône étant vers le bas.

1892. UMPHERSTON (15766). - Un ajout au moteur de battage disposé de telle sorte que deux plaques de base fixes sont utilisées au lieu d'une.

1892. MILLER (15947). - Machine dans laquelle deux plateaux fixes sont utilisés, l'un sous le rouleau batteur et l'autre au-dessus, le moteur étant équipé de déflecteurs appropriés pour assurer une bonne circulation.

1893. PEARSON ET BERTRAM (11956). - Forme spéciale de moteur de raffinage dans lequel la pâte est soumise à l'action de disques tournant verticalement, les couteaux étant disposés radialement sur le disque.

1893. CALDWELL (15332). - Un moteur rotatif dans lequel les surfaces de battement permettent un réglage précis.

1894. CORNETT (945) .— Une sortie est fixée à l'enveloppe du rouleau batteur à proximité de la décharge de la plaque de base, de sorte que le rouleau n'est pas gêné par le poids de la pâte, qui est ensuite pompée à l'avant du rouleau batteur .

1894. SHAND ET BERTRAM (4136). - Un moteur de battage semblable au batteur d'Umpherston dans lequel le rouleau de batteur est soulevé hors de la pulpe et la circulation effectuée au moyen d'un ver qui fournit la pulpe à l'avant du rouleau de batteur .

1894. PICKLES (20255). - Un moteur qui bat un peu semblable à un Umpherston, mais équipé de trois rouleaux de batteur et de plaques de base.

1894. HIBBERT (25040). - Un moteur qui bat dans lequel la pâte est battue entre deux disques tournant verticalement, la pâte étant amenée entre les disques à travers l'arbre creux de l'un des disques.

1895. BROWN (1615). - Un moteur dans lequel le batteur roule et la plaque de base tournent tous les deux, mais dans des directions opposées et à des vitesses différentes pour tirer les fibres.

1895. SCHMIDT (24730). - Dispositif au moyen duquel la pâte déchargée du rouleau batteur est détournée dans des canaux supplémentaires de chaque côté qui se rejoignent devant le rouleau batteur.

1900. HADFIELD (2468). - Un déflecteur ajustable traversant le couvercle du rouleau batteur qui empêche plus ou moins l'entraînement de la pâte par le rouleau.

1900. MASSON ET SCOTT (5367). - Une forme améliorée de moteur de battement de Taylor dans lequel le coffre du moteur est vertical au lieu d'horizontal.

1901. PARTINGTON (24654). - Auge elliptique continue munie de deux rouleaux batteurs.

1902. PICARD (19635). - Améliorations de la forme des hélices utilisées pour faire circuler le matériau.

1902. POPE ET MULLEN (22089). - Améliorations des hélices pour la circulation de la pâte.

1903. ANNANDALE (26012). - Une nouvelle forme de moteur battant un peu sur le principe d'une turbine à vapeur.

1905. BERTRAM (1727). - Batteur semblable au batteur à tour de Masson, mais dans lequel une paire de roues à mouvement alternatif munies de couteaux en saillie est utilisée au lieu d'une pompe centrifuge.

1907. WAGG'S JORDAN ENGINE (6788). - Affineur conique équipé de couteaux spécialement disposés en métal ou en pierre.

CHAPITRE X: LA TEINTURE ET LA COLORATION DE LA PÂTE DE PAPIER

Presque tous les papiers, même ceux généralement considérés comme blancs, sont teints avec une certaine proportion de matière colorante. Avec les papiers d'écriture et d'impression ordinaires, le procédé se limite généralement à l'addition de petites quantités de pigments ou de couleurs solubles suffisantes pour *tonifier* la pâte et corriger la teinte jaune que possède la matière première même après blanchiment. Dans le cas des papiers de couverture, des mouchoirs en papier et des papiers colorés similaires, le processus est celui de la teinture comme on l'entend généralement.

Les matières colorantes qui ont été employées par le papetier sont:

PIGMENTS.

(A) Ajouté à la pulpe sous forme de minéral à l'état finement divisé.

Jaune. —Cette couleur est obtenue par l'utilisation d' *ocres* , qui sont des couleurs naturelles de terre de différentes nuances, du jaune vif au brun.

Rouge. —Mine rouge ordinaire.

Divers oxydes de fer, tels que le rouge indien, le rouge vénitien, l'ocre rouge, le rouge.

Bleu. - Smalts - Un pigment coûteux préparé par broyage de verre au cobalt.

Ultramarine - Substance de composition complexe préparée en chauffant un mélange de kaolin, de carbonate de soude, de sulfate de soude, de soufre, charbon de bois, et parfois quartz, colophane et terre infusorielle.

Bleu de Prusse - Composé préparé en ajoutant du ferrocyanure de potassium à une solution de sulfate ferreux.

Marron. —Couleurs naturelles de la terre, telles que terre de sienne, terre d'ombre, brun Vandyke.

Noir. —Noir lampe, noir os, noir Frankfort.

(B) Produit par la réaction de sels solubles les uns sur les autres lorsqu'ils sont ajoutés à la pâte dans le moteur de battage.

Jaune. - Jaune de chrome - La pâte à papier est d'abord imprégnée d'acétate de plomb et de bichromate de potassium ou de sodium ajouté. Cela précipite le chromate de plomb sous forme de pigment jaune.

Chrome orange - L'ajout d'alcali caustique à la solution de bichromate convertit le jaune de chrome en orange.

Bleu. - Bleu de Prusse - La pâte à papier imprégnée de sels de fer est traitée avec du ferrocyanure de potassium. La couleur bleue est immédiatement obtenue.

Marron. — Iron Buff —Une couleur jaune-brun clair due à la précipitation de sulfate ferreux au moyen d'un alcali.

Bronze. - Chlorure de manganèse suivi de soude caustique.

COULEURS SOLUBLES.

(A) Colorants naturels. Ces matières colorantes sont désormais rarement utilisées.

Jaune et marron. - Les extraits végétaux, tels que le fustique, le quercitron, le cutch, le curcuma, ont pratiquement tous été remplacés par des colorants aniline.

Rouge. —Madder (rouge de dinde), bois du Brésil, cochenille (un colorant obtenu à partir d'insectes cochenilles séchés). Carthame.

Noir . - Bois de bûche, utilisé en conjonction avec un sel de fer. Cutch, utilisé avec un sel de fer.

(B) Colorants de goudron de houille. La teinture et la coloration de la pâte à papier au moyen des substances organiques artificielles sont devenues une question de routine quotidienne, les colorants naturels coûteux et les pigments ordinaires ayant été presque complètement remplacés. Les nombreuses matières colorantes disponibles peuvent être classées soit par référence à leur constitution chimique, soit simplement de manière générale, compte tenu de certaines grandes distinctions.

Si cette dernière classification est prise, alors les colorants familiers au fabricant de papier peuvent être divisés en:

(a) Colorants acides, ainsi appelés parce que le plein effet de la matière colorante est mieux obtenu dans un bain présentant une réaction acide.

(b) Colorants basiques, ainsi appelés parce que la couleur est mieux développée dans une solution alcaline, sans excès de mordant.

(c) Des colorants de fond, qui ne nécessitent pas l'utilisation d'un mordant, car la couleur est fixée par la fibre sans ces réactifs.

Certaines des matières colorantes les plus fréquemment utilisées sont indiquées dans le tableau ci-joint à la page 202 .

La distinction entre *les* colorants *acides* et *basiques* est en grande partie due à certaines caractéristiques que possèdent nombre d'entre eux. Ainsi le magenta, qui est le sel de la base connue sous le nom de Rosaniline, appartenant aux matières colorantes basiques, groupe de colorants qui ne possèdent pas la solidité de couleur propre aux colorants acides, a une application limitée. Mais par traitement avec de l'acide sulfurique, le magenta est converti en un magenta acide, et ce colorant a une application plus large que le sel basique. De même, le colorant basique appelé bleu d'aniline est insoluble dans l'eau, et n'a donc qu'une utilisation limitée, mais par traitement à l'acide sulfurique, il est transformé en bleu alcalin, bleu soluble et ainsi de suite, qui se dissolvent facilement dans l'eau et sont de bonnes couleurs rapides. Les colorants acides ont généralement un pouvoir colorant plus faible que les colorants basiques, mais ils produisent des nuances très homogènes.

Couleur.	Acide.	De base.	Substantiel.
Jaune	Jaune métanil.	Auramine.	Coton jaune.
et	Papier jaune.	Chrysoidine.	Chrysophénine.
Orange.	Orange II.		
	Jaune naphtol S.		
	Jaune de quinoléine.		
Rouge.	Rouge rapide A.	Rhodamine.	Rouge Congo.
	Coton écarlate.	Papier écarlate.	Benzopurpurin.
	Érythrine.	Safranine.	Rouge oxamine.
	Ponceau.	Magenta.	
Bleu	Bleu d'eau 1 N.	Bleu de méthylène.	Bleu azo.
et	Bleu rapide.	Bleu Victoria.	
Violet.	Acide violet.	Nouveau bleu.	
		Bleu indoine.	
		Violet de méthyle.	
		Violet cristallisé.	
marron	Brun naphtylamine.	Marron Bismarck.	
		Vésuvine.	
Noir	Nigrosine.	Noir de charbon B.	
	Noir brillant B.		
vert		Vert diamant.	
		Vert malachite.	

La différence de composition des colorants basiques et acides est mise à profit dans la teinture de la pâte à papier pour assurer une distribution complète de la matière colorante sur la pâte, avec pour résultat que l'intensité de la couleur est augmentée, sa solidité renforcée et le procédé de teinture rendu généralement plus économique. Ceci est effectué par l'addition judicieuse d'un colorant acide approprié à la pâte déjà colorée avec le colorant basique.

Les matières colorantes directes n'ont qu'une application très limitée pour la teinture du papier en raison de leur sensibilité aux acides et aux alcalis.

Dans la coloration de la pâte à papier, une attention particulière est accordée à de nombreux détails importants, tels que: -

Décoloration de la couleur. - Une certaine perte de couleur se produit presque toujours même avec des colorants généralement considérés comme rapides à la lumière. La nuance ou la teinte du papier est affectée non seulement par l'exposition à la lumière, mais par le contact du papier coloré avec des planches courantes sur lesquelles il est souvent collé. L'alcalinité des planches de paille, par exemple, est souvent une source de grave altération de la couleur, et l'acidité des pâtes et adhésifs mal préparés en est une autre.

Dans tous ces cas, les colorants doivent être soigneusement sélectionnés afin d'obtenir un papier coloré présentant une altération minimale de la teinte par exposition à la lumière ou par contact avec des substances chimiques. Ceci est particulièrement nécessaire dans le papier d'emballage coloré utilisé pour le savon, le thé, le fil de coton et des produits similaires.

Inégalité de couleur.- L'affinité différente des différentes fibres papetières pour les colorants est susceptible de produire une couleur inégale dans le papier fini. Ceci est très visible dans les mélanges de pâte de bois chimique ou de cellulose et de pâte de bois mécanique. La lignocellulose de ce dernier a une grande affinité pour les colorants basiques, et si la quantité requise de colorant est ajoutée à un batteur contenant les pâtes mélangées sous une forme insuffisamment diluée, la pâte de bois mécanique devient plus profondément colorée que la cellulose. Si la première est une pâte finement broyée, l'effet n'est pas très perceptible, mais si elle est grossière, contenant un grand nombre de fibres grossières, le papier apparaît marbré. Le défaut est encore aggravé lorsque le papier est calandré, en particulier s'il est calandré dans un état humide. Dans ce cas, les fibres fortement colorées du bois mécanique sont très proéminentes.

Lorsque les colorants ont été dissous négligemment et ajoutés au moteur qui bat sans être correctement tendus, les irrégularités de couleur peuvent souvent être attribuées à la présence de particules de colorant non dissoutes.

Couleur irrégulière des deux côtés. - De nombreux papiers présentent une différence marquée dans la couleur des deux faces. Lorsque des pigments lourds sont utilisés comme médium colorant, la face inférieure de la feuille, c'est-à-dire la face du papier en contact avec le fil de la machine, est souvent plus foncée que la face supérieure. L'aspiration des boîtes à vide est la cause principale de ce défaut, bien que la quantité d'eau s'écoulant sur le fil, le «tremblement» du fil, et le degré auquel le papier est encollé sont toutes des causes contributives. En régulant soigneusement ces conditions variables, le problème est considérablement minimisé.

La surface inférieure du papier n'est pas invariablement plus foncée que la surface supérieure. Avec des pigments de moindre densité, c'est l'inverse qui se trouve. Cela s'explique probablement par le fait qu'une partie de la matière colorante de la face inférieure est retirée du papier par les boîtes d'aspiration, et le pigment sur la face supérieure n'est pas dessiné dans une mesure sérieuse, car la couche de la pulpe en dessous agit comme un filtre et favorise une rétention de couleur sur la face supérieure.

Il est intéressant de noter que cette irrégularité se produit parfois avec des colorants solubles, comme par exemple dans le cas de l'auramine. La décomposition de ce colorant lorsqu'il est chauffé à la température de l'eau bouillante est bien connue, et le contact d'une feuille de papier humide colorée par l'auramine avec les surfaces de cylindres chauffés à la vapeur à haute température entraîne une décomposition partielle du colorant sur une face du papier. D'une manière générale, les colorants acides sont plus sensibles à la chaleur que les colorants basiques.

La présence d'argile de porcelaine dans un papier coloré est également une explication de cet aspect irrégulier des deux faces. L'argile de Chine forme facilement un lac insoluble avec colorants, et lorsque les caissons d'aspiration de la machine sont travaillés sous un vide poussé, le papier est susceptible d'être plus profondément coloré d'un côté que de l'autre.

La machine Backwater. - L'économie dans l'utilisation de colorants pour éviter une perte de matière colorante dans le «backwater», ou eaux usées de la machine à papier, n'est obtenue que par une attention particulière aux détails de fabrication d'une part et par une connaissance de la chimie de teinture sur l'autre. La perte est en partie évitée en régulant la quantité d'eau utilisée sur la machine, de sorte que très peu soit réellement gaspillée, et encore réduite en assurant une précipitation aussi complète que possible du colorant soluble.

Les colorants *acides* ne donnent généralement pas de reflux incolore, et toutes les pâtes doivent être fortement dimensionnées lorsque des colorants acides sont utilisés.

Les colorants *basiques* sont plus facilement précipités que les colorants acides, en particulier si un mordant approprié est utilisé, même avec des papiers fortement colorés. L'addition d'un colorant acide à la pâte d'abord colorée avec un colorant basique est fréquemment utilisée comme moyen de précipitation plus complète.

Teinture à l'échantillon. - La mise en correspondance des couleurs a été grandement simplifiée grâce à la publication de carnets de patrons par les entreprises qui fabriquent des colorants, dans lesquels des livres décrivent en détail la composition du papier, la proportion de couleur et les conditions des effets maximaux. Les résultats précis obtenus en traitant la pâte à papier avec des proportions déterminées d'un certain colorant, ou un mélange de plusieurs colorants, sont déterminés par des essais expérimentaux. Une quantité déterminée de pâte humide partiellement battue et calibrée, contenant un poids connu de fibre séchée à l'air, est mélangée avec un volume approprié d'eau à une température de 80 ° à 90 ° F et le colorant ajouté à partir d'une burette dans sous la forme d'un 1 pour cent. Solution. Si vous préférez un volume mesuré de 1 pour cent. la solution du colorant peut être placée dans un mortier, et la pulpe humide, préalablement pressée à la main, ajoutée progressivement et bien triturée avec le pilon.

Le mélange teint est ensuite convenablement dilué avec de l'eau, préparé en petites feuilles de papier sur un moule à main ou un moule à siphon, et séché.

L'effet de petits ajouts de couleur sur le contenu d'un moteur de battage est fréquemment examiné de manière grossière par le batteur, qui verse une petite quantité de pâte diluée sur le bord du fil de la machine pendant que la machine est en marche. Cela donne une feuille de papier un peu rugueuse très rapidement.

La comparaison de la couleur d'un batteur plein de pâte avec l'échantillon de papier que l'on souhaite faire correspondre est également effectuée en réduisant une partie du papier à l'état de pâte, de sorte qu'une poignée de cette dernière peut être comparée à une quantité de pulpe du moteur. Ce n'est pas toujours un procédé fiable, en particulier avec des papiers colorés par des colorants sensibles à la chaleur des cylindres de séchage de la machine à papier.

Détection des couleurs dans les papiers. - L'examen des papiers colorés dans le but de déterminer quels colorants ont été employés est une tâche difficile. Avec les papiers blancs qui ont simplement été tonifiés, la proportion de colorant est extrêmement faible et une grande quantité de papier doit être traitée avec des solvants appropriés afin d'obtenir un extrait contenant suffisamment de colorant pour l'analyse.

Avec les papiers colorés teints au moyen de pigments, la couleur des cendres laissées au feu est une indication de la substance utilisée, une cendre rouge indiquant l'oxyde de fer, un chromate de cendre jaune de plomb, etc.

Avec les papiers teints au moyen de colorants au goudron de houille, la nature de la matière colorante peut être déterminée par les méthodes d'analyse employées pour l'examen des fibres textiles.

Les conseils suivants donnés par Kollmann seront utiles: -

Déchirez environ 100 grammes de papier et faites-le bouillir dans de l'alcool, dans une fiole ou un réfrigérant à reflux. Ceci doit être fait avant le décapage à l'eau, de manière à extraire l'encollage qui autrement protégerait le colorant de l'eau. Bien sûr, le traitement à l'alcool est omis avec du papier non collé. Le papier est maintenant bouilli avec de trois à cinq lots d'eau, en prenant à chaque fois juste assez pour couvrir le papier. Cela se fait dans le même ballon après avoir vidé tout alcool qui aurait pu être utilisé, ainsi qu'avec le condenseur à reflux. L'extrait aqueux est mélangé à l'extrait alcoolique (le cas échéant). Trois cas peuvent se produire: --(1) Le colorant est entièrement dépouillé, ou presque. (2) Le colorant est en partie décapé, ce qui reste sur les fibres présentant la même couleur qu'au début ou non. (3) Le colorant n'est pas décapé. Pour s'en assurer, la solution est filtrée, comme la présence de minuscules fragments de fibre trompe l'œil sur l'action de décapage. Dans les deux premiers cas, les solutions mélangées sont évaporées à moitié sur le bain-marie, filtrées, évaporées davantage, puis précipitées en les saturant avec du sel ordinaire. Le colorant est jeté immédiatement ou après un certain temps. Il peut précipiter lentement sans sel. Le colorant précipité est filtré et séché. Pour voir s'il s'agit d'un seul colorant ou d'un mélange, en faire une solution pas trop foncée avec un peu d'eau et suspendre une bande de papier filtre pour qu'elle soit partiellement immergée dans la solution. Si ce dernier contient plus d'un colorant, ils seront généralement absorbés à des hauteurs différentes, de sorte que la bande présentera des bandes de couleurs différentes la traversant. S'il y a un seul colorant, dissolvez-en une partie dans le moins d'eau possible, et mélangez-le avec du «réactif au tanin», qui est obtenu en dissolvant des poids égaux de tanin et d'acétate de sodium dans dix fois le poids de l'une ou l'autre des deux eaux. S'il y a un précipiter il y a un colorant basique, sinon, un colorant acide. Dans le premier cas, mélangez la solution forte du colorant avec de l'acide chlorhydrique concentré et de la poussière de zinc, et faites bouillir jusqu'à ce que la couleur soit détruite. Neutraliser ensuite exactement avec de la soude caustique, filtrer et déposer une goutte du filtrat sur du papier filtre blanc. Si la couleur d'origine réapparaît bientôt au séchage, nous en tirons les conclusions suivantes: -

(*a*) La couleur est rouge; le colorant est un colorant oxazine, thiazine, azine ou acridine, *par exemple la* safranine. (*b*) Il est orange ou jaune; le colorant est comme dans (*a*), *par exemple* , la phosphine. (*c*) Il est vert; le colorant est comme en (*a*), *par exemple le* vert azine. (*d*) Il est bleu; le colorant est comme dans (*a*), *par exemple* , bleu de Nil, nouveau bleu, bleu rapide ou bleu de méthylène. (*e*) Il est violet; le colorant est comme en (*a*), *par ex.*, mauveine. Si la couleur d'origine ne réapparaît pas lors du séchage, mais le fait si elle est rembourrée avec un 1 pour cent. solution d'acide chromique, nous tirons les conclusions suivantes: -

(*a*) La couleur est rouge; le colorant est la rhodamine ou la fuchsine, ou l'un de leurs alliés. (*b*) Il est vert; le colorant est vert malachite, vert brillant ou l'un de leurs alliés. (*c*) Il est bleu; le colorant est le bleu nuit, le bleu Victoria ou l'un de leurs alliés. (*d*) Il est violet; le colorant est le violet de méthyle, le violet de cristal ou l'un de leurs alliés.

Si la couleur d'origine ne réapparaît pas même avec de l'acide chromique, il s'agissait dans la plupart des cas d'un jaune ou d'un brun, faisant référence à l'auramine, à la chrysoidine, au brun de Bismarck, à la thioflavine ou à l'un de leurs alliés.

Si le réactif tannin ne produit pas de précipité, réduire avec de l'acide chlorhydrique et du zinc, ou de l'ammoniaque et du zinc, et neutraliser et filtrer comme dans le cas d'un colorant basique. La solution déposée sur du papier filtre blanc peut être blanchie (*a*), devenir rouge brunâtre

(*b*), avoir été blanchie de manière imparfaite et lente (*c*) ou n'avoir subi aucun changement (*d*).

(*a*) Si la couleur revient rapidement, le colorant est l'azurine, l'indigo-carmin, la nigrosine ou l'un de leurs alliés. S'il revient uniquement sur le remplissage avec un 1 pour cent. solution d'acide chromique, réchauffement et maintien de l'ammoniac, une partie du colorant est dissoute dans de l'eau mélangée à de l'acide chlorhydrique concentré et secouée avec de l'éther. Si l'éther prend le colorant, nous avons l'aurine, l'éosine, l'érythrine, la phloxine, l'érythrosine ou l'un de leurs alliés. Si ce n'est pas le cas, nous avons de la fuchsine acide, du vert acide, du vert rapide, du bleu eau, du bleu verni ou de l'un de leurs alliés. Si la couleur ne revient jamais, chauffez une partie du colorant sur une feuille de platine. S'il se déflagre avec des fumées colorées, le colorant est l'aurantia, le jaune naphtol S., le jaune brillant ou l'un de leurs alliés. S'il ne déflagre pas ou dissout très légèrement un peu de colorant dans cent fois son poids d'eau, et teindre un écheveau de coton dedans à ébullition pendant environ quinze minutes. Puis rincez et savonnez l'écheveau vigoureusement. Si la teinture est rapide avec ce traitement, nous avons une substance jaune coton ou rouge thiazine; si ce n'est pas le cas, nous avons un colorant azoïque ordinaire. (*b*) Le colorant est une oxycétone, telle que l'alizarine. (*c*) Le colorant est le jaune thiazol ou l'un de ses alliés. (*d*) Le colorant est la thioflavine S., le jaune de quinoléine ou l'un de leurs alliés.

Si le colorant n'est pas dépouillé par l'alcool et l'eau, il s'agit d'un colorant inorganique ou adjectif, tel que le noir de bois de grume, le cutch, le fustique, etc. et on procède selon la couleur comme suit: -

Si elle est rouge ou brune, la fibre teinte est séchée et divisée en deux parties. L'un est bouilli avec de la poudre décolorante. S'il est blanchi entièrement ou en grande partie, le colorant est découpé. Si l'agent de blanchiment n'a pas d'action, incinérer une partie de la fibre teinte dans un creuset en fer et chauffer les cendres sur du charbon avant la sarbacane. Si un globule de plomb se forme, nous avons Saturne rouge. La deuxième portion est bouillie avec de l'acide chlorhydrique concentré. S'il n'y a pas d'action, nous avons Cologne ombre; s'il y a une action partielle, nous avons de l'ombre réelle; si le colorant se dissout complètement en une solution jaune, nous avons une ocre; si la solution est incolore au lieu de jaune et que du chlore se dégage pendant la solution, nous avons du brun manganèse.

Si la couleur est jaune ou orange, faites bouillir avec de l'acide chlorhydrique concentré. Si nous obtenons une solution verte et un résidu blanc, nous en déduisons du jaune chrome ou de l'orange. Si nous obtenons une solution jaune, nous la faisons bouillir avec une goutte ou deux d'acide nitrique, puis ajoutons du sulfocyanure d'ammonium. Une couleur rouge montre une terre ocre ou de Sienne.

Si la couleur est verte, faites bouillir avec de la lessive de soude caustique. Si la fibre devient brune, nous avons le vert chrome. Si aucun changement n'a lieu, faire bouillir avec de l'acide chlorhydrique concentré. Une solution jaune montre une terre verte; un bois rond de couleur rouge plus fustique.

Si la couleur est bleue ou violette, faites bouillir avec de la lessive de soude caustique. Si la fibre devient brune, nous avons du bleu de Prusse. Si aucun changement n'a lieu, faire bouillir avec de l'acide chlorhydrique concentré. Une solution jaune montre des smalts. Si la couleur est détruite et que l'odeur des œufs pourris se développe, nous avons l'outremer.

Si la couleur est noire, réchauffez avec de l'acide chlorhydrique concentré contenant un peu de sel d'étain. Si le noir est inchangé, nous avons un pigment noir. Si nous obtenons une solution rose à rouge foncé, nous avons du bois de grume noir.

Au moyen des tests ci-dessus détaillés en détail, on découvre le groupe auquel appartient le colorant, et souvent le colorant lui-même. Une fois le groupe connu, il est généralement facile, grâce aux réactions spéciales données dans de nombreux livres, *par exemple* dans «Tabellarische Übersicht» de Schultz et Julius, d'identifier le colorant particulier.

Lorsqu'on a affaire à un seul colorant et que l'on désire simplement déterminer son groupe, le tableau suivant, en raison de J. Herzfeld, suffira. Destiné à l'origine aux textiles, il servira, avec quelques modifications ici apportées, au test rapide du papier.

1. — COLORANTS BRUN ROUGE ET ROUGEATRE.

Faites bouillir le papier avec un mélange d'alcool et de sulfate d'alumine. Si aucun colorant n'est extrait ou si une solution fluorescente est formée, nous avons un pigment inorganique, ou éosine, phloxine, rhodamine, safranine ou l'un de leurs alliés. Ajouter la solution de poudre de blanchiment et chauffer. Si le papier est blanchi, ajoutez de l'acide chlorhydrique concentré. Une couleur violette montre la safranine ou un analogue. S'il n'y a pas de couleur, mais que la fluorescence disparaît, nous avons de l'éosine, de la phloxine, de la rhodamine ou l'un de leurs alliés. Si le papier n'est pas blanchi, tester les matières colorantes inorganiques. Le brun cutch est partiellement mais pas entièrement blanchi.

Si la solution d'alumine donne une solution rouge ou jaune sans fluorescence, ajoutez-y du bisulfite de sodium concentré. En cas de blanchiment, chauffer un morceau de papier avec de l'alcool dilué. Un extrait rouge montre du bois de santal, de la fuchsine, etc. S'il y a peu ou pas d'extrait, nous avons de la fuchsine acide ou l'un de ses alliés. Si le bisulfite ne provoque pas de blanchiment, faites bouillir un morceau de papier avec de l'acide chlorhydrique très dilué. Si la couleur reste inchangée, chauffez un autre morceau de papier avec de l'acétate de plomb dilué. Si aucun changement n'a lieu, nous avons un colorant azoïque. Si la couleur vire au rouge brun foncé, nous avons de la cochenille ou similaire. Si l'ébullition avec de l'acide chlorhydrique très dilué assombrit la couleur, nous avons un colorant de coton substantiel.

2. — COLORANTS JAUNES ET ORANGES.

Chauffez une partie du papier avec une solution pas trop diluée de sel d'étain dans l'acide chlorhydrique. Si la couleur est inchangée, avec une solution incolore ou jaune, faites bouillir encore du papier avec du lait de citron vert. Un changement en rougeâtre ou brun montre le curcuma ou un congénère. L'absence de changement montre la phosphine, le jaune de quinoléine ou un colorant naturel. Si la solution d'étain acide rend le papier rouge, puis le blanchit rapidement en jaune pâle, nous avons du jaune rapide, orange IV., Jaune métanil, jaune brillant ou similaire. Si l'étain rend le papier grisâtre, chauffez une autre portion avec du sulfure d'ammonium. Un noircissement montre un jaune de plomb ou de fer. S'il n'y a pas de changement, nous avons le jaune de naphtol, l'auramine, l'azoflavine, l'orange II, la chrysoidine ou l'un de leurs alliés.

3. — COLORANTS VERTS.

Chauffer un échantillon de papier dans de l'alcool dilué. Si l'esprit n'acquiert aucune couleur, réchauffez pendant une courte période avec de l'acide sulfurique dilué. Si le papier et la solution deviennent rouge brunâtre, nous avons du bois de bûche plus du fustique. Si cela échoue, faites bouillir avec de l'acide chlorhydrique concentré. Une solution jaune montre de la terre verte. Si cela échoue, faites bouillir avec de la soude caustique concentrée. Le brunissement montre le vert chrome. Si l'esprit devient bleu, c'est un cas de papier recouvert de bleu sur fond jaune, marron ou vert. La solution et la partie insoluble sont testées séparément. Le boîtier est probablement celui d'un bleu aniline teint sur un pigment minéral. Si l'alcool devient vert, chauffez avec de l'acide chlorhydrique dilué. Si la fibre est complètement ou presque blanchie et que l'acide vire au jaune, le colorant est vert brillant, vert malachite ou l'un de leurs alliés.

4. — COLORANTS BLEUS ET VIOLETS.

Chauffez une partie du papier avec de l'alcool dilué. Si l'alcool reste incolore, nous avons du bleu de Prusse ou de l'outremer. S'il devient bleu ou violet, secouez une partie du papier acide sulfurique concentré. Un vert olive sale montre le bleu de méthylène et une couleur brunâtre montre le bleu esprit, le bleu eau, le bleu Victoria, le violet de méthyle, etc. Si l'esprit devient jaune et que la couleur du papier change, nous avons le bleu bois ou le violet bois.

CHAPITRE XI: MACHINES À PAPIER

Dans le cas d'impressions et d'écrits courants, qui forment la grande partie du papier fabriqué, la possibilité d'une usine en concurrence avec une autre, en dehors du facteur important du coût du fret, du charbon et du travail, est presque entièrement déterminée par le économie résultant de l'introduction de machines modernes.

L'équipement d'une papeterie à jour comprend donc tous les derniers dispositifs pour la manipulation efficace de grandes quantités de matières premières, la production économique de vapeur et la consommation minimale de charbon, matières qui sont bien sûr communes à la plupart des opérations industrielles, ainsi que les machines spéciales propres à la fabrication du papier.

La quantité de matériel à manipuler peut être vue dans le tableau de la page <u>215</u>, qui donne les quantités approximatives pour la sortie hebdomadaire d'un journal commun et d'un bon papier d'impression.

Économie de la consommation de charbon. - La réduction à un minimum de la quantité de charbon nécessaire pour une tonne de papier a été provoquée par l'utilisation d'appareils pour une combustion meilleure et plus régulière du charbon, tels que les chauffages mécaniques, le tirage forcé et induit, l'introduction de procédés d'utilisation de la chaleur perdue dans les gaz de combustion par des économiseurs et de la chaleur résiduelle de la vapeur d'échappement et de l'eau condensée par les chauffe-eau d'alimentation, l'adoption de machines pour sécuriser toute l'énergie de la vapeur vive au moyen de surchauffeurs, une isolation adéquate des conduites et conduites de vapeur, des chaudières à haute pression et des moteurs de conception la plus récente.

La mise à feu des chaudières à vapeur est désormais menée selon des principes scientifiques, le charbon étant régulièrement soumis à une analyse appropriée du pouvoir calorifique, le pouvoir évaporatif des chaudières étant déterminé à intervalles par des essais adéquats, l'état des fumées résiduaires étant automatiquement

TABLEAU MONTRANT LE MATERIEL REQUIS POUR LES NOUVELLES ET LES IMPRIMES.

	Nouvelles communes.	Bonnes impressions.
Production hebdomadaire de papier, par exemple	600 tonnes	250 tonnes
Pâte de bois mécanique, humide, 50 pour cent. sec	800 ,,	Néant.
Pâte de bois chimique, sèche	200 ,,	150 tonnes
Sparte	Néant.	200 ,,
Carbonate de sodium	Néant.	16 ,,
Charbon	600 tonnes	800 ,,
Citron vert	Néant.	45 ,,
Kaolin	60 tonnes	25 ,,
Eau de Javel	Néant.	30 ,,
Alun, colophane et produits chimiques	20 tonnes	20 ,,
Eau, par tonne de papier	8 000 gallons	40 000 gallons

L'enregistreur de combustion Sarco. —Cet instrument est un appareil qui enregistre automatiquement le pourcentage de gaz d'acide carbonique dans les gaz résiduaires des fours de chaudière. Les gaz de combustion sont analysés à intervalles fréquents et réguliers, et les résultats de l'analyse peuvent être visualisés immédiatement sur un graphique, de sorte qu'il soit possible de déterminer l'effet d'une modification de l'allumage des chaudières dans les deux minutes suivant son exécution. . L'appareil est assez compliqué, mais le principe sur lequel il repose est simple.

Les quantités mesurées des gaz de combustion sont aspirées dans des tubes en verre gradués et mises en contact avec une solution de soude caustique forte, qui absorbe tout le gaz d'acide carbonique. Les gaz restants non absorbés par la soude caustique sont automatiquement mesurés et le pourcentage de gaz acide carbonique enregistré sur le graphique.

L'utilisation d'une eau d'alimentation de chaudière appropriée est également un facteur important dans les installations modernes de production de vapeur. L'eau condensée chaude provenant des cylindres de séchage de la machine à papier, et la vapeur d'échappement des moteurs et des conduites de vapeur, est renvoyée vers le trou de charge pour être utilisée pour chauffer l'eau froide qui a été préalablement adoucie par un traitement chimique.

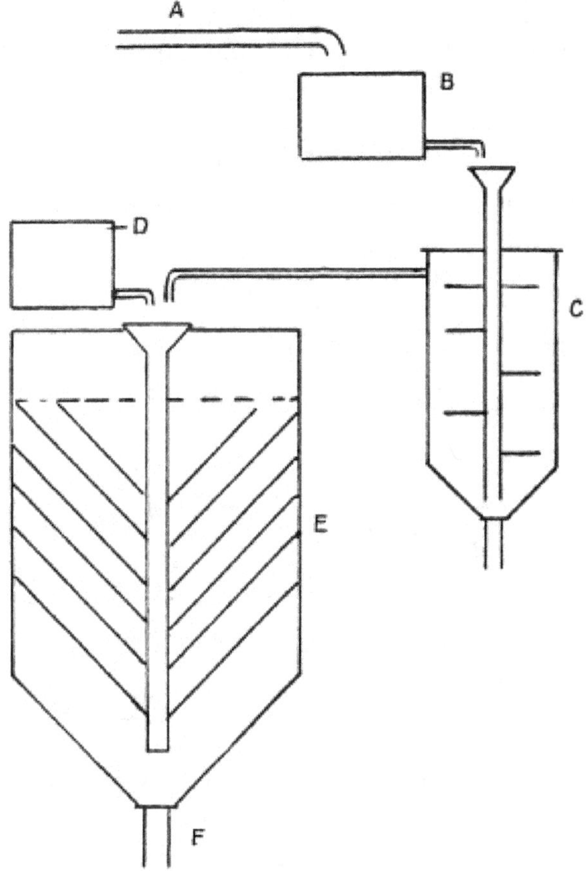

FIG. 55. - Schéma conventionnel d'une usine d'adoucissement de l'eau.

A. Approvisionnement en eau.
B. Réservoir de régulation.
C. Mélangeur de chaux.
D. Réservoir de soda.
E. Décanteur et filtre.
F. Sortie pour eau adoucie.

Adoucissement de l'eau. —Les adoucisseurs d'eau disponibles sur le marché sont nombreux, et comme chacun possède ses propres avantages, il serait presque insensé d'en choisir un pour un avis particulier.

Ils reposent sur le principe du mélange de produits chimiques avec l'eau à traiter, de manière à précipiter les matières en solution et à donner une eau d'alimentation de chaudière exempte de carbonates et de sulfates de chaux et de magnésie. Les produits chimiques sont ajoutés sous forme de solutions de force soigneusement régulée à l'eau, qui s'écoulent en flux continu dans un réservoir. Le débit de l'eau et du réactif chimique est ajusté par une analyse précédente.

Les diverses machines diffèrent dans les détails de construction et dans les méthodes par lesquelles le mélange de l'eau et des réactifs est effectué. Le but à atteindre est la précipitation complète des sels dissous et la production d'une eau claire, exempte de sédiments, dans un appareil qui traitera une quantité maximale d'eau à un taux bon marché par 1000 gallons.

Le processus nécessite une attention appropriée. L'ajout de réactifs dans de mauvaises proportions fera plus de mal que de bien, et entraînera éventuellement un durcissement de l'eau au lieu de l'adoucir. Ce qui suit peut être cité à titre d'exemple : -

Composition de l'eau.	Avant le traitement.	Après le traitement.	Changement.	
Carbonate de calcium	13 · 863	38 920	25 057	Gain
Oxyde de calcium (chaux)	0 · 0	14 · 300	14 · 300	„
Silicate de calcium	2 · 062	3 · 591	1 · 529	„
Sulfate de calcium	1 625	2 · 121	0 · 496	„
Magnésie	0 · 0	0 · 266	0 · 266	„
Oxyde ferrique, etc.	0 · 447	0 · 987	0 · 540	„
Minéral formant du tartre	17 · 997	60 · 185	42 · 188	Gain
Chlorure de calcium	1 · 331	2 · 114	0 · 783	Gain
Chlorure de magnesium	0 · 672	0 · 0	0 · 672	perte
Chlorure de sodium	0 · 478	0 · 476	0 · 003	„

Sels solubles	2 · 482	2 · 590	0 · 108	Gain
Matière minérale totale	20 · 479	62 · 776	42 · 297	Gain
Gaz acide carbonique	9 · 71	0 · 0	9 · 71	perte
Gaz oxygène	0 · 66	0 · 66	0 · 0	,,

Traitement requis: 1 · 8 lbs. de chaux, 0 · 2 lbs. carbonate de sodium par 1 000 gallons. Apparemment 5 · 5 livres. de chaux et pas de soude (Stromeyer).

Vapeur surchauffée. - L'application efficace de l'énergie de la vapeur à haute pression est probablement l'un des problèmes les plus importants de l'économie des papeteries. L'utilisation de la vapeur surchauffée est étendue dans toutes les directions et, en plus des avantages obtenus dans la machine à vapeur elle-même, ses possibilités plus larges pour l'ébullition de l'alfa, du bois et des fibres ont généralement été notées. Le cas suivant peut être cité à la suite d'un essai dans une papeterie, montrant pour des conditions déterminées les avantages de la vapeur surchauffée: -

-	Vapeur surchauffée.	Vapeur ordinaire.
Durée des heures de test	26	34
Charbon consommé (lbs.) -		
Par heure	610 · 5	661 · 5
Pour 1 h.-p. heure	1 · 83	2 · 08
Eau évaporée (lbs.) -		
Par heure	4 832	5 679
Pour 1 h.-p. heure	14 · 55	17 · 8
De et à 212 ° F.	8 · 7	8 · 94
Vapeur, température F.	464	334
Pression	90 · 3	90 · 8
Machine à vapeur-		
1 heure.-p. total	331 · 5	323 · 2
Température F.	381 · 8	333 · 8
Charbon utilisé pour 1 h.-p.—		
Par heure à la chaudière	1 · 83	2 · 08

Cela semble montrer une économie de 12 pour cent.

Producteurs de gaz. - La substitution du gaz à la vapeur dans la papeterie n'a pas encore été un succès. Le fait que la chaleur soit nécessaire pour les cylindres de séchage d'une machine à papier, et que la chaleur soit obtenue de la manière la plus économique et la plus facile sous forme de vapeur d'échappement des moteurs entraînant la machine à papier, milite considérablement contre les économies qui seraient autrement possibles. Les difficultés de chauffage de tels cylindres, ou plutôt de contrôle et de régulation convenables de la température par tout autre moyen que la vapeur, peuvent facilement être supposés.

Moteurs à gaz de plus de 200 h.-p. semblent poser des problèmes considérables à l'heure actuelle, mais il ne fait aucun doute qu'avec le temps, les améliorations requises seront apportées.

On suppose généralement que les producteurs de gaz ne peuvent être économiques que lorsqu'ils sont utilisés pour la production de gaz à grande échelle et pour la distribution à des moteurs de plus petite capacité que la principale machine à vapeur requise dans une papeterie. Les conditions particulières de la fabrication du papier ne semblent pas favorables à l'adoption du système de production de gaz sous sa forme actuelle.

Puissance motrice. «Le papetier a profité de toutes les améliorations modernes des machines à vapeur pour réduire le coût de la force motrice. Entre autres modifications dans ce sens, on peut noter l'utilisation d'un moteur fermé à grande vitesse et l'emploi de la turbine à vapeur moderne.

Dans le moteur fermé, les pièces de travail sont encastrées dans un carter équipé de portes étanches à l'huile. Les manivelles et les bielles éclaboussent dans l'huile qui est ainsi projetée dans toutes les directions, de manière à assurer une lubrification suffisante. Une autre caractéristique de ce moteur est la vitesse variable, et il est possible de faire fonctionner la machine à papier à des vitesses variant de 100 à 500 pieds par minute sans l'utilisation de roues de changement.

Conduite électrique. - L'application de l'électricité pour la force motrice a fait des progrès réguliers dans la papeterie. Au début, il était limité à la conduite de machines dans lesquelles des variations de vitesse ou de charge n'étaient pas nécessaires dans une large mesure, mais ces dernières années, les moteurs de battage, les calandres et les machines à papier ont tous été équipés d'entraînements électriques.

FIG. 56. —Une machine à vapeur «fermée».

Les détails suivants concernent l'installation aux usines de papier de Linwood: -

L'installation se compose de dynamos à vapeur de 250 KW. Les moteurs sont la triple expansion à haute vitesse de Willan, fonctionnant avec une pression de chaudière de 250 lb. par pouce carré à la vanne d'arrêt, la vapeur étant surchauffée pour donner une température de 500 ° Fahr. au moteur. Au moyen de condenseurs à jet, un vide de 25 à 25,5 pouces est obtenu sur les moteurs. Les deux chaudières sont du type Babcock et ont chacune 3 580 pieds carrés de surface de chauffage. Les fours sont équipés de cuiseurs à grille à chaîne et les chaudières sont équipées de leurs propres surchauffeurs. L'équipement moteur comprend huit moteurs de 80, deux de 50 et dix de 25 BHP.

Six des 80 BHP entraînent les moteurs battants, et il a été constaté que les moteurs répondent facilement à une surcharge de 50 pour cent. sans battre ni autre problème. Pour remédier à la variation excessive et soudaine, un entraînement par courroie a été adopté. Un moteur 80 entraîne le moteur de raffinage de la pâte. Les deux machines à papier ont chacune deux moteurs, un 25 et un 50 et les deux autres moteurs 25 BHP. La vitesse peut être réglée avec exactitude. L'installation auxiliaire de la machine à papier, des pompes, des agitateurs, etc., est travaillée à partir de lignes d'arbres entraînées par des moteurs.

Les moteurs de calandre sont du type à vitesse variable, étant conçus pour fonctionner de 100 tours par minute à 600 tours par minute. Des variations de 300 à 600 tours par minute peuvent être régulées par les shunts, la perte étant négligeable. Plusieurs moteurs sont adaptés aux différentes machines, comme c'est le cas avec la calandre.

En ce qui concerne le coût, la mise de fonds pour la centrale de 500 KW, y compris les moteurs, les dynamos, les chaudières, les condenseurs, les conduites de vapeur, les filtres, etc., et tous les accessoires de la salle des machines, était de 9 500 £.

FIG. 57. —Une machine à papier à entraînement électrique.

En plus de ce qui précède, la plante contient également un Parson's turbine à vapeur de 1 000 KW, entraînant deux dynamos à courant continu.

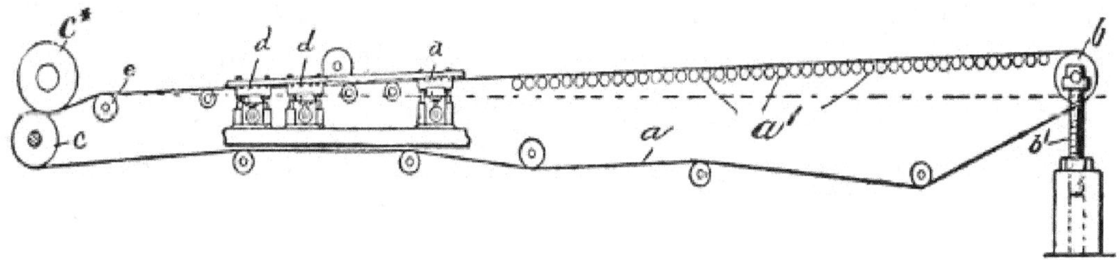

FIG. 58. - Schéma du processus «Eibel».

Le brevet Eibel.—L'une des améliorations les plus importantes dans le cadre de la fabrication de papier journal est le procédé Eibel, conçu pour augmenter la vitesse de la machine et réduire la quantité d'aspiration au niveau de la boîte à vide. Dans la machine ordinaire, le fil est généralement disposé pour se déplacer dans un plan horizontal. Dans certaines machines, des moyens ont été prévus pour ajuster l'extrémité du rouleau de poitrine du fil à différentes élévations afin de permettre le traitement de différentes qualités de stock, mais le fil n'a jamais été jusqu'à présent assez incliné pour provoquer le déplacement du papier à une vitesse. , sous l'action de la gravité, pour égaler ou se rapprocher de la vitesse du fil. Dans toutes les méthodes de travail précédentes, le fil a, sur une partie considérable de sa longueur, à partir du rouleau de poitrine, entraîné le stock le long du fait que le fil se déplace beaucoup plus rapidement que le stock, et le stock a ondulé, ou ondulé, mal près de l'extrémité du fil de fer. Cela a progressivement diminué jusqu'à ce qu'un équilibre ait été établi et une surface uniforme obtenue, mais pas avant que l'ondulation ou l'ondulation ait cessé à une certaine distance considérable du rouleau de poitrine que les fibres se sont posées uniformément, et les machines ont donc nécessairement fonctionné lentement. pour laisser suffisamment de temps pour que l'eau s'échappe et pour que les fibres se couchent pour en faire une feuille uniforme. Dans de nombreux cas, la poitrine a et les machines ont donc nécessairement fonctionné lentement pour laisser suffisamment de temps à l'eau pour s'échapper et pour que les fibres se couchent de manière à en faire une feuille uniforme. Dans de nombreux cas, la poitrine a et les machines ont donc nécessairement fonctionné lentement pour laisser suffisamment de temps à l'eau pour s'échapper et pour que les fibres se couchent de manière à en faire une feuille uniforme. Dans de nombreux cas, la poitrine a été soulevé de 14 ou 15 pouces, et le stock se précipite, pour ainsi dire, en descente.

Comme, lors de la formation du papier, le papier et le fil ne se déplacent pratiquement pas l'un par rapport à l'autre, il n'y a pas de traînée du papier sur le fil; par conséquent, il y a un drainage plus rapide et uniforme de l'eau du papier, la pleine influence de la «secousse» est rendue efficace pour assurer l'uniformité dans la distribution et l'emboîtement des fibres, et la régularité de la formation du papier n'est pas perturbé par les vagues ou les courants, qui autrement seraient causés par la traction du fil sur le stock.

Cet appareil ingénieux fonctionne désormais avec succès dans de nombreuses papeteries.

Machinerie. - En définissant l'installation nécessaire à une papeterie destinée à produire une quantité donnée de papier fini, le fabricant prend en considération la classe de papier à fabriquer et la matière première à utiliser. Le calendrier suivant a été préparé sur cette base: -

INSTALLATIONS ET MACHINES POUR DES IMPRESSIONS HAUT DE GAMME.

Papier.

Impressions haut de gamme en pâte de bois et alfa, utilisées seules ou mélangées dans des proportions variables selon les besoins. Quantité, 250 tonnes par semaine.

Matière première.

Esparto; pâte de bois chimique.

Quantité: sparte, environ 200 tonnes; pâte de bois, 150 à 160.

Argile de Chine et produits chimiques usuels.

Dans l'estimation des matériaux nécessaires à la production d'environ 250 tonnes de papier, on suppose que les 200 tonnes de fibre sparte donneront 90 tonnes de fibre sparte blanchie, et que les pertes mécaniques qui ont lieu lors de la fabrication sont contrebalancées par le poids de kaolin ajouté à la pâte. Ces conditions varient naturellement selon les usines, mais ces variations n'affectent pas le calendrier des machines.

Déchargement des hangars.

2 grues à vapeur ou électriques pour la manutention de fibres, d'argile, d'alun, d'eau de javel, de colophane, de charbon et de papier fini.

1 pont bascule de 3 tonnes.

1 5-cwt. balances à plate-forme.

Usine à vapeur.

6 8 pieds par 30 pieds. Chaudières du Lancashire.

Économiseur de carburant.

Pompe et réservoir d'eau d'alimentation.

Appareil d'adoucissement de l'eau.

1 500 heures-p. machine à vapeur principale, pour les rayons fibre et le plancher du batteur.

Département de chimie.

Palan pour argile, alun, eau de javel, chaux, etc.

4 casseroles de caustification, 9 pieds de diamètre, 9 pieds de profondeur.

2 réservoirs de stockage.

2 filtres-presses à boues de craie.

2 cuves de mélange d'argile, 6 pieds de diamètre, 6 pieds de profondeur.

1 mélangeur d'amidon, 6 pieds de diamètre, 6 pieds de profondeur.

1 chaudière de 8 pieds de diamètre, 8 pieds de profondeur.

3 réservoirs de stockage de 1 000 gallons chacun.

3 cuves de mélange d'agent de blanchiment.

3 décanteurs de liqueur de blanchiment.

2 réservoirs de stockage d'alcool de blanchiment clair.

1 cuve de dissolution en alun.

Département de récupération : -

Un soda.

1 installation d'évaporation à effets multiples.

1 four rotatif. 4,2]

4 réservoirs de lixiviation de 2000 gallons chacun.

2 réservoirs de stockage pour liqueur claire des réservoirs de lixiviation, capacité de 20 000 gallons.

Fibre.

2 réservoirs pour recevoir le backwater de la machine.

2 récupérateurs de trucs Fullner, ou tout autre système de traitement des remous.

2 filtres-presses.

Département de sparte.

1 plumeau en sparte.

Convoyeur itinérant pour alfa nettoyé.

6 chaudières à vomissements Sinclair d'une capacité de 3 tonnes chacune.

2 cuves doseuses pour liqueur caustique.

4 moteurs de lavage, 15 cwt. capacité.

6 moteurs de blanchiment tour.

1 presse-pâte.

10 camions en fer galvanisé.

Département de la pâte de bois.

4 désintégrateurs de pulpe et pompes.

4 moteurs de blanchiment tour.

4 cuves de lavage ou égouttoirs.

6 camions en fer galvanisé.

Plancher du batteur.

8 1200 livres battre les moteurs.

2 raffineurs Marshall.

6 camions en fer galvanisé.

Salle des machines à papier.

2 machines à papier, 106 po de largeur, avec coffres, crépines et moteurs complets.

1 machine à papier, 120 po de largeur, avec coffres, crépines et moteurs complets.

Amortisseurs brevetés pour chaque machine.

Salle de calandrage.

2 110 pouces supercalender. 4,2]

2 100 pouces supercalender.

2 couteaux à 6 rouleaux.

1 200 heures par personne machine à vapeur principale.

Salle de finition.

Tri des tableaux.

Presse d'emballage.

Balance.

Département des réparations.

Équipement de réparation habituel, tel que tours, raboteuse, outils de forage, etc.

Tenue de la boutique du forgeron.

Tenue d'atelier de menuisier.

Moulin à calandre.

Approvisionnement en eau.

Réservoir de stockage principal, capacité de 50 000 gallons.

Pompes à eau.

Tuyauterie et connexions à divers départements.

Les filtres de brevet de Bell (si nécessaire).

CHAPITRE XII: LA DÉTÉRIORATION DU PAPIER

Des plaintes récentes concernant la qualité du papier et la dégradation rapide des manuscrits et des papiers ont suscité un certain intérêt pour le sujet de la durabilité du papier utilisé pour les livres et les documents juridiques, et pour la question tout aussi importante de l'encre employée. La Society of Arts et la Library Association en Angleterre et l'Imperial Paper Testing Institute en Allemagne ont déjà nommé des commissions d'enquête spéciales, et de là il est évident que le sujet est d'une importance urgente.

On fait parfois valoir que le manque de durabilité est dû au manque de soin de la part des fabricants dans la préservation des connaissances de la fabrication du papier transmises par les premiers pionniers, mais un tel argument est superficiel et totalement erroné. La qualité du papier, en commun avec la qualité de nombreux autres articles de commerce, a souffert parce que la demande pour un très bon matériau de haute qualité est si faible. Le grand public s'est habitué à demander quelque chose de bon marché, et comme la réduction du prix n'est rendue possible que par l'utilisation de matières premières bon marché et de méthodes de fabrication moins coûteuses, le papier d'aujourd'hui, à quelques exceptions près, est inférieur à celle d'il y a cinquante ans.

Les causes qui favorisent la détérioration du papier sont mieux comprises par une enquête sur la nature des fibres et autres matériaux utilisés et les méthodes de fabrication employées.

Les fibres utilisées.- Les chiffons de coton et de lin occupent une place prééminente parmi les fibres végétales comme étant les plus appropriés pour la production de papiers de grande qualité capables de résister aux ravages du temps. Cela tient au fait que le coton et le lin nécessitent le moins de traitement chimique pour les transformer en pâte à papier, car ils sont presque de la cellulose pure, du coton contenant 98,7 pour cent. de cellulose séchée à l'air et de lin 90,6 pour cent. Les procédés par lesquels le coton brut et le lin sont passés pour la fabrication de produits textiles sont des plus simples, et les chiffons eux-mêmes peuvent être transformés en papier sans traitement chimique si nécessaire. En fait, certains papiers, tels que l'OWS et d'autres papiers à dessin, sont fabriqués à partir de chiffons sans l'aide de soude caustique, d'eau de Javel ou de produits chimiques. Les chiffons sont soigneusement sélectionnés,

Le risque de pourriture des papiers, en ce qui concerne la composition fibreuse, est presque directement proportionnel à la sévérité du traitement chimique nécessaire pour convertir la matière première en cellulose, et l'étendue de l'écart de la fibre par rapport à la cellulose pure est une mesure de la dégradation à prévoir. Le comportement des fibres vis-à-vis de la soude caustique ou de tout agent hydrolytique similaire permet de distinguer les fibres de durabilité maximale de celles de moindre résistance. On peut noter que dans le premier, les matières premières, à savoir, le coton, le lin, le chanvre, la ramie, etc., contiennent un pourcentage élevé de cellulose pure, tandis que dans le second, le pourcentage de cellulose est beaucoup plus faible, des fibres telles que sparte, paille, bois, bambou, etc., ce qui ne donne que 40 à 50 pour cent. de cellulose. Les deux extrêmes sont représentés par un chiffon de pur coton et de la pâte de bois mécanique. Toutes choses étant égales par ailleurs, la décomposition qui peut avoir lieu dans des papiers contenant uniquement la fibre, sans adjonction de colle ou de produits chimiques, peut être considérée comme une oxydation, qui a lieu lentement dans le coton, et beaucoup plus rapidement avec la pâte de bois mécanique. Des preuves expérimentales de cette oxydation sont fournies lorsque de minces feuilles de papier fabriquées à partir de ces matériaux sont exposées à une température de 100 à 110 ° C dans un four à air. Le papier de coton est peu affecté, tandis que le papier de pâte de bois mécanique tombe bientôt en morceaux.

L'ordre de durabilité de divers papiers par rapport aux constituants fibreux peut être exprimé ainsi: (1) chiffon de cellulose; (2) cellulose de bois chimique; (3) celluloses d'alfa, de paille et de bambou; (4) pâte de bois mécanique. La vitesse et l'étendue de l'oxydation sont représentées approximativement par l'effet de la chaleur comme décrit. Les différences entre les celluloses sont également montrées en chauffant des bandes de divers papiers dans une solution faible de sulfate d'aniline, qui n'a aucun effet sur la cellulose de bois ou de chiffon, teint l'alfa et la paille d'une couleur rosâtre et confère une forte couleur jaune à la pâte de bois mécanique et jute.

Qualités physiques. - La permanence d'un papier dépend non seulement de la pureté des constituants fibreux et de l'absence de produits chimiques susceptibles de provoquer une détérioration, mais également des propriétés physiques générales du papier lui-même. Toutes choses étant égales par ailleurs, plus un papier est résistant à un usage brutal, plus il durera longtemps. La raison pour laquelle les papiers en chiffon sont si permanents est que non seulement la condition chimique de la cellulose est de l'ordre le plus élevé, mais la structure physique de la fibre est telle que la résistance du papier fini est également maximale.

Les méthodes de fabrication peuvent être modifiées dans presque toutes les proportions, donnant d'une part un papier d'une ténacité extraordinaire, ou d'autre part un papier qui tombe en morceaux après un temps très court. Ainsi un billet de banque solide le papier peut être froissé entre les doigts trois ou quatre cents fois sans se déchirer, tandis qu'un papier d'art d'imitation est cassé lorsqu'il est froissé trois ou quatre fois.

Une étude approfondie des qualités physiques d'un papier est donc nécessaire pour apprécier les conditions de durabilité. La structure physique de la fibre, les modifications qu'elle produit par battage, l'effet du séchage, de l'encollage et du glaçage sur la résistance et l'élasticité du papier fini, sont quelques-uns des facteurs à prendre en compte.

Force. - La résistance d'un papier mesurée par la contrainte de traction nécessaire pour rompre une bande de largeur donnée, et le pourcentage d'allongement que le papier subit lorsqu'il est soumis à la traction, sont des propriétés de la plus haute importance. L'élasticité, c'est-à-dire la quantité d'étirement sous tension, n'a pas reçu l'attention des papetiers qu'elle mérite. Si deux papiers de résistance à la traction égale diffèrent en élasticité, il peut être considéré comme acquis que le papier présentant un plus grand pourcentage d'allongement sous tension est le meilleur des deux.

La résistance d'un papier, comme déjà indiqué, est fortement influencée par les conditions de fabrication. Ceci a été expliqué dans le chapitre consacré au sujet des coups, et d'autres exemples sont brièvement donnés dans les paragraphes suivants.

Masse. - La fabrication au cours des dernières années de papiers légers et encombrants pour la production de livres a accentué le problème dans une mesure marquée, et le facteur d'*encombrement* comme l'une des causes de détérioration est donc relativement nouveau. Il est intéressant de noter que la destruction rapide de tels livres par un usage fréquent n'est en aucun cas liée à la pureté chimique de la cellulose dont il est composé, ni à l'influence de toute substance chimique associée à la fibre. C'est une question purement mécanique, à expliquer par référence au processus de fabrication.

Ce papier est entièrement fabriqué à partir d'alfa ou d'un mélange d'alfa et de pâte de bois. La pulpe est battue rapidement, et pendant une durée aussi courte que possible, peu ou pas de kaolin ajouté, et seulement un très petit pourcentage de colophane. La feuille de papier humide est soumise à une pression très légère au niveau des rouleaux de presse, et la nature volumineuse est préservée en omettant les méthodes ordinaires de calandrage.

Le papier ainsi produit est constitué de fibres peu feutrées ensemble. L'état physique et la structure du papier sont facilement perceptibles à l'œil nu, et lorsque ces particularités sont réduites en termes numériques, l'effet des conditions de fabrication apparaît de manière frappante.

L'effet de ce traitement spécial est mieux vu en mettant en contraste le papier alvéolé épais avec le papier magazine normal en alfa. Dans ce dernier cas, une feuille de papier plus lisse, plus lourde et plus résistante est fabriquée à partir de la même matière première. Mais la pulpe est battue plus longtemps, tandis que la matière minérale et la taille sont ajoutées dans des proportions appropriées. Les rouleaux de presse et les calandres sont utilisés au maximum.

La différence entre ces deux papiers, tous deux constitués, comme ils le font, d'alfa pur avec une faible proportion de cendres peut être soulignée en comparant l'analyse en *poids* avec l'analyse en *volume* . Les deux papiers en question, analysés en poids, se sont avérés avoir la composition suivante: -

	Pièces en poids.	
	Poids plume.	Ordinaire.
Fibre spartiate	96 · 0	95 · 4
Cendre, etc.	4 · 0	4 · 6
	100 · 0	100 · 0

Mais si l'on compare les papiers en termes de *composition en volume* , on constatera que le poids plume contient une grande quantité d'espace aérien.

	Composition par volume.	
	Poids plume.	Ordinaire.
Fibre spartiate	28 · 0	65 · 5
Cendre, etc.	0 · 7	1 · 8

Espace aérien   71 · 3   32 · 7

——— -   ———

100 · 0   100 · 0

En d'autres termes, les conditions de fabrication du papier volumineux sont telles que les fibres sont aussi éloignées que possible les unes des autres, et la cohésion fibre à fibre est réduite au minimum.

Si le papier de cette description convient à l'imprimeur et probablement au grand public, sa résistance et ses qualités physiques, du point de vue de la résistance à l'usure, sont de l'ordre le plus bas. Il est très difficile de relier des livres fabriqués à partir de celui-ci, ce qui n'est pas tout à fait étonnant, étant donné que les points de suture du relieur peuvent difficilement tenir ensemble des feuilles contenant 60 à 70 pour cent. d'espace aérien.

Ce cas concret souligne la nécessité d'inclure dans une liste de normes de qualité une classification des papiers selon la résistance et le volume.

Surface. - L'introduction de nouvelles méthodes d'impression a entraîné des changements dans le procédé de glaçage et de finition du papier qui ne sont pas tout à fait favorables à la fabrication d'une feuille présentant des qualités maximales de résistance et d'élasticité, deux conditions essentielles à la permanence. En d'autres termes, la finition et la surface très élevées conférées au papier par le vitrage sur plaque, le supercalendrage, la finition à l'eau et d'autres dispositifs de caractère similaire sont poussées à l'excès.

Tous les papiers sont améliorés en résistance par glaçage jusqu'à un certain point, mais le sur-glaçage écrase le papier, le rend cassant et susceptible de se fissurer. Malheureusement, la résistance maximale d'un papier est généralement atteinte avant le maximum de finition, de sorte que le premier est fréquemment sacrifié au second. Le résultat habituel du vitrage se trouve dans une augmentation de 8 à 10 pour cent. dans la résistance à la traction, mais une diminution de l'élasticité dans la mesure de 8 à 10 pour cent. Avec des papiers magazine supercalandrés, la surface élevée est conférée pour les illustrations qui sont produites par des procédés qui l'exigent. L'ajout de quantités considérables d'argile ou de substances minérales améliore la finition, de sorte que la question de la relation entre le vitrage et la résistance, la surface, et le chargement en est un qui affecte très matériellement le sujet de la détérioration du papier. Avec le papier à lettres, le faux standard d'une apparence «attrayante» est presque universellement accepté par le public comme base d'achat sans aucune référence à la qualité réelle.

Substances minérales. - L'argile de Chine, le sulfate de chaux, l'agalite et d'autres substances minérales inertes sont des facteurs importants pour abaisser la qualité du papier, non pas tant pour favoriser la détérioration réelle du papier par une réaction chimique avec les fibres, que pour rendre le papier moins capable de résistance à l'influence des conditions atmosphériques et à l'usage ordinaire. L'argile en petites quantités bien définies sert un objectif utile, si elle est ajoutée à certains papiers, car elle favorise la production d'une surface lisse, mais lorsque la combinaison de substances minérales est poussée à l'extrême, alors le résultat du point de vue de permanence est désastreuse. Ceci est bien reconnu par tous les fabricants de papier, et en Allemagne, les limites de la quantité d'argile ou de chargement dans le papier de haute qualité ont été fixées de manière rigide. Dans le cas de l' *art d'imitation*papier, qui en contient 25 à 30 pour cent. de son poids d'argile, la résistance et la résistance de la feuille sont réduites au minimum. Le papier tombe en morceaux s'il est légèrement amorti, le pouvoir de feutrage des fibres étant rendu sans effet en raison de l'influence affaiblissante d'une matière minérale excessive. Ce papier est principalement utilisé pour les catalogues, programmes, circulaires et imprimés d'un caractère temporaire et évanescent, et tant qu'il est confiné à de tels objets, il sert un but utile, étant bon marché, et adapté à la production d'illustrations par des moyens du processus en demi-teinte; mais ses qualités durables sont de l'ordre le plus bas. L'ajout de 10 pour cent. de toute substance minérale doit être considérée comme la tolérance maximale pour les papiers destinés à un usage permanent et fréquent.

Matériau de recouvrement. —La méthode ingénieuse pour produire une surface absolument uniforme sur le papier par l'utilisation d'un mélange d'argile ou d'une autre substance minérale et d'un adhésif comme de la colle ou de la caséine appliqué au pinceau sur la surface du papier, est responsable de nombreuses plaintes concernant les papiers de nos jours.

Le seul mérite de cette substance est la facilité avec laquelle des blocs de traitement en demi-teinte peuvent être utilisés à des fins de production d'images. Au-delà de cela, rien ne peut être dit. Le papier est cassant, sujet au moindre soupçon d'humidité, avec un poli élevé qui, à la lumière artificielle, produit très rapidement une fatigue de l'œil du lecteur, lourd à manipuler et susceptible de tomber en morceaux lorsqu'il est lié sous forme de livre.

Comme le matériau fibreux est entièrement recouvert de substances minérales, il est souvent considéré comme secondaire, de sorte que la «valeur» du papier est jugé entièrement par le revêtement de surface, sans égard à la nature du papier corporel. Dans de tels cas, avec un papier de corps inférieur, les pages d'un livre se décolorent très rapidement et la typographie devient floue.

ANALYSE D'UN PAPIER D'ART TYPIQUE.

-	Pour cent. par poids.	-	Volume Composition pour cent.
Fibre	77 · 5	Fibre	68 · 3
Cendre, etc.	22 · 5	Cendre	12 · 0
		Espace aérien	19 · 7
	100 · 0		100 · 0

Colophane. - La présence d'un excès de colophane est un facteur bien connu de désintégration du papier, même lorsque la composition fibreuse est de l'ordre le plus élevé. La décomposition est en grande partie due à l'action de la lumière, de nombreuses expériences ayant été faites par Herzberg et d'autres pour déterminer la nature des réactions en cours. L'une des principales modifications est le changement apporté aux qualités de résistance à l'encre du papier.

Le caractère réel des réactions chimiques en ce qui concerne l'effet sur la fibre n'est pas connu avec précision. La dégradation d'un papier colophane de taille dure par exposition à une forte lumière solaire, par exemple, est probablement due à l'altération de la taille de la colophane, et non à un changement de matière dans la cellulose. Il n'est guère concevable que dans un papier de chiffon pur encollé avec de la colophane et cédant facilement à la pénétration de l'encre, après environ un an d'exposition à la lumière, la cellulose elle-même ait subi des changements chimiques capables d'être détectés.

Gélatine. - Les papiers correctement dimensionnés avec de la gélatine sont préférables à ceux encollés avec de la colophane pour la majorité des livres et documents conservés dans des circonstances normales. Mais la nature d'un papier de la taille d'une baignoire peut être, et est souvent, grandement modifiée par des conditions climatiques inhabituelles. Dans les pays chauds et humides, les papiers sont rapidement ruinés, et les papiers à dessin haut de gamme encollés avec de la gélatine deviennent souvent inutiles. Le changement est à peine visible sur le papier propre, et n'est observé que lorsque le papier est utilisé pour des travaux d'aquarelle, la couleur apparaissant tachée dans diverses parties de la feuille où la gélatine a été décomposée par l'action conjuguée de la chaleur et de l'humidité.

L'artiste est souvent obligé dans de tels cas de mettre une couche de couleur blanche épaisse sur la feuille de papier avant de procéder à la peinture du tableau.

Le stockage des livres dans des conditions favorables a beaucoup à voir avec la permanence du papier, et la dégradation d'un papier par rapport aux qualités de tubage est beaucoup accélérée par la présence d'humidité dans l'air.

Amidon. - Il en va de même pour l'amidon, qui est largement utilisé comme liant ou encollage dans le papier. La dégradation de la gélatine, de l'amidon et des substances azotées similaires est due à l'action d'organismes, et les expériences suivantes, suggérées par Cross, sont intéressantes à cet égard.

Si des bandes de papier sont placées dans des bouteilles bouchées avec une petite quantité d'eau tiède et conservées à une température d'environ 80 ° F, des poussées de champignons seront remarquées sur certains d'entre eux après un délai de quatorze jours. Les papiers chiffons encollés à la gélatine montreront des micro-organismes de toutes sortes. Un papier de cellulose pure, comme le papier filtre, ne produira pas de tels effets. Le résultat dans le premier cas est dû à la substance azotée, c'est-à-dire à la gélatine utilisée pour le calibrage, puisque les deux papiers sont identiques en ce qui concerne les fibres de cellulose. Les papiers de pâte de bois de première qualité, à moins d'être encollés avec de la gélatine, ne donneraient pas des résultats similaires. L'action des organismes sur la matière azotée par un procédé d'hydrolyse se fait dans le sens de la production de composés solubles alliés aux sucres d'amidon susceptibles d'être assimilés par les organismes.

La cellulose d'alfa et de paille est facilement attaquée, et c'est pour cette raison que les tissus des diverses pailles sont plus ou moins digérés lorsqu'ils sont mangés par les animaux. C'est pour cette raison que les celluloses de la paille et de l'alfa sont inférieures à la cellulose de coton pour produire un papier susceptible d'être permanent.

Résidus chimiques. «La nécessité de fabriquer un demi-étoffe de cellulose pure est pleinement reconnue par les papetiers. Ce n'était pas le cas dans les premiers jours de la fabrication de la pâte de bois, car c'est une question d'expérience commune que de nombreux livres imprimés sur papier de pâte de bois entre 1870 et 1880 sont dans un état désespéré, et il est assez facile de trouver des livres et des périodiques de cette date dont les pages s'effondrent en poussière lorsqu'elles sont manipulées. Il a été prouvé que ce défaut grave était dû à la présence de traces de produits chimiques utilisés dans la fabrication qui n'ont pas été complètement éliminés de la pâte.

Les précautions nécessaires au blanchiment de la pâte au moyen de chlorure de chaux, afin d'éviter (1) toute action entre la fibre et l'hypochlorite de calcium, (2) la présence de chlore résiduel ou de composés solubles qui en dérivent, et (3) le présence de sous-produits résultant de l'utilisation d'un antichlore, sont également bien connus des papetiers. Le sujet a été étudié de près par des chimistes, qui ont montré que la détérioration de nombreux papiers modernes peut être attribuée à la négligence dans le blanchiment.

Les questions relatives aux résidus chimiques du papier ne peut être convenablement traité que par une discussion de cas réels qui surviennent de temps à autre. Il existe certaines conditions de fabrication, communes à tous les papiers, qui peuvent donner lieu à la présence de résidus chimiques, dont deux ont déjà été mentionnés.

L'acidité des papiers est souvent citée à titre d'exemple. Il est vrai que la présence d'acide libre dans un papier est très indésirable, car il attaque sérieusement la cellulose, la convertissant en une forme oxydée. Cela au cours du temps rend le papier si cassant qu'il en détruit le caractère fibreux.

Le changement est provoqué par l'acide, qui lui-même ne subit aucune altération matérielle, de sorte que le processus de détérioration se poursuit presque indéfiniment jusqu'à ce que la cellulose soit complètement oxydée. La plupart des papiers, cependant, montrent une réaction acide lorsqu'ils sont testés avec du tournesol, le réactif habituel utilisé par ceux qui ne sont pas familiers avec les méthodes appropriées de test du papier. Tous les papiers qui ont été traités avec un excès d'alun à des fins d'encollage présenteraient une réaction acide avec du tournesol sans nécessairement contenir d'acide libre.

La présence de fer est indésirable, en particulier dans les papiers photographiques, et la cellulose ayant une remarquable affinité pour le fer, les conditions de fabrication qui tendent à laisser du fer dans la pâte doivent être prises en considération. La présence d'infimes quantités de fer sous forme d'impuretés ne doit pas être confondue avec la présence de fer en grandes quantités provenant de la tonification et de la coloration du papier au moyen de sels de fer.

La décoloration est fréquemment observée lorsque des papiers colorés sont testés sur des cartons, en particulier ceux en paille. Cette décoloration peut souvent être attribuée à la présence d'alcali dans la planche de paille qui n'a pas été complètement éliminée au cours du processus de fabrication.

Le flou de la typographie est un défaut qui se produit souvent avec les papiers d'impression à base de pâte de bois chimique. L'huile dans l'encre semble se séparer de chaque côté de la lettre, produisant une décoloration. Dans de tels cas, le papier lui-même présente fréquemment une odeur désagréable.

Ces défauts sont généralement déterminés par la présence de traces de composés soufrés dans le papier résultant d'un lavage incomplet de la pâte en fabrication. La présence de composés soufrés s'associe parfois à des papiers colorés à l'outremer, qui en présence d'alun est légèrement décomposé par la chaleur des cylindres de séchage.

Une certaine connaissance de l'effet des résidus chimiques dans le papier est importante, non seulement en ce qui concerne la détérioration qui a lieu dans la fibre elle-même, mais également en ce qui concerne la décoloration de l'encre qui est utilisée. Le sujet de l'encre a reçu beaucoup d'attention de la part des chimistes en raison des graves difficultés rencontrées par les services de l'Etat dans divers pays.

Le Département de l'agriculture des Etats-Unis a mis au point certaines méthodes pour vérifier l'adéquation de l'encre d'estampage utilisée par le gouvernement et suggère les qualités souhaitables d'une telle encre. L'encre doit avant tout produire une annulation indélébile; c'est-à-dire qu'elle doit être relativement indélébile par rapport à l'encre utilisée pour imprimer les timbres-poste. La marque postale faite avec l'encre doit sécher rapidement pour que le courrier puisse être traité immédiatement sans aucun flou ni maculage de la marque postale.

Tant cette propriété que la propriété d'indélabilité impliquent la question de la vitesse à laquelle l'encre pénètre ou est absorbée par la fibre du papier. Une encre satisfaisante ne durcit pas ou ne forme pas de croûte sur le tampon encreur lors de l'exposition à l'air. Il ne doit y avoir aucun dépôt de matière solide sur le fond du récipient dans lequel l'encre est stockée, et les pigments dont dépend l'indélabilité de l'encre, si insoluble, ne doit pas se déposer de manière à permettre de déverser du haut du récipient une partie de l'encre qui contient peu ou pas de pigment ou de pigments insolubles.

Couleur. - Si le sujet de la détérioration du papier doit être considéré dans son sens le plus large comme incluant des changements de toute nature, la décoloration de la couleur doit être prise en compte. L'utilisation de colorants aniline peu résistants à la lumière entraîne une perte de couleur du papier comme avec les textiles, et la décoloration peut être considérée comme une fonction du colorant et non comme résultant de sa combinaison avec le papier.

Cependant, la décoloration progressive de certains colorants et de nombreux pigments aquarellés peut être attribuée à la présence de produits chimiques résiduels dans le papier et à la présence d'humidité dans une atmosphère imprégnée d'impuretés gazeuses ou en suspension. En fait, cette dernière est un plus grand ennemi de la permanence de la couleur que la lumière, car il a été prouvé par l'expérience que la plupart des couleurs ne se fanent pas lorsqu'elles sont exposées à la lumière dans le vide. L'oxygène de l'air en combinaison avec l'humidité présente est le principal agent pour provoquer ces changements. Le ternissement du bronze, ou imitation de feuille d'or, sur les papiers de couverture en est une illustration pratique, bien que cela puisse difficilement être cité comme un exemple de détérioration réelle du papier.

Le maintien de la couleur d'origine ne peut être assuré que par la sélection rigoureuse du matériau fibreux pur, l'utilisation de colorants rapides et la préservation du livre ou de la peinture des conditions qui favorisent la décoloration comme décrit ci-dessus. Pour les papiers courants, de telles précautions deviennent impossibles, mais pour les dessins à l'aquarelle et les papiers précieux, elles sont essentielles.

La demande d'un papier anormalement blanc est indirectement la cause de la détérioration de la couleur, mais dans ce cas, l'effet ultime n'est pas une décoloration mais une décoloration du blanc à une couleur jaune ou brune plus ou moins distincte, due à des changements dans la fibre qui peuvent souvent être attribués à un blanchiment excessif. Dans ce cas, la décoloration est directement due à la détérioration du papier lui-même et peut se produire dans les celluloses du meilleur type. Avec des papiers de qualité inférieure contenant de la pâte de bois mécanique, la dégradation de la couleur et de la fibre est inévitable.

Air et humidité.- Les effets exacts produits sur le papier librement exposé, ou dans les livres comme d'habitude stockés, dépendent de l'état de l'atmosphère. L'air pur a peu ou pas d'action sur le papier, la cellulose étant une substance remarquablement inerte, et même dans la pâte de bois mécanique impure, si elle était simplement exposée à de l'air pur et sec, les signes de décomposition seraient considérablement retardés. L'action combinée de l'air et de l'humidité est d'un caractère plus vigoureux en favorisant les changements d'oxydation dans les fibres, ou une dissociation de l'encollage et d'autres ingrédients chimiques du papier. La présence d'humidité est, en effet, absolument essentielle pour la réaction de certaines substances les unes sur les autres, et il est facile de montrer que certains composés chimiques peuvent être laissés en contact ultime, s'ils sont absolument secs, pendant une période prolongée sans réagir, mais l'addition d'un peu d'humidité produit aussitôt une union chimique. Cela peut être démontré par une simple expérience.

Ainsi, un morceau de papier coloré qui peut être blanchi immédiatement s'il est mis en suspension dans une atmosphère de chlore gazeux ordinaire restera non blanchi pendant plusieurs heures s'il est d'abord complètement séché dans un four et exposé au gaz sec.

Dans le cas des livres et papiers, ces conditions qui favorisent une lente désintégration sont aggravées par la présence d'impuretés dans l'air, telles que les vapeurs de gaz en feu, les traces d'acidité dans l'atmosphère des grandes villes manufacturières, l'humidité excessive et peut-être chaleur d'un climat favorisant la croissance des organismes. Tous ceux-ci les facteurs sont à des degrés divers selon les lieux, de sorte que la détérioration des papiers ne se déroule pas partout dans la même mesure et au même rythme.

Humidité. —Il n'est peut-être pas hors de propos de discuter de certaines relations importantes entre l'humidité et les qualités physiques d'une feuille de papier. Un papier dans son état normal contient toujours une certaine proportion d'eau comme l'un de ses ingrédients, et la présence de cette humidité a beaucoup à voir avec la résistance, l'élasticité et l'utilisation du papier, l'absence d'humidité donnant lieu à des défauts et des problèmes d'utilisation du papier qui, dans une certaine mesure, diminuent sa valeur commerciale et le détériorent, mais peut-être pas dans le sens d'une dégradation permanente de la qualité.

Un problème fréquemment rencontré par les papetiers et autres est celui connu sous le nom de bords ondulés. Les bords d'une pile contenant des feuilles de papier empilées les unes sur les autres se tordent et s'enroulent fréquemment, produisant ce que l'on appelle des bords ondulés. Cela provient du fait que le papier, lors de sa fabrication, manquait d'humidité naturelle et que lorsqu'il est empilé, il a progressivement absorbé l'humidité, qui est absorbée en premier par les bords exposés à l'air. Cela provoque une dilatation inégale des fibres avec la production des bords dits ondulés. Le seul remède dans de tels cas est la libre exposition des feuilles avant l'impression, de sorte que l'humidité soit absorbée de manière égale sur toute la feuille. Les bords fissurés des enveloppes peuvent être expliqués par référence aux mêmes conditions. Le papier est transformé en enveloppes dans un état sur-sec, et les fibres, étant quelque peu cassantes, se séparent facilement les uns des autres. Si le papier est conservé en stock pendant un certain temps avant utilisation, ce défaut peut être très largement corrigé.

Avec les papiers supercalandrés, il n'est possible d'obtenir les meilleurs résultats qu'en laissant le papier reposer pendant plusieurs jours après sa fabrication avant qu'il ne soit glacé.

Il ressort de ces quelques exemples que bon nombre des problèmes rencontrés par les imprimeurs sont dus au fait que les commandes de papier sont souvent accompagnées d'une instruction de livraison immédiate, dans quelles circonstances il est impossible d'obtenir les meilleurs résultats. L'expansion des papiers utilisés pour la lithographie et le mauvais registre fréquemment observé dans le travail en couleur peuvent être expliqués par référence au comportement des fibres individuelles vis-à-vis de l'humidité. L'expansion est généralement plus grande dans une direction du papier que dans la direction perpendiculaire à celui-ci, et ceci est dû au fait que les fibres ont un rapport d'expansion plus grand dans le diamètre que dans la longueur.

Le comportement des papiers amortis est une particularité bien connue des papetiers et des imprimeurs. À certaines fins, il est souhaitable que le papier ne présente aucune altération matérielle lorsqu'il est amorti, car toute expansion de la feuille est susceptible de jeter l'impression hors du «registre». La responsabilité des papiers face à un tel étirement ou expansion est largement minimisée par une manipulation soigneuse de la pâte pendant le processus de battage, ainsi que par une régulation appropriée de la bande de papier lorsqu'elle passe de l'extrémité humide de la machine à papier sur les cylindres de séchage. aux calendriers. Le papier qui remplit les conditions requises pour un allongement minimum est préparé à partir de pâte qui n'a pas été battue pendant une période trop longue, de sorte que la pâte obtenue est assez légère et volumineuse. Par ce moyen, l'expansion des fibres a lieu dans la feuille elle-même sans que la matière ne modifie sa taille. C'est-à-dire que la feuille de papier est assez*ouvert*, il y a suffisamment de place pour l'expansion, qui a donc lieu avec la moindre altération de la surface totale de la feuille. Le papier qui est autorisé à rétrécir sur la machine pendant le processus de séchage, sans tension excessive, présente habituellement une quantité minimale de dilatation par la suite lors de l'impression.

Il est important de noter que l'expansion du papier est différente pour les deux sens, c'est-à-dire pour la machine et les sens transversaux.

Cela provient du fait que dans le papier fabriqué à la machine, la plus grande proportion des fibres est dirigée dans la direction de la machine pendant la fabrication du papier. En conséquence, l'expansion du papier est la plus grande dans ce que l'on appelle la direction transversale du papier, c'est-à-dire dans la direction perpendiculaire à l'écoulement de la pâte le long du fil de la machine.

Ceci doit être expliqué par référence au comportement des fibres lorsqu'elles sont amorties ou mises en contact avec un excès d'eau. La question des changements exacts des dimensions d'une fibre due à l'absorption d'eau a été traitée de manière intéressante par Hohnel. Il fait remarquer que la particularité bien connue du retrait des cordes qui ont reposé dans l'eau peut s'expliquer par un examen du comportement des fibres individuelles. Il raconte en détail l'expérience qui peut être réalisée pour l'observation exacte des fibres au contact de l'eau. Une fibre sèche lorsqu'elle est trempée dans l'eau semble devenir 20 à 30 pour cent. plus grand en diamètre, alors qu'en longueur, il n'est généralement augmenté que d'un dixième pour cent.

La méthode adoptée par Hohnel consistait à placer une fibre de longueur convenable sur une barbotine de verre au centre de laquelle se trouvait une fine rainure étroite capable de retenir l'eau, de sorte que la fibre puisse être mouillée. Au-dessus de la fibre se trouvait un verre de protection avec une petite échelle marquée dessus. L'extrémité libre des fibres passait sur un petit rouleau et était étirée par un poids léger. Les mouvements de la fibre ont été mesurés au moyen d'un micromètre oculaire.

De cette manière, il est possible de déterminer des altérations de longueur à 0. 005 pour cent près, et cette variation peut être vue directement au microscope.

Hohnel observe dans son récit des expériences que toutes les fibres deviennent plus épaisses lorsqu'elles sont mouillées, que les fibres végétales sont plus sensibles que les fibres animales.

Les fibres animales se dilatent d'environ 10 à 14 pour cent. de diamètre, mais des fibres végétales jusqu'à 20 pour cent, comme indiqué dans le tableau suivant: -

Fibre animale.	Pour cent.	Fibre végétale.	Pour cent.
Cheveux humains	10 · 67	Lin de Nouvelle-Zélande	20 · 0
Laine angora	10 · 2	Chanvre d'aloès	25 · 8
Laine d'alpaga	13 · 7	Chanvre	22 · 7
Soie Tussah	11 · 0	Coton	27 · 5

L'inverse est le cas lorsque l'on considère l'expansion des fibres par rapport à la longueur, puisque les fibres animales se dilatent de 0,50 à

1,00 pour cent. de leur longueur, et les fibres végétales de 0,05 à 0,10 pour cent seulement.

La quantité maximale d'expansion dans le cas des fibres végétales est obtenue en respirant doucement sur elles plutôt qu'en utilisant un excès d'eau.

Ces chiffres sont importants car ils expliquent bon nombre des caractéristiques particulières des fibres végétales et animales. On profite de l'expansion plus importante de ce dernier dans la fabrication d'instruments de mesure d'humidité, tels que l'hygromètre capillaire, dans lequel l'allongement d'un cheveu étiré enregistre la variation d'humidité de l'atmosphère.

Qualité des papiers du livre. —Le Comité de la Society of Arts, en traitant des preuves de la permanence des papiers finis, suggère la classification suivante comme indiquant les normes de qualité souhaitées: -

(A) CLASSIFICATION DES FIBRES.

A. Coton, lin et chanvre.

B. Celluloses du bois, (*a*) procédé au sulfite, et (*b*) procédé à la soude et au sulfate.

C. Celluloses d'alfa et de paille.

D. Pâte de bois mécanique.

Le Comité ne trouve rien à redire aux Principes qui régissent le commerce dans la fabrication de papiers de grande qualité et limite le résultat de leur enquête à la suggestion d'une norme normale de qualité pour les papiers de livre requis dans les documents d'importance selon le calendrier suivant : -

Les fibres. - Pas moins de 70%. de fibres de classe A.

Dimensionnement. - Pas plus de 2%. colophane, et fini avec l'acidité normale de l'alun pur.

Chargement. - Pas plus de 10%. matière minérale totale (cendres).

En ce qui concerne les documents écrits, il doit être évident que les matériaux appropriés sont ceux de la classe A et que le papier doit être pur, encollé avec de la gélatine et non avec de la colophane. Toutes les imitations de papiers d'écriture haut de gamme, qui ne sont en fait que des papiers d'impression déguisés, doivent être soigneusement évitées.

Ces recommandations sont bonnes dans la mesure où elles vont, mais afin d'établir les normes de qualité appropriées, certaines spécifications doivent être fixées en ce qui concerne la résistance du papier et ses propriétés physiques, ainsi qu'une référence à l'utilisation pour laquelle le papier est destiné. La condition physique du papier lui-même en dehors de la nature de la fibre a beaucoup à voir avec sa résistance à l'usure, et cela est facilement prouvé en comparant les papiers de livre modernes fabriqués à partir d'alfa avec des papiers de livre d'une date antérieure fabriqués à partir du même Matériel.

Le seul calendrier officiel des exigences relatives aux documents publics est celui publié par le bureau de la papeterie.

Les détails exposés concernent principalement des questions de poids et de résistance, les limites étant exprimées sous une forme définie et ne laissant pas beaucoup de marge de variation en matière de résistance. ou constituants fibreux. La pâte de bois mécanique est exclue de tous les papiers, à l'exception du matériau commun tel qu'indiqué dans l'annexe. Les papiers requis pour le stock sont divisés en douze classes. Dans chaque classe, les noms commerciaux des papiers de différentes tailles sont indiqués, la taille de la feuille et le poids de la rame et, le cas échéant, toutes les caractéristiques spéciales sont indiquées. L'horaire est le suivant: -

Classe 1. Fabrication artisanale ou moulée.

Spécifications générales. —Fabriqué à la main ou moulé. Animal de la taille d'une baignoire. ("Fabriqué à la main" ou "Fabriqué dans un moule" doit être marqué sur l'emballage.)

Lorsqu'un marquage spécial à l'eau est requis, un moule sera fourni par le bureau de la papeterie pour les papiers fabriqués à la main.

Classe 2. Écrits, séchés à l'air.

Spécifications générales. —Plaque roulée. Fait à la machine. Animal de la taille d'une baignoire. Séché à l'air. (Doit porter de l'encre après l'effacement.)

Remarque. —La déformation moyenne à la rupture et l'étirement moyen requis sont donnés pour chaque papier. Les chiffres représentent la moyenne des résultats obtenus pour les deux sens de la feuille, et sont calculés sur une bande de papier de cinq huitièmes de pouce de large et ayant une longueur libre de sept pouces entre les agrafes.

Classe 3. Écrits, ordinaires.

Spécifications générales. -Roulé. Fait à la machine. Animal de la taille d'une baignoire.

Classe 4. Écrits en couleur.

Spécification. - Hautement roulé. Fait à la machine. Animal de la taille d'une baignoire.

Classe 5. Papiers buvards.

Spécification. —Tout chiffon. Fait à la machine. Libre de chargement.

Classe 6. Papiers d'impression et lithographiques.

Spécifications générales. -Roulé. Fait à la machine. De la taille d'un moteur. Le chargement ne doit pas dépasser 15 pour cent.

Classe 7. Impressions couleur.

Spécifications générales. -Roulé. Fait à la machine. De la taille d'un moteur.

Classe 8. Copie et papiers tissu.

Spécification. -Fait à la machine. Libre de chargement. (Des papiers à photocopier sont nécessaires pour donner trois bons exemplaires.)

Classe 9. Papiers bruns, séchés à l'air.

Spécification. -Séché à l'air. Fait à la machine.

Remarque. —La déformation moyenne à la rupture et l'étirement moyen requis sont donnés pour chaque papier. Les chiffres représentent la moyenne des résultats obtenus pour les deux sens de la feuille, et sont calculés sur une bande de papier de deux pouces de large et ayant une longueur libre de sept pouces entre les agrafes.

Dans le cas de papiers indiquant une contrainte de rupture plus importante que le minimum requis, une augmentation proportionnelle de l'étirement doit également être indiquée.

Classe 10. Papier brun, séché en cylindre.

Spécifications générales. -Fait à la machine.

Remarque. —La contrainte de rupture moyenne requise est donnée pour chaque papier. Les chiffres représentent la moyenne des résultats obtenus pour les deux sens de la feuille, et sont calculés sur une bande de papier de deux pouces de large et ayant une longueur libre de sept pouces entre les agrafes.

Classe 11. Smallhands.

Spécifications générales. -Fait à la machine. De la taille d'un moteur.

Classe 12. Papiers Buff.

Spécification. - Hautement fini des deux côtés. Fait à la machine. De la taille d'un moteur dur.

La pâte de bois mécanique ne doit pas être utilisée dans la fabrication de papiers, à l'exception des impressions colorées de la taille d'un moteur et des papiers chamois, où un ajout pouvant atteindre 25 pour cent. sera autorisé.

Tous les papiers de la taille d'un bac pour animaux doivent être autant que possible exempts de matière terreuse; et, sauf indication contraire, la *charge* ajoutée aux autres papiers ne doit pas dépasser 6 pour cent.

Lorsque des pâtes au sulfite ou à la soude sont utilisées, séparément ou conjointement, dans la fabrication de papiers d'impression, la quantité de l'une ou l'autre des matières ne doit pas dépasser séparément 50 pour cent.

La spécification la plus complète en ce qui concerne les exigences relatives aux papiers standard est celle publiée par le Paper Testing Institute en Allemagne et utilisée comme base de la plupart des contrats, au moins pour les documents publics et officiels.

Normes de qualité en Allemagne. - Le classement des papiers en fonction des matières premières utilisées et de la nature du papier fini est très complet. Le classement se fait sous trois rubriques: (*A*) Matière première; (*B*) Force; (*C*) Utilisations.

(A) Classification selon le matériau.

(1) Papier fabriqué à partir de chiffons uniquement (lin, chanvre et coton).

(2) Papier fabriqué à partir de chiffons avec un maximum de 25 pour cent. de cellulose de bois, paille, sparte, manille, etc., mais exempte de pâte de bois mécanique.

(3) Papier fabriqué à partir de tout matériau fibreux, mais exempt de pâte de bois mécanique.

(4) Papier de toute matière fibreuse.

(B) Classification selon la force.

Classe	1.	2.	3.	4.	5.	6.
Longueur moyenne de déchirement en mètres	6 000	5 000	4 000	3 000	2 000	1 000
Élasticité pour cent.	4	$3 \cdot 5$	3	$2 \cdot 5$	2	$1 \cdot 5$
Résistance au pliage (méthode de Schoppers, nombre de plis)	190	190	80	40	20	3

Les tests de longueur de déchirement, de résistance au pliage, d'élasticité, etc., sont effectués dans de l'air avec une humidité relative de 65%. Les calculs de longueur de déchirement sont effectués sur des bandes de papier séchées à 100 ° C.

(C) Classification selon l'utilisation.

Classe.	Les usages.	Fibre. Classe.	Force. Classe.	Taille des feuilles. Cm.	Poids de 1000 feuilles. Kg.	Poids de 1 mètre carré Mètre. Grms.
1	Rédaction de papiers pour des documents importants	1	1	33 × 42	15	-
	Papier pour documents d'État	1	1	26 · 5 × 42	12	-
2	Papier pour registres, livres de comptes et grands livres—					
	(*a*) Première qualité	1	2	33 × 42	14	-
	(*b*) Deuxième qualité	1	3	33 × 42	13	-
3	Documents destinés à être conservés plus de dix ans -					
	(*a*) Papier Foolscap	2	3	33 × 42	13	-
	Papier à lettre (format quarto)	2	3	26 · 5 × 42	10 · 4	-
	Papier à lettre (format octavo)	2	3	26 · 5 × 21	5 · 2	-
	Dupliquer du papier	2	3	33 × 42	sept	-
	(*b*) Papier à lettres officiel	2	4	33 × 42	13	-
4	Papier pour les documents de moindre importance—					
	(*a*) Papier Foolscap	3	-	33 × 42	12	-
	Papier à lettre	3	-	26 · 5	9 · 6	-

[Pg 252]

	(format quarto)			× 42		
	Papier à lettre			26 · 5		
	(format octavo)	3	-	× 21	4 · 8	-
	(*b*) Papier à lettres			33 ×		
	officiel	3	4	42	12	-
5	Enveloppes et emballages—					
	(*a*) Première qualité	-	3	-	-	-
	(*b*) Deuxième qualité	-	5	-	-	-
6	Papier à lettres de qualité moyenne	-	5-6	-	-	-
sept	Couvertures pour documents—					
	(*a*) Cela requis pour une utilisation fréquente	1	Déchirure longueur 2,500 Élasticité 3 · 5%	36 × 47	81 · 2	480
	(*b*) À d'autres fins	3	Déchirure longueur 2,500 Élasticité 2 · 5%	36 × 47	42 · 3	250
8	Papier d'impression-					
	(*a*) Pour les imprimés importants	1	4	-	-	-
	(*b*) Pour les imprimés moins importants	3	4	-	-	-
	(*c*) Pour usage courant	-	5-6	-	-	-

ANALYSE, TECHNOLOGIE, ETC.

ABEL, DR. E. Hypochlorite und electrische Bleiche. *Halle* , 1905.

ARABOL MANUFACTURING CO. - Théorie et pratique du calibrage du papier. *New York* , 8 ° , 1895.

BEHRENS, H. —Anleitung zur mikrochemischen Analyze der wichtigsten Verbindungen. Heft 2. Die wichtigsten Faserstoffe. *Hambourg et Leipzig* , 1896.

BEVERIDGE, J. - Livre de poche des fabricants de papier. *Londres* , sm. 8 ° , 1901.

BOURDILLAT, E. Die Entfärbung und das Bleichen der Hadern. *Weimar* , 1867.

CORPUT, E. VAN DEN. —De la fabrication du papier au point de vue de la technologie chimique. 2 ᵉ éd. *Paris* , 8 ° , 1861.

CROSS, CF ET BEVAN, EJ - Un manuel de fabrication du papier. *Londres* , sm. 8 ° , 1888.

Idem, 2e édition. 1900.

Idem, 3e édition. 1907.

CROSS ET BEVAN. —Manuel de la fabrication du papier. Traduit de la 2 ᵉ édition Anglaise. Par L. Desmarest. 1902.

CROSS, BEVAN, BEADLE ET SINDALL. —Les Unités CBS: un livre sur les tests papier. 1904.

DETERIORATION DU PAPIER. —Rapport de la Société des Arts. 1898.

ENGELHARDT, B. Hypochlorite und electrische Bleiche (Technisch-Constructiver Teil). *Halle* , 1904.

ENGELS, JA —Ueber Papier und einige andere Gegenstände der Technologie und Industrie. *Duisburg* , sm. 8 ° , 1808.

ENGLÄNDER. —Technologie der Papierfabrikation. Lehrbuch für Spezialkurse an Handelsfachschulen u. fachlich. Fortbildungsschulen sowie Lehrbehelf zum Selbststudium. 1906.

ERFURT, J. Färben des Papierstoffs. Mit 145 Proben à Stoffgefärbten Papiere, 2te Aufl. *Berlin* , 8 ° , 1900.

ERFURT, J. La teinture de la pâte à papier; de la 2e édition allemande, par J. Hübner. *Londres* , 8 ° , 1901.

FINKENER. —Ueber die quantitative Bestimmung des Holzschliffes in Papier nach Goddefroy und Coulon. 1892.

FLATTERS. - Recherche microscopique. 1906.

GRIFFIN, RB ET LITTLE, AD - La chimie de la fabrication du papier, avec les principes de la chimie générale. *New York* , 8 ° , 1894.

HASSAK. —Wandtafeln für Warenkunde u. Mikroskopie. 1904.

HAYWOOD, JK —Arsenic dans les papiers et tissus. 1904. (USA Department of Agriculture.)

HERZBERG, W. —Mikrosk. Untersuchung des Papiers. 1887.

HERZBERG, W. —Papierprüfung. Leitf. bei d. Unters. v. Papier. 1888.

Idem, 2e édition. 1902.

Idem, 3e édition. 1907.

HERZBERG, W. —Essai de papier réalisé au laboratoire du gouvernement à Charlottenburg. De l'allemand, par PN Evans, *Londres* , 8 ° , 1892.

HERZBERG, W. —Mitteilungen aus den Königl. technischen Versuchsanstalten zu Berlin. 1887, *et suiv.*

HÖHNEL, F. C. —Die Mikroskopie der technisch verwendeten Faserstoffe. 1905.

HÖLBLING, V. —Die Fabrikation der Bleichmaterialien. *Berlin* .

HOYER, E. — LE papier; étude sur sa composition, analyses et essais. De l'Allemand. *Paris* , 8 ° , 1884.

HOYER-KRAFT. —Die Spinnerei, Weberei und Papierfabrikation, 4 Aufl. 1904.

JAGENBERG, F. —Die thierische Leimung für endloses Papier. *Berlin* , 8 ° , 1878.

JOHANNSEN. —Mitteilungen über Mikrophotographie von Faserstoffen im durchfallenden und auffallenden Licht. 1906.

KLEMM, P. —Papier Industrie Kalender. 1898, *et suiv.*

LAUBOECK. —Über die Saugfähigkeit der Löschpapiere. Mitteilungen des kk Technologischen Gewerbe-Musées. *Vienne* , 1897.

LEACH, CE - Sur le rétrécissement du papier (extrait). *Newcastle* , 8 ° , 1884.

MARTENS, A. —Mitteilungen aus den Königl. Technischen Versuchsanstalten (jährlich). Erscheinen seit 1883. Die Jahrgänge[Pg 255] 1884 bis 1903 enthalten aus der Abteilung für Papierprüfung die im Jahrgang 1905, dieses Kalenders verzeichneten Arbeiten.

MARTENS, A. —Apparaten zur Untersuchung der Festigkeitseigenschaften von Papier. Königl. Techn. Versuchsanstalten. Mitteilungen. Ergänzungsheft . N ° 3. 8 ° , 1887.

MARTENS, A. —Ueber Druckpapier der Gegenwart. Königl. Techn. Versuchsanstalten. Mittheilungen. Ergänzun gsheft. N ° 4. 8 ° , 1887.

MARTENS, A. —Untersuchung Japanischer Papiere. Königl. Techn. Versuchsanstalten. Mittheilungen. Ergänzungsh eft. N ° 4. 8 ° , 1888.

MARTENS UND GUTH. —Das königliche Materialprüfungsamt der technischen Hochschule Berlin auf dem Gelände der Domäne Dahlem beim Bahnhof Gross-Lichterfelde West. *Berlin* , 1904.

MELNIKOFF, N. —Prüfung von Papier und Pappe nebst Adressbuch der russischen Papierfabriken. *Pétersbourg* , 1906.

MÜLLER, L. —Die Fabrikation d. Papiers dans Sonderheit papa Maschine gefertigten. 2 Aufl. 1855.

MÜLLER UND A. HAUSSNER. —Die Herstellung u. Prüfung des Papiers. 1905.

MÜLLER, A. —Qualitative und quantitative Bestimmung des Holzschliffes im Papier. 1887.

MUTH. Die Leimung der Papierfaser im Holländer und die Anfertigung fester Papiere. 1890.

NAYLOR, W. - Déchets commerciaux. *Londres* , 1902.

NORMALPAPIER. —Sammlung der Vorschriften für amtliche Papier- und Tintenprüfung. *Berlin* , 1892.

PIETTE, L. —Traité de la coloration des pâtes à papier. Précédé d'un aperçu sur l'état actuel de la fabrication du papier. Avec des échantillons de papiers colorés. *Paris* , 8 ° , 1863.

REJTÖ, A. —Anleitung für Private zur Durchführung der Papierprüfung. *Budapest* , 1893.

ROSSEL. —Papiere und Papierprüfung mit Berücksichtigung der in der Schweiz verwendeten Schreib- und Druckpapiere. *Bienne* , 1895.

SCHUMANN, DR G. —Welche Ursachen bedingen die Papierqualität. *Biberach* , 1901.

SINDALL, RW - Technologie du papier. *Londres* , 1906.

STEVENS, HP - Le chimiste de la papeterie. *Londres* , 1907.

WIESNER, J. —Mikroskopische Untersuchung des Papiers mit besonderer Berücksichtigung der ältesten orientalischen und europäischen Papiere. *Vienne* , 1887.

WIESNER, J. —Mikroskopische Untersuchung alter ostturkestanischer und anderer asiatischer Papiere nebst histologischen Beiträgen zur mikroskopischen Papieruntersuchung. *Vienne* , 1902.

WINKLER, O. —Die Trockengehalts-Bestimmung d. Papierstoffe. 1902.

WINKLER, O., UND KARSTENS, H. —Papieruntersuchung. 1903.

WURSTER. —Le collage et la nature du papier. *Paris* , 1901.

WURSTER, DR C. —Die neuen Reagentien auf Holzschliff und Verholzte Pflanzenteile zur Bestimmung des Holzschliffs im Papier. *Berlin* .

ZIRM, A. —Der Papierfärber. *Tilsit* , 1904.

CELLULOSE, ETC.

BEADLE, C. —Viscose et viscoïde. Réimpression de l'Institut Franklin. 1896.

BERSCH, J. —Cellulose, Celluloseprodukte u. Kautschuksurrogate. 1903.

BOCKMANN, F. —Das Celluloid, sein Rohmaterial, Fabrikation, Eigenschaften u. technische Verwendung. 1880. 2te Aufl. 1894.

BORNEMANN, GR. —Ueber Cellulose et neuere Umwandlungsprodukte derselben. *Biberach* , 1901.

BOTTLER, M. —Die vegetabilischen Faserstoffe — Bibliothek chemisch-technische de Hartleben. 1900.

BUTSCHLI, O. —Untersuchgn. an Gerinnungsschaumen, Sphärokystallen ud Struktur c. Cellulose. 1894.

CROSS, CF ET BEVAN, EJ — Cellulose. *Londres* , 1885. 2e édition. 1895.

CROSS ET BEVAN. —Recherches sur la cellulose. 1895-1900. Idem, 1900-1905.

MARGOSCHES, DR B. —Die Viskose, ihre Herstellung, Eigenschaften und Anwendung. *Leipzig* , 1906.

SCHLESINGER. —Künstliche Seide (Zellstoff-Seide). Mechanisch-technologische Untersuchung der aus nitriertem Zellstoffs hergestellten Seide. 1895.

FIBRES, ETC.

ANDES, LE —Die Verarbeitung des Strohes. *Vienne* , 1898.

BAGSHAW. -Photomicrographie. Élémentaire.

GOUVERNEMENT DU BENGALE. —Jute au Bengale et sur les fibres indiennes disponibles pour la fabrication du papier. Rapport de H. Kerr. *Calcutta* , fol., 1874.

BLEEKRODE, S. —Grondstoffen voor Papierbereiding, bijzonder in Neerlandsch-Indië (extrait). 8 ° , 1859.

BOTTLER, M. —Die animalischen Faserstoffe. 1901.

CHARRETIER. —Arroulement des fibres. 1904.

COBBETT. —Un traité sur le maïs de Cobbett. 1828. (Imprimé sur du papier fait de cosses de maïs.)

CHRISTY. —Plantes et médicaments commerciaux. 1882.

CROSS ET BEVAN. —Rapport sur les fibres indiennes. 1887.

CROSS, CF —Rapport sur les fibres diverses. 1886.

CROSS, CF - Fibres de base. *Manchester* , 1880.

DALEN, G. —Jute. Manille, Adansonia. 1902.

DEPIERRE, J. —Traité des apprêts et spécialement des tissus de coton, blancs, teints et imprimés.

DODGE, CR - Fibres de feuilles des États-Unis. 1903.

GARÇON, JULES. —Bibliographie de la technologie chimique des fibres textiles. *Paris* , 1893.

GELDER ZONEN, FOURGONNETTE. —Een woord over nieuwe Grondstoffen voor Papier, rencontré des monstres van ded proeven, etc. *Amsterdam* , sm. 4 ° , 1866.

GEORGIEVICS, G. C. —Lehrbuch der chemischen Technologie der Gespinnstfasern. 1895-98.

GEORGIEVICS, G. C. - Lehrbuch d. chemischen Technologie d. Gespinnstfasern. 2te Tle. 1898-1902.

GEORGIEVICS, G. V. —Technologie des fibres textiles; de l'allemand. 1902.

GROTHE, H. —Die Technologie der Gespinnstfasern. 1876-82.

GOODALE. —Botanique physiologique. 1890.

HAMMARSTEN, O. —Untersuchungen über d. Faserstoffgewinnung, 1875.

HANNAN, WI - Fibres textiles du commerce. 1902.

HOYER, E. VON. —Die Verarbeitung der Faserstoffe. (Spinnerei, Papierfabrikation.) 3te Aufl. 1900.

JOHNSTONE. —Esparto. (Society of Arts Lecture.) 1870.

KEW BULLETIN . — Fibres végétales. 1901.

LECOMTE, H. —Les textiles végétaux; leur examen microchimique. *Paris* , 1891.

LIOTARD. —Matériaux en Inde adaptés à la fabrication du papier. *Calcutta* , 1880.

MORRIS, DR. — Fibres commerciales. (Conférences du chanteur.) 1895.

MÜLLER, HUGO. —Pflanzenfaser. *Leipzig* , 1873.

[Pg 258]

PAYEN, A. — Succédanés des chiffons. Exposition universelle de Paris. Rapports du Jury International, Classe 7, sect. ii. 8 ° , 1867.

PFUHL, E. —Papierstoffgarne, ihre Herstellung, Eigenschaften u. Verwendbarkeit. 1904.

POSSELT, EA - La structure des fibres, des fils et des tissus, étant un traité pratique à l'usage de toutes les personnes employées dans la fabrication de fibres textiles. 2 vol., 1902.

ROSTAING ET AUTRES. —Précis historique, descriptif, analytique et photomicrographique, des végétaux propres à la fabrication de la cellulose et du papier. *Paris* , 8 ° , 1900.

ROUTLEDGE, T. —Bambou considéré comme un matériau de fabrication du papier, avec des remarques sur sa culture et son traitement. *Londres* , 8 ° , 1875.

ROUTLEDGE, T. —Bambou et son traitement. 1879.

SILBERMANN, H. —Fortschritte auf dem Gebiete der chemischen Technologie d. Gespinnstfasern, 1885-1900. 2te Tle., 1902-03.

TRABUT. —Étude sur l'alfa. 1889.

URBAIN, V. —Les succédanés du chiffon en papeterie. *Paris* , 16 ° , 1897.

VETILLART. —Études sur les Fibres Végétales. *Paris* , 1876.

WIECK, FG —Bilder aus Gewerbskunst (aus Tomlinson «Objects in Art Manufacture»), i. Papier. *Leipzig* , sm. 8 ° , 1855.

WITT, ON — Chemische Technologie der Gespinnstfasern, ihre Geschichte, Gewinnung, Verarbeitg. u. Veredlung. 1888-1902.

ZETZSCHE. —Die Wichtigsten Faserstoffe der europäischen Industrie. Anleitung zur Erkennung und Unterscheidung. 1905.

ZIMMERMANN, A. —Morphologie und Physiologie der Pflanzenzelle.

HISTORIQUE.

BLANCHET, AUGUSTIN. —Essai sur l'histoire du papier et de sa fabrication. *Paris* , 1900.

BREITKOFF, JGJ —Ursprung der Spielkarten, die Einführung des Leinenpapieres, etc., en Europe. (Complété par JGF Roch.) *Leipzig* , 2 vol., 4 ° , 1784-1801.

BRIQUET, CM —Bemerkungen über das Sammeln von Wasserzeichen oder Papiermarken, überreicht bei der Ausstellung der alten Papiermarkerkunst zu Paris. 1900.

BRIQUET, CM —Papiers et filigranes des archives de Gênes 1154-1700. *Genève* , 1888.

BRIQUET, CM —Geschichte der Papierzeichen von ihrem Erscheinen gegen 1282 bis 1600. Mit Beigabe von 15500. 1906.

[Pg 259]

BUTLER PAPER CO. - L'histoire de la fabrication du papier. *Chicago* , sm. 8 ° , 1901.

COLLETT, CD - Histoire des impôts sur la connaissance. *Londres* , 1899.

CONGRES. —Congrès international des fabricants de papier et carton, Anvers. Compte rendu des séances. *Bruxelles* , 8 ° , 1894.

DROPISCH, B. —Die Papiermaschine, ihre geschichtliche Entwicklung u. Construction. 1878.

EGGER, E. —Le papier dans l'antiquité et dans les temps modernes. *Paris* , 16 ° , 1866.

EVANS, L. - La firme de John Dickinson & Co., avec une annexe sur la fabrication du papier ancien. *Londres* , sm. 8 ° , 1896.

GAMBLE, J. - Collecte de documents (spécifications, rapports officiels, etc.) concernant les revendications de L. Robert comme inventeur original et de J. Gamble comme premier introducteur de la machine à papier française. Fol., 1801—58.

HOERNLE, AF — Qui était l'inventeur du papier chiffon? 1903.

HÖSSLE, F. VON. —Geschichte der alten Papiermühlen in ehemaligen Stift Kempten und in der Reichsstadt Kempten. 1901, 4 ° , 1900.

HUNTER, J. - Spécimen de marques utilisées par les premiers fabricants de papier (extrait). *Londres* , 4 ° , 1858.

IMBERDIS, J. —Le papier ou l'art de fabriquer de papier. Traduction au Français de (papyrus sive ars conficiendæ papyri, 1693), par A. Blanchet. Avec le texte latin. 1899.

JACKSON, JB - Un essai sur l'invention de la gravure et de l'impression en Chiaro Oscuro, tel que pratiqué par Durer, etc., et son application à la fabrication de papiers. *Londres* , sm. 4 ° , 1754.

JANSEN, H. —Essai sur l'origine de la gravure, etc. *Paris* , 2 vol., 8 ° , 1808.

JENKINS, R. —Paper-making in England, 1495, etc., d'après le *Library Association Record* , septembre 1900-avril 1902. *Londres* , 8 ° .

KARABACEK, J. —Das arabische Papier. *Vienne* , 1887.

KENT & CO. - Chronologie du papier et de la fabrication du papier. *Londres* , 8 ° , 1875.

KIRCHNER, E. —Die Papiere des XIV. Jahrhunderts im Stadtarchive zu Francfort a. M. 1893.

KIRCHNER, E. —Das Papier. Die Geschichte d. Papierindustrie; die Rohstofflehre d. Papierindustrie. 3 Bde., 1897-99.

KIRCHNER, E. —Das Papier. Historisch-technologische Skizzen. Jahresbericht der Techn. Lehranstalten à Chemnitz. 1903.

[Pg 260]

KLEIN, A. —Entwicklung und Aufgaben der Papierindustrie. *Biberach* , 1906.

KLEMM, P. —Papier-warenzeichen ... vom 1 oct., 1894, bis Ende 1902, für Klasse 27, umfassend Papier, etc., eingetragenen Wort- und Bildzeichen. *Leipzig* , sm. 8 ° , 1903.

KOOPS, M. —Historical Account of Paper, and of Substances used before its Invention (imprimé sur du papier fait de paille et de bois). *Londres*, 8°, 1800.

Idem, 2e édition, 1801.

LACROIX, A. —Historique de la papeterie d'Angoulême suivi d'observations sur le commerce de chiffons en France. *Paris*, 8°, 1863.

LALANDE, JJ LE F. DE. —L'art de faire le papier. Acad. Roy. des sciences. Description des Arts et Métiers, vol. 1. Fol., 1761.

LETTRE sur les découvertes de M. Didot aîné dans les arts de ... la papeterie (invention du papier-vélin). *Paris*, 12°, 1783.

LEUCHS, JC —Beschreibung der in den letzten acht Jahren in der Papierfabrikation gemachten Verbesserungen. Nachtrag. *Nürnberg*, 8°, 1828.

MARABINI. —Bayrische Papiergeschichte. 1 Teil. Die Papiermühlen im Gebiete der weiland freien Reichsstadt Nürnberg. *Nürnberg*, 1894.

MAUREL, F. — LE papier japonais. Histoire et fabrication d'après les documents Anglais et indigènes (extrait). *Paris*, 4°, 1871.

MEERMAN, G. ET AUTRES. —Epistolæ, etc., de chartæ vulgaris lineæ origine. Ed. J. Van Vassen, Hagæ Com. Sm. 8°, 1767.

MIDOUX, E., ET MATTON, A. —Étude sur les filigranes des papiers employés en France aux 14ᵉ et 15ᵉ siècles. *Paris*, 8°, 1868.

MILLAR, O. —Papier-Industrie. Schweizerische Landesausstellung, 1883. Berichte, Gruppe 8, 1884.

MURRAY, J. - Remarques pratiques sur le papier moderne, etc., avec un compte-rendu introductif de son ancien substitut. *Édimbourg*, 8°, 1829.

PARLATORE, P. —Mémoire sur le papyrus des Anciens et sur le papyrus de Sicile, Acad. des Sciences. Paris. Mèm. par divers Savans .... 2ᵉ Serie, Tome 12. 4°, 1854.

PEIGNOT, EG —Essai sur l'histoire du parchemin et du vélin. *Paris* , 8 ° , 1812.

PENIG. - (Patentpapierfabrik zu Penig.) Ein Beitrag z. Geschichte d. Papiers, 1897.

ROBERT, NL - LE centenaire de la machine a papier continu. Fils[Pg 261] invention par NL Robert en 1799. Biographie de l'inventeur, par J. Breville. Historique des divers perfectionnements ... par Didot Saint-Leger, 1800-1818. *Paris* , 8 ° , 1901.

ROBERTSON. —Expérience de cinquante ans dans la fabrication du papier. *Leith.*

SCHAEFFER, JC —Proefnemingen en Monster-Bladen om Papier te maaken zonder Lumpen of met een gering Byvoegzel derzelven. Uit het Hoogduits vertaald. Deel 1-2. *Amsterdam* , 2 vol., Sm. 4 ° , 1770.

SCHAEFFER, JC —Sämtliche Papierversuche, 2te Aufl. Nebst 81 Mustern und 13 Kupfertafeln. *Ratisbonne* , 6 vol. dans un, sm. 4 ° , 1772.

SCHAEFFER, JC —Erweis in Musterbogen dass die neuen Papierarten ... sich allerdings auch zu Tapeten übermahlen und gebrauchen lassen. *Ratisbonne* , fol.

SMITH, JEA - Histoire du papier, genèse et révélations. *Holyoke, Mass., États - Unis* , 1882.

SOTHEBY, SL - La typographie du XVe siècle ... Illustrée dans une collection de fac-similés de 100 œuvres, avec leurs filigranes. *Londres* , fol. 1845.

SOTHEBY, SL —Principia Typographica. Une tentative d'élucider les marques de papier de l'époque. *Londres* , 3 vol., Fol. 1858.

SPECHTHAUSEN. —Hundert Jahre der Papierfabrik Spechthausen. Festschrift, z. 1887.

SPICER, A. - Le commerce du papier. *Londres* , 1907.

STOPPELAAR, JH DE. —Het Papier in de Nederlanden gedurende de middeleeuwen, inzonderheid en Zélande. *Middelburg* , 8 ° , 1869.

TOMLINSON, C. —Illustrations des arts utiles. No 3, papier. *Londres* , 32 ° , 1859.

VILLETTE, C. MARQUIS DE. —Œuvres, avec des spécimens de papier. *Londres* , 16 ° , 1786.

WILLKOMM, M. —Über den Lotos und Papyros der alten Ägypter und die Papiererzeugung in Altertume. *Prag* , 1892.

FABRICATION DE PAPIER.

ARCHER, TC - La fabrication du papier. Bevan. Industries manufacturières britanniques, viii. Sm. 8 ° , 1876.

ARNOT. —Technologie du commerce du papier (Conférence Cantor, Société des Arts). *Londres* , 1877.

BARSE, J. —Études comparées sur l'industrie française, ii. La[Pg 262] fabrication et le commerce du papier en 1860 et en 1864. *Paris* , l. 8 ° , 1864.

BEADLE, C. - Fabrication de papier - Conférences. 1901.

BEADLE, C. - Chapitres sur la fabrication du papier. Vol. 1. *Londres* , 1904.

Vol. 2, réponses aux questions technologiques. 1906.

Vol. 3, points pratiques dans la fabrication du papier. 1907.

Vol. 4, idem. 1907.

BEAUMONT, F. —Rapport sur les appareils et procédés utilisés dans la fabrication du papier, etc. Exposition universelle de Paris, 1867. British Commercial Reports, vol. 4. 8 ° , 1867.

BENNETT, JB —Processus et machines de fabrication de papier, avec des illustrations de machines de fabrication de papier construites par Bertrams, Ltd. *Edimbourg* , 8 ° , 1892.

BERTRAMS, LTD. - Spécimens de papier. *Édimbourg* , obl. 16 ° , 1892.

BLANCHET, A. —Fabrication du papier. Rapports, Exposition universelle de Paris, 1900.

BROWN, HT - La fabrication de papier à partir de bois aux États-Unis. 1886.

BUROT. —Note sur la fabrication du papier de paille. *Paris* , 8 ° , 1883.

CAMPREDON, E. — LE Papier. Étude monographique sur la papeterie française et en particulier sur la papeterie
charentaise. je. Historique; ii. Descriptif de la fabrication du papier moderne; iii. Fabrication coopérative de papier. *Paris* , 8 ° , 1901.

CHARPENTIER, P. — LE Papier. Fremy, E. Encycl. Chim., Tome X.8 ° (83), 1890.

CLAPPERTON, G. - Fabrication de papier pratique. *Londres* , sm. 8 ° , 1894.

Idem, 2e édition, 1907.

CONEY, E. - Machines et fibres pour la fabrication du
papier. Exposition internationale de Philadelphie, 1876. Rapports et récompenses de la Commission du centenaire des États-Unis, Groupe xiii. 8 ° , 1876.

DALHEIM, CF —Taschenbuch fd prakt. Papierfabrikanten. 3te Aufl. 1896.

DAMMER, O. —Papierfabrikation.

DAVIS, CT - La fabrication du papier. *Philadelphie* , 8 ° , 1886.

DOUMERC ET AUTRES. —Matériel et procédés de la papeterie, etc. Paris Univ. Exposition, 1867. Rapports du Jury International, Classe 59. 8 ° , 1867.

DOYLE, P. - Fabrication de papier en Inde, étant des notes d'une visite à la Moulin à papier de Lucknow. *Lucknow* , 8 ° , 1885.

DROPISCH, B. —Handb. ré. Papierfabrikation. 3e Aufl. 31 Taf. dans fol. 1881.

DUNBAR, J. - Le papetier pratique. *Leith* , 12 ° , 1881.

HARTMANN, C. —Handb. ré. Papierfabrikation. Taf. 1842.

HASSAK, K. —Die Erzeugung des Papieres.

HAUSNER, A. —Der Holländer. Eine kritische Betrachtung senneur Arbeitsweise mit Bezug auf die Einzelabmessungen senneur Teile und die verarbeiteten Fasern. 1901.

HERRING, R. —Papier et fabrication du papier, ancien et moderne. *Londres* , 8 ° , 1854.

Idem, 2e édition, 1855.

Idem, 3e édition, 1863.

HOFMANN, C. - Traité pratique sur la fabrication du papier dans toutes ses branches. *Philadelphie* , 4 ° , 1873.

HOFMANN, C. —Praktisches Handbuch d. Papierfabrikation. 1873.

HOFFMANN, TH. —Papierprägung. *Berlin*.

HOYER, E. —Das Papier, seine Beschaffenheit und deren Prüfung. *Munich* , 1882.

HOYER, E. —Uber die Entstehung und Bedeutung der Papiernormalien, sowie deren Einfluss auf die Fabrikation des Papieres. *Munich* , 1888.

HOYER, E. —Die Fabrikation des Papiers. 1900.

HOYER, E. —Die Fabrikation des Papiers, nebst Gewinnung d. Fasern. 1887.

HÜBNER, J. —Fabrication de papier (conférences de Cantor à la Société des Arts). 1903.

JAGENBERG, F. —Das Holländergeschirr. Remscheid. 1894.

KIRCHNER-STROHBACH. —Holländer-Theorie. Biberach. 1904.

KLEMM, DR P. — Uber Papier. Graphische Bibliothek Bd. 3 (Farbe und Papier im Druckgewerbe). 2 Teil. *Francfort a. M.* 1900.

KORSCHILGEN UND SELLEGER. —Technik und Praxis der Papierfabrikation. *Berlin* , 1906.

KRAFT, M. —Grundriss der Mechanischen Technologie. Abt. ii. Spinnerei, Weberei, und Papierfabrikation. 2te Aufl. *Wiesbaden* , 8 ° , 1895.

LENORMAND, LS —Manuel du fabricant de papier. *Paris* , 2 vol., 18 ° , 1833.

Idem, 2e édition. 1834.

[Pg 264]

LENORMAND, LS —Nouveau manuel complet du ... fabricant de papiers peints. Nouv. ed. par Vergnand. *Paris* , 18 ° , 1854.

LENORMAND, LS - Handbuch der gesammten Papierfabrikation, 2te Aufl., Von C. Hartmann. *Weimar* , 2 vol., 12 ° , 1862.

MERZ. —Behandlung der Papiermaschine.

MEYNIER, H. —Papier und Papier-Fabrikate. Paris Univ. Exposition, 1867. Comm. Autrichienne. Berichte. Heft 8. 8 ° , 1867.

MIERZINSKI, ST. — Handbuch d. Papierfabrikation. 3 Bde. 1886.

MÜLLER, FAL —Die Fabrikation des Papiers, in Sonderheit der auf der Maschinen gefertigten, etc. 3te Aufl. *Berlin* , 8 ° , 1862.

MÜLLER, DR L. —Die Fabrikation des Papiers. *Berlin* , 1877.

OLMER, GEORGES. —Du papier mécanique.

ONFROY. —L'art du papier et le papier d'Arches. 1907.

FABRICATION DU PAPIER. —Fabrication de papier, par le rédacteur en chef du Paper Mills Directory, Londres. 2e édition. 8 ° , 1876.

PAPER-MAKER. —Le manuel des fabricants de papier et le guide de fabrication du papier, par un papetier pratique. *Londres* , sm. 8 ° , 1878.

FABRICATION DE PAPIER. —Essais par une société de messieurs. N °
vi., Pp. 21-27. 1717.

PARKINSON, R. - Traiter sur papier, avec aperçu de fabrication. 1886.

Idem, 2e édition, 1896.

PAYEN, A. ET AUTRES. —La fabrication du papier et du
carton. 3 ^{e} éd. *Paris* , 8 ° , 1881.

PAYEN, A., ET VIGREUX, L. —La papeterie. Études sur l'Exposition de
1867. Vol. 8. 8 ° , 1867.

PFAU, F. —Der junge Papierhändler. *Berlin* , 1902.

PIETTE, L. —Manuel ... de papeterie et les succédanés (des
chiffons). *Paris* , 2 vol., 8 ° , 1861.

PLANCHE, G. —De l'industrie de la papeterie. *Paris* , 8 ° , 1853.

PLANCHE, G. —Der Papierfabrikation. Bearbeitet von C.
Hartmann. *Weimar* , 12 ° , 1853.

PLANCHE, G. —Bericht über die Reinigung der Stoffe zur
Papierfabrikation. Uebersetzt und vervollständigt durch eine
chronologische Skizze der Papier-Erzeugung und der Verbesserungen an
den Maschinen zur Reinigung des Papier-Stoffs von A. Rudel. *Leipzig* ,
8 ° , 1862.

PROUTEAUX, A. —Guide pratique pour la fabrication de papier et de
cartons (papier). Avec un chapitre sur le papier bois aux États-Unis par
HT Marron. *Philadelphie* , 8 ° , 1866.

PROUTEAUX, A. —Guide de la fabrication du papier et du
carton. *Paris* , 12 ° , 1864.

RAAB, R. —Die Schreibmaterialen und die gesamte
Papierindustrie. *Hambourg* , 1888.

REED, AE - Fabrication de papier. Société pour la promotion de
l'industrie scientifique. Rapports d'artisans sur l'exposition de
Vienne. 8 ° , 1873.

RICHARDSON, WH — Les ressources industrielles de la Tyne ... [Papier]. 1864.

SCHUBERT, M. —Traité pratique de la fabrication de la cellulose. Trad. p. E. Bibas. Toile. 1893.

SCHUBERT, M. —Die Praxis der Papierfabrikation mit besond. Berücksichtigung der Stoffmischungen und deren Calculationen. 1897.

SCHUBERT, M. —Die Papierverarbeitung. 2 Bde. 1900-1901.

Bd. I. Die Kartonnagen-Industrie.

Bd. II. Die Buntpapierfabrikation.

SINDALL, RW - La fabrication de pâte à papier en Birmanie. Presse gouvernementale. *Rangoon* , 1907.

SINDALL, RW - La fabrication du papier. 1908. Constable & Co. *Londres*.

TWERDY, E. —Papier industrie. Berichte. *Vienne* , 1873.

VACHON, M. —Les arts et les industries du papier. *France* , 1871-1894.

VALENTA, E. —Das Papier, seine Herstellung, Eigenschaften, Prüfung. 1904.

WANDERLEY, G. —Die Papierfabrikation und Papierfabrikanlage. *Leipzig* , 1876.

WATT, A. - L'art de la fabrication du papier, avec la récupération de la soude à partir des eaux usées. *Londres* , sm. 8 ° , 1890.

WEBER, R. —Papier-Industrie. Exposition universelle de Vienne, 1873.

WEHRS, GF —Vom Papier, den vor der Erfindung desselben üblich gewesenen Schreibmassen und sonstigen Schreibmaterialien. *Halle* , 8 ° , 1789.

WINKLER, O. — Der Papierkenner. 1887.

PAPIER, TYPES SPÉCIAUX.

ANDES, LE —Papier-Spezialitäten, praktische Anleitung zur Herstellung. 1896.

[Pg 266]

ANDES, LE —Traitement du papier à des fins spéciales. Traduit de l'allemand. 1907.

ANDES, LE —Die Fabrikation der Papiermaché und Papierstoff-Waren. *Leipzig* , 1900.

ANDÉS, LE —Blattmetalle, Bronzen und Metallpapiere, deren Herstellung und Anwendung. *Wien* , sm. 8 ° , 1902.

BOECK, JP —Die Marmorirkunst für Buchbindereien, Buntpapierfabriken. *Wien* , sm. 8 ° , 1880.

BRIQUET, M. —De quelques industries nouvelles dont le papier est la base. *Genève* , 1885.

EXNER, WF —Tapeten- und Buntpapier-Industrie. Paris Univ. Exposition, 1867. Comm. Autrichienne. Berichte. Heft 8. 1867.

EXNER, WF —Tapeten- und Buntpapier. Exposition universelle de Vienne, 1873. Officieller Ausstellungs-Bericht. Heft 53. 8 ° , 1873.

FICHTENBERG. —Nouveau manuel complet du fabricant de papiers de fantaisie, papiers marbrés, etc. *Paris* , 18 ° , 1852.

HERRING, R. - Guide sur les variétés et la valeur du papier. 1860.

HOFMANN, AW —Rapport sur le parchemin végétal (brevet de Gaine, n ° 2834 de 1853). *Londres* , 8 ° , 1858.

KAEPPELIN, D. —Fabrication des papiers peints. Lacroix E., Études sur l'exposition de 1867. Vol. 1. 8 ° , 1867.

KAEPPELIN, D. —Fabrication des papiers peints. 1881.

LINDSEY, G. — Stylos et Papiermaché. Bevan, généraliste, britannique. Industries manufacturières (iii.). 12 ° , 1876.

MORTON, GH - L'histoire des tentures en papier, avec examen d'autres modes de décoration murale. *Liverpool* , 8 ° , 1875.

SANBORN, K. — Vieux papiers peints. 1905.

SCHMIDT, CH —Die Benutzung des Papiermaché. *Weimar* , 12 ° , 1847.

SCHMIDT, CH —Die Papier-Tapetenfabrikation. 3te Aufl. *Weimar* , 12 ° , 1856.

SCHMIDT, CH - Le livre de Papiermaché et Japanning. *Londres* , 1850.

SEEMAN, TH. —Die Tapete, ihre esthetische Bedeutung u. Techn. Darstellung, sowie kurze Beschreibung der Buntpapierfabrik. 1882.

SILCOX. —Fabrication de barils de papier. Exposition de Vienne, 1873. Rapports des États-Unis, ii.

SMEE, A. - Rapport sur le parchemin végétal (brevet de Gaine, n ° 2834 [Pg 267]de 1853). *Londres* , 8 ° , 1858.

THON, CFG - Der Fabrikant bunter Papiere, 3te Aufl. *Weimar* , 12 ° , 1844.

WEICHELT, A. —Buntpapier-Fabrikation. *Berlin* , 8 ° , 1903.

WHITING PAPER CO. - Comment le papier est fabriqué. *Holyoke, Mass.* , 32 ° , 1893.

WINZER, A. —Die Bereitung und Benutzung der Papiermaché und ähnlicher Kompositionen, 3te Aufl. *Weimar* , 12 ° , 1884.

Idem, 4e édition, 1907.

WOOLNOUGH, CW - THE Whole Art of Marbling, tel qu'appliqué au papier, aux bordures de livre, etc. *Londres* , 8 ° , 1881.

WYATT, SIR MD —Rapport sur les tentures en papier. Paris Univ. Exposition, 1867. Brit. Comm. Rapport, vol. II. 8 ° , 1867.

STATISTIQUES ET DIVERS.

AKESSON. —Lexikon der Papier-Industrie. Deutsch-Englisch-Französisch, 2te Aufl. 1905.

ARCHER, TC - Industries manufacturières britanniques. Vol. 15. Statistiques industrielles. *Londres.*

BARTH, E. —Arbeitsregeln für Fabriken mit besonderer Berücksichtigung von Papierfabriken. *Karlsruhe* , 1897.

BAUDISCH, J. —Einige ins Papierfach schlagende Berechnungen. *Biberach* , 1893.

DYSON. —Mosely Rapport de la Commission. *Manchester* , 1903.

ERMEL. —Rapport sur le matériel et les procédés de la papeterie, etc. Paris Univ. Exposition, 1878. Rapports. Classe 60. 8 ° , 1881.

FOREIGN OFFICE , N ° 4 (1871). - Rapports sur la fabrication du papier au Japon. *Londres* , fol., 1871.

GEYER, A. —Registère des marques d'eau et des marques de commerce. Compilé à partir de l'American Paper Trade (2e édition). *New York* , 1898.

Idem, 5e édition, 1903.

GRATIOT, A. —Description de la papeterie d'Essonnes, Exposition internationale de Londres de 1851, Prospectus des exposants. Vol. 2. 8 ° , 1851.

KRAWANY, F. —Warte der Papier-Halbstoff- und Pappenfabriken Oesterreich-Ungarns. 1905.

LANDGRAF, J. —Papier-Holzschliff und seine Zollpolitische Würdigung. *Mannheim.*

LOCKWOOD & CO. — Dictionnaire américain de l'impression et de la création de livres. *New York* , 1895.

LUDWIG, G. —Trockengehalts-Tabellen. *Pirna* , 1897.

MACNAUGHTON, J. —Critique d'usine pour les usines de papier. 1900.

MAHRLEN. —Papierfabrikation, im Königr. Wurtemberg (im Jahre 1860). *Stuttgart* , 8 ° , 1861.

MARR, D. —Kosten der Betriebskräfte bei 1-24 stündiger Arbeitszeit täglich und unter Berücksichtigung des Aufwandes für die Heizung. *München* u. *Berlin* .

MELNIKOFF, N. — Lehrbuch der Papier-Holzschliff, Zellstoff und Pappenfabrikation. *Pétersbourg* , 1905.

MELNIKOFF, N. —Kleines Handbuch Papierfabrikation. *Pétersbourg* , 1906.

MELNIKOFF, N. —Geschichte, Statistik u. Literatur der Papierindustrie nebst russischen Wasserzeichen. *Pétersbourg* , 1906.

MUNSELL, J. —Chronologie de la fabrication du papier. *Albany* , 8 ° , 1857.

Idem, 4e édition, 1870.

MUNSELL, J. —Chronologie de l'origine et des progrès du papier et de la fabrication du papier. *Albany* , 1876.

MUNSELL, J. —Observations illustratives du fonctionnement des devoirs sur papier. *Londres* , 8 ° , 1836.

MUNSELL, J. —Matériel et procédés de la papeterie, etc., 1889. Rapports du Jury. Classe 58. 8 ° , 1889.

PARIS UNIV. EXPOSITION. —Papiers peints, 1889. Rapports du Jury. Classe 21. 8 ° , 1891.

PASSERAT, AL —Barème complet pour papeteries. *Paris* .

BREVETS. —Abridments de brevet. Classe 96. Abrégés du Bureau des brevets sur la fabrication du papier. De 1855 à nos jours.

ROULHAC. —Papeterie. Paris Univ. Exposition, 1867. Rapports du Jury. Classe 7, sect. 1. 8 ° , 1868.

SAMPSON, JT - Coloration du papier. Comité du manoir. Rapports d'artisans, Exposition de Paris. 8 ° , 1889.

TRESORERIE. —Rapport de la Commission des accises. 1835.

VOGEL, K. —Papierindustrie, etc., Auf der Weltausstellung à Chicago. Exposition de Chicago, 1893. Comité central autrichien. Officieller Bericht. Heft iv. 8 ° , 1894.

VOIGT, G. —Papiergewichtstabellen. *Mersebourg* , 1894.

WARD, SIR W. —Rapport sur l'industrie papetière allemande. Document parlementaire, 1905.

DES TRACES D'EAU. - Registre des marques d'eau et des marques de commerce (2e éd.). [Pg 269]*New York* , 16 ° , 1898.

BOIS PÂTE ET PÂTE DE BOIS.

IMPRIMEUR BRITANNIQUE ET COLONIAL. —Histoire de la pâte de bois. Vol. 8. 1882.

DUNBAR. —Pâte de bois et papiers de pâte de bois.

FITTICA, DR F. —Geschichte der Sulfitzellstoff-Fabrikation. *Leipzig* , 1901.

FITTICA, DR. F. - Foresterie et produits forestiers. [Exposition forestière d'Édimbourg. 1884.]

GOTTSTEIN. —Holzzellstoff in senneur Anwendung für die Papier- und Textil-Industrie und die bei seiner Herstellung entstehenden Abwässer. 1904.

GRIFFIN, ML - Processus de sulfite. Société américaine CE 417. 1889.

HARPER, W. —Utilisation des déchets de bois par distillation. *États - Unis* , 1907.

HARPF, A. —Die Erzeugung von Holzschliff und Zellstoff. *Vienne* , 1901.

HARPF, A. —Flüssiges Schwefeldioxyd. *Stuttgart* , 1901.

HUBBARD. —Utilisation des déchets de bois. 1902.

JOHNSON, G. — Pâte à bois du Canada. 1902-08. Annuel.

MICHAELIS, OE - Fabrication de fibres de sulfite de chaux aux États-Unis. Avec remarques sur la chimie des processus, par ML Griffin (extrait). *New York* , 8 ° , 1889.

PHILLIPS, SC - Utilisations de pâte de bois. 1904.

ROSENHEIM, GM —Die Holzcellulose. *Berlin* , 1878.

SCHUBERT, M. —Die Holzstoff oder Holzschliff-Fabrikation. 1898.

SCHUBERT, M. —Die Cellulosefabrikation (Zellstofffabrikation). Praktisches Handbuch für Papier-u. Cellulosetechniker. 1906.

SINDALL, RW — L'échantillonnage de la pâte de bois. *Londres* , 8 ° , 1901.

VEITCH, LP - Méthodes chimiques d'utilisation du bois. Département de l'agriculture des États-Unis. 1907.

VEITCH, LP - Pâte à bois, utilisations de. USA Consular Reports, vol. xix.

BANQUES ET CAISSE. —Problèmes de bois de pâte. Lettres au *Globe* , Toronto, Canada. 1907.

GAMBLE, J. - Bois indiens.

GRAVES. —Le manuel du bûcheron. *Etats-Unis*

PINCHOTT, G. - Apprêt forestier. *États - Unis* , 1900.

PINCHOTT, G. — L'épinette des Adirondacks. *Etats-Unis*

RATTRAY, J., ET MILL, HR —Forestry and Forestry Products. *Édimbourg* , 1885.

SCHLICH. —Manuel forestier.

On trouvera des articles plus ou moins intéressants sur «Papier» dans les encyclopédies suivantes, etc.: -

DATE.

1738. Encyclopédie de Chambers.

1757. Barrow. Dictionnaire des arts.

1759. Nouveau. Histoire universelle des arts.

1770. Dictionnaire royal des arts.

1788. Howard. Une encyclopédie royale.

1806. Gregory. Un dictionnaire des arts et des sciences.

1807. Encyclopædia Perthensis.

1809. Nicholson. L'Encyclopédie britannique.

1813. Martin. Cercle des arts mécaniques.

1813. Pantologia.

1819. Cyclopædia de Rees.

1821. Encyclopædia Londoniensis.

1827. Dictionnaire de Jamieson.

1828. Encyclopédie d'Oxford.

1829. L'Encyclopédie de Londres.

1830. Encyclopédie d'Édimbourg.

1833. Dictionnaire des arts de Phillip.

1835. Partington. Cyclopædia britannique.

1836. Archæologia, vol. xxvi.

1836. Barlow. Encyclopédie des arts.

1840. La Penny Encyclopædia.

1845. Encyclopædia Metropolitana.

1848. Arts utiles de la Grande-Bretagne. SPCK

1851. Cyclopaedia de l'industrie de Knight.

1855. Dictionnaire de mécanique d'Appleton.

1860. Hebert. Encyclopédie du mécanicien.

1861. Cyclopædia anglaise de Knight.

1861. Nouvelle Cyclopædia américaine.

1866. Dictionnaire des arts de Tomlinson.

1871. Yeats. L'histoire technique du commerce.

1874. Magazine pratique de Clarke.

[Pg 271]1875. Dictionnaire des Arts d'Ure.

1875. Globe Cyclopædia.

1876. Dictionnaire mécanique américain.

1877. Cyclopædia universelle de Johnson.

1880. Wylde. Industries du monde.

1882. L'Encyclopédie des manufactures de Spon.

1886. Encyclopædia Britannica.

1889. Encyclopædia de Chambers.

1889. Blaikie. Cyclopædia moderne.

1890. Encyclopédie populaire.

1892. Reçus de l'atelier de Spon.

1903. Gilman. Encyclopédie internationale.

1904. Encyclopædia Americana.

1904. Dictionnaire technologique de Tweney.

JOURNAUX.

Angleterre.

Papermaker et British Paper Trade Journal. SC Phillips, Londres.

Circulaire des papetiers. Dean & Son, Londres.

Journal mensuel des papetiers. Marchant, Singer & Co., Londres.

Boîte en papier et fabricant de sacs. SC Phillips, Londres.

Fabrication du papier. Londres.

Journal des métiers du papier et de l'imprimerie. Londres.

Revue mondiale du commerce du papier. WJ Stonhill, Londres.

Canada.

Magazine de pâtes et papiers. Biggar-Wilson, Ltd., Toronto.

Les États-Unis d'Amérique.

Bookmaker américain. Howard Lockwood & Co., New York.

Le commerce du papier. Chicago.

Le papetier. Howard Lockwood & Co., New York.

Nouvelles des usines de papier et de la pâte de bois. LD Post & Co., New York.

Journal du commerce du papier. Howard Lockwood & Co., New York.

Le monde du papier. CW Bryan & Co., Holyoke, Mass.

France.

Bulletin Journal des Fabricants de Papier. Paris.

Journal des Papetiers. M. Edmond Rousset, Paris.

Le Moniteur de la Papeterie Française. Paris.

La Papeterie. Paris.

La Revue de la Papeterie Française et Étrangère. M. Edmond Rousset, Paris.

Le Papier. H. Everling, Paris.

Allemagne.

Centralblatt für die Österreichisch-Ungarische Papierindustrie. Adolf Hladufka, Vienne.

Der Papierfabrikant. Otto Elsner, Berlin.

Der Papier-Markt. Carl Dobler, Francfort a. Principale.

Deutsche Papier- und Schreibwarenzeitung. S. Richter, Berlin.

Die Postkarte. Gustav Fahrig, Leipzig.

Export-Journal. G. Hedeler, Leipzig.

Holzstoff-Zeitung. Camillo Drache, Dresde.

Papierhändler Zeitung für Österreich-Ungarn. Wien.

Papier-Industrie. Berlin.

Papier- und Schreibwaren-Zeitung. Wien.

Papier-Zeitung. C. Hofmann, Berlin.

Schweizer Graphischer Central-Anzeiger. H. Keller, Lucerne.

Wochenblatt für Papierfabrikation. Guntter-Staib Biberach (Württ).

Wochenschrift für den Papier- und Schreibwarenhandel. Dr H. Hirschberg, Berlin.

ANALYSE, TECHNOLOGIE.

BEADLE ET STEVENS. - Papier buvard, nature de l'absorbance. 1905.

WINKLER. —Estimation de l'humidité dans la pâte de bois. 1902. Traduit par le Dr HP Stevens.

HAUPTVERSAMMLUNG. —Publié chaque année par le Verein der Zellstoff- und Papier-Chemiker. *Berlin* , 1907 et.

FIBRES, etc.

DODGE, CR - Catalogue des plantes à fibres utiles du monde. Rapport n ° 9. Ministère de l'agriculture. *États - Unis* , 1897.

DUCHESNE, EA —Répertoire des plantes utiles et des plantes vénéneuses du globe, etc. *Bruxelles* , 1846.

GABALDE, B. —Essai sur le bananier et ses applications à la fabrication de papier. 1843.

MONTESSUS DE BALLORE. —Alfa et papier d'Alfa. 1908.

PECHEUX. —Les textiles, les tissus, le papier. 6 p. *Paris* , 1907.

RENOUARD. —Études sur les fibres textiles. *Paris.*

RENOUARD. —Les fibres textiles de l'Algérie. *Paris.*

RIVIERE, AUGUSTE ET CHARLES. - «Les Bambous». Société d'Acclimatation. *Paris.*

RICHMOND, GF —Philippine Fibers and Fibrous Substances. *Manille* , Bureau de l'imprimerie, 1906.

HISTORIQUE.

BRIQUET, CM —Recherches sur les premiers Papiers employés du X ^{e} au XIV ^{e} siècle. 77. *Paris* , 1886.

BRIQUET, CM —De la valeur des filigranes du papier comme moyen de déterminer l'âge de documents. pp. 13. *Genève* , 1892.

BRIQUET, CM - LA Légende paléographique du papier de coton. pp. 18. *Genève* , 1884.

BRIQUET, CM —Lettre sur les Papiers usités en Sicile à l'occasion de deux manuscrits en papier dit le coton. 16 p. *Palerme* , 1892.

DESMAREST, N. —Art de la Papeterie. *Paris* , 1879.

DELON, C. —Histoire d'un livre. *Paris* , 1879.

DIDOT, AF - LE centenaire de la machine à papier continu. p. 79. *Paris* , 1900.

DICKINSON, J. — Usines de papier de DICKINSON . *Calcutta* , 1884.

GIRARD, A. - LE Papier. Ses ancêtres. Son histoire. *Lille* , 1892.

JULIEN, S. —Description des procédés chinois pour la fabrication du papier. Traduit de l'ouvrage chinois par Thien-Kong-Kha-We. 1840.

KAY, J. —Papier, son histoire. 100. *Londres* , 1893.

LEMPERTZ, H. —Beiträge zur Geschichte des Leinen-Papiers. *Köln* , 1891.

FABRICATION DE PAPIER.

BORY, P. —Les Métamorphoses d'un Chiffon. *Abbeville* , 1897.

CHABROL, L. —La Réglementation du travail dans l'industrie du papier. pp. 168. *Paris* , 1901.

DEMUTH, F. —Die Papier-Fabrikation. 1903.

DEMUTH, F. —Die Störungen im deutschen Wirtschaftsleben 1900. *Leipzig* , 1903.

LIMOGE. —Cercles d'études commerciales, Le Papier. p. 140. *Limoge* , 1892.

PAPIER, TYPES SPÉCIAUX.

SPALDING ET HODGE. —Papiers d'impression; un manuel. *Londres* , 1905.

STATISTIQUES, etc.

BEADLE, C. - Développement du marquage à l'eau. *Londres* , 1906 (Société des Arts).

DUMERCY. —Bibliographie de la Papeterie. 28. *Bruxelles* , 1888.

BRUCE, H. —Gladstone et les devoirs du papier. *Édimbourg* , 1885.

ELLIS, JB - Conseils pour l'entrepôt de papier. *Leeds* , 1887.

WEBSTER, J. - Synopsis des formats de papier. *Southport* , 1889.

WHITSON, W. —La calculatrice concise sur papier. *Édimbourg* , 1903.

PÂTE DE BOIS, etc.

DROPISCH, B. —Holzstoff und Holzcellulose. *Weimar* , 1879.

INDICE

---

(1)

Série

«Westminster» de VAN NOSTRAND Reliée

dans un style uniforme. Entièrement illustré. Prix 2,00 $ net chacun.

Les volumes de la série *«Westminster»* ont été conçus pour répondre à la demande croissante de livres sur des sujets pratiques; apporter au lecteur non technique une connaissance précise des procédés de fabrication et de l'application pratique de la science moderne aux industries. Chaque volume est rédigé par un expert afin que les lecteurs pratiques et tous ceux qui sont engagés dans les nombreuses branches connexes de l'ingénierie et des métiers techniques puissent avoir des ouvrages de référence fiables. La série prévoit une classe non atteinte jusqu'ici dans les œuvres publiées. Les volumes peuvent être facilement lus par le grand public et constituent d'excellents manuels à un prix modéré pour l'étudiant.

La série est bien adaptée aux bibliothèques publiques et sera appréciée pour les bibliothèques dans les ateliers d'ingénierie et les usines.

D. VAN NOSTRAND COMPANY

Éditeurs et libraires

23, Murray et 27, Warren Streets, New York.

(2)

Charbon. Par JAMES TONGE , MIME, FGS, etc. (Maître de conférences sur les mines à l'Université Victoria, Manchester). Avec 46 illustrations, dont beaucoup montrent les fossiles trouvés dans les mesures du charbon.

LISTE DES MATIERES : Histoire. Occurrence. Mode de formation des couches de charbon. Fossiles des mesures du charbon. Botanique des usines de mesure du charbon. Champs houillers des îles britanniques. Champs houillers étrangers. La classification des charbons. L'évaluation du charbon. Les charbons étrangers et leurs valeurs. Utilisations du charbon. La production de chaleur à partir du charbon. Déchets de charbon. La préparation du charbon pour le marché. Stations charbonnières du monde. Indice.

Ce livre sur un sujet capital est destiné au lecteur généraliste qui souhaite une connaissance précise du charbon, de son origine, de sa position et de son étendue, ainsi que de son utilisation et de son application économiques.

Fer et acier. Par JH STANSBIE , B.Sc. (Lond.), FIC avec 86 illustrations.

LISTE DES MATIERES : introduction. Minerais de fer. Matériaux combustibles et autres utilisés dans la fabrication du fer et de l'acier. Méthodes primitives de production de fer et d'acier. Fonte brute et sa fabrication. Le raffinage de la fonte brute en petites charges. Creuset et acier à souder. Le processus Bessemer. Le processus de foyer ouvert. Traitement mécanique du fer et de l'acier. Propriétés physiques et mécaniques du fer et de l'acier. Le fer et l'acier au microscope. Traitement thermique du fer et de l'acier. Fonderie électrique. Aciers spéciaux. Indice.

Le but de ce livre est de donner une vue d'ensemble des aspects modernes du fer et de l'acier, ainsi qu'un compte rendu suffisant de son histoire pour permettre au lecteur de suivre sa marche de progrès. Les méthodes de production de variétés de métal adaptées aux exigences de l'ingénieur, du fondeur et du mécanicien sont décrites de manière à ce que le travailleur puisse connaître l'histoire du matériau qu'il manipule.

Sources naturelles d'énergie. Par **Robert S. Ball** , B.Sc., AMInst.CE avec 104 schémas et illustrations.

CONTENU : Préface. Unités avec équivalents métriques et abréviations. Longueur et distance. Surface et superficie. Volumes. Poids ou mesures. Les pressions. Vélocités linéaires, vitesses angulaires. Accélération. Énergie. Puissance. Introduction à l'énergie hydraulique et méthodes de mesure. Application de l'énergie hydraulique à la propulsion des machines. La turbine hydraulique. Différents types de turbines. Construction de centrales hydrauliques. Installations hydrauliques. La réglementation des turbines. Pression du vent, vitesse et méthodes de mesure. L'application de l'énergie éolienne à l'industrie. Le moulin à vent moderne. Détails de construction. Puissance des moulins à vent modernes. Annexes A, B, C. Index.

Deux départements d'ingénierie et leurs applications à l'industrie font l'objet de ce volume: les sources d'eau «naturelles»(3) et l'énergie éolienne qui fournit de l'énergie mécanique sans aucune étape intermédiaire de transformation. La plupart des gens seront surpris de la mesure dans laquelle ces producteurs d'énergie naturelle sont utilisés. L'application généralisée de l'énergie hydraulique est généralement connue, mais il est intéressant d'apprendre que la demande de moulins à vent n'a jamais été aussi grande qu'elle l'est aujourd'hui, et qu'il y a des signes d'expansion anormale dans le sens de leur application utile dans la grande agriculture. pays du monde. Bien qu'important avant tout pour l'ingénieur, ce travail sera d'un grand intérêt pour tout constructeur qui, en économisant ses moyens de production d'énergie, peut prendre les forces naturelles qui se trouvent entre ses mains et les mettre à son service. L'auteur est le fils de Sir Robert Ball, l'éminent mathématicien et astronome.

Les combustibles liquides et gazeux et le rôle qu'ils jouent dans la production d'énergie moderne.
Par le professeur VIVIAN B. LEWES , FIC, FCS, professeur de chimie, Royal Naval College, Greenwich. Avec 54 illustrations.

TABLE DES MATIERES : Découverte de Lavoisier sur la nature de la combustion, etc. Le cycle de la vie animale et végétale. Méthode de détermination de la valeur calorifique. La découverte du pétrole en Amérique. Lampes à huile, etc. L'histoire du gaz de charbon. Valeur calorifique du gaz de houille et de ses constituants. L'histoire du gaz de l'eau. Combustion incomplète. Comparaison des valeurs thermiques de nos carburants, etc. Annexe. Bibliographie. Indice.

Le sujet de ce livre a, au cours de la dernière décennie, pris une telle importance qu'on espère que ce compte rendu de l'histoire et du développement de l'utilisation de diverses formes de liquides et de gaz combustibles pour la production d'énergie pourra rendre un certain service dans son avancement.

Puissance électrique et traction. Par FH DAVIES , AMIEE avec 66 illustrations.

LISTE DES MATIERES : Introduction. La production et la distribution de l'énergie. Le moteur électrique. L'application de l'énergie électrique. L'énergie électrique dans les mines de charbon. L'énergie électrique dans les ateliers d'ingénierie. L'énergie électrique dans les usines textiles. L'énergie électrique dans le commerce de l'imprimerie. Énergie électrique en mer. Puissance électrique sur les canaux. Traction électrique. Le système aérien et le suivi des travaux. Le système de conduits. Le système de contact de surface. Construction et équipement de voiture. Chemins de fer électriques. Glossaire. Indice.

La majorité des métiers connexes qui se regroupent autour du métier de l'électrotechnique sont liés d'une manière ou d'une autre à ses branches de puissance et de traction. Aux membres de ces métiers et métiers, à qui une certaine connaissance de l'électrotechnique appliquée est souhaitable sinon strictement indispensable, le livre est particulièrement destiné à séduire. Il traite presque entièrement de questions pratiques et entre dans une certaine mesure dans les considérations commerciales qui, à long terme, doivent l'emporter sur toutes les autres.

(4)

Le gaz de ville et ses utilisations pour la production de lumière, de chaleur et de force motrice. Par POURQUOI WEBBER , CE avec 71 illustrations.

LISTE DES MATIERES : La nature et les propriétés du gaz de ville. L'histoire et la fabrication du gaz de ville. Les sous-produits de la fabrication du gaz de houille. Lampes à gaz et éclairage. Éclairage au gaz pratique. Le coût de l'éclairage au gaz. Chauffage et chauffage au gaz. Cuisson au gaz. La salubrité et la sécurité du gaz dans toutes ses utilisations. Gaz de ville pour la production d'électricité, y compris l'approvisionnement privé en électricité. Les relations juridiques des fournisseurs de gaz, des consommateurs et du public. Indice.

Le «pays», par opposition à la «ville», a été défini comme «les parties au-delà des lampes à gaz». Ce livre fournit des connaissances précises sur la fabrication et la fourniture de gaz de ville et ses utilisations à des fins domestiques et industrielles. Peu de gens réalisent à quel point cette grande industrie peut être utilisée. L'auteur a produit un volume qui instruira et intéressera le lecteur généralement bien informé mais pas techniquement instruit.

Électrométallurgie. Par JBC KERSHAW , FIC avec 61 illustrations.

CONTENU: Introduction et enquête historique. Aluminium. Production. Détails des processus et des travaux. Frais. Utilisation. L'avenir du métal. Bullion et or. Processus de raffinage de l'argent. Processus de raffinage de l'or. Processus d'extraction d'or. Carbure de calcium et gaz acétylène. Le four et le processus de carbure. Production. Utilisation. Carborundum. Détails de fabrication. Propriétés et utilisations. Cuivre. Raffinage du cuivre. Descriptions des raffineries. Frais. Propriétés et utilisation. Elmore et processus similaires. Procédés d'extraction électrolytique. Processus de concentration électro-métallurgique. Ferro-alliages. Descriptions des œuvres. Utilisation. Verre et verre de quartz. Graphite. Détails du processus. Utilisation. Fer et acier. Descriptions des fours et des processus. Rendements et coûts. Coûts comparatifs. Conduire. Le processus de Salom. Le processus de raffinage de Betts. Le processus de réduction Betts. Processus de plomb blanc. Produits divers. Calcium. Bisulfure de carbone. Le tétrachlorure de carbone. Diamantine. Magnésium. Phosphore. Silicium et ses composés. Nickel. Processus humides. Procédés secs. Sodium. Descriptions des cellules et des processus. Étain. Procédés alcalins pour le décapage de l'étain. Procédés acides pour le décapage de l'étain. Processus de sel pour le décapage de l'étain. Zinc. Processus humides. Procédés secs. Processus électro-thermiques. Electro-Galvanisation. Glossaire. Index des noms. Zinc. Processus humides. Procédés secs. Processus électro-thermiques. Electro-Galvanisation. Glossaire. Index des noms. Zinc. Processus humides. Procédés secs. Processus électro-thermiques. Electro-Galvanisation. Glossaire. Index des noms.

Le sujet de ce volume, la branche de la métallurgie qui s'occupe de l'extraction et du raffinage des métaux à l'aide de l'électricité, devient d'une grande importance. L'auteur donne un compte rendu bref et clair des développements industriels de l'électrométallurgie, dans un langage compréhensible par ceux dont la connaissance(5) la science chimique ou électrique peut être mais légère. C'est un ouvrage très pratique, descriptif des appareils et des procédés, et se recommande à tous les hommes pratiques engagés dans les opérations métallurgiques, ainsi qu'aux hommes d'affaires, aux financiers et aux investisseurs.

Radio-télégraphie. Par CCF Monckton, MIEE avec 173 schémas et illustrations.

Contenu : Préface. Phénomènes électriques. Vibrations électriques. Ondes électromagnétiques. Ondes Hertz modifiées utilisées en radio-télégraphie. Appareil utilisé pour charger l'oscillateur. L'oscillateur électrique: méthodes d'arrangement, détails pratiques. Le récepteur: méthodes d'arrangement, appareil de détection et autres détails. Mesures en radio-télégraphie. La station expérimentale à Elmers End: système Lodge-Muirhead. Station de radio-télégraphe à Nauen: système Telefunken. Station à Lyngby: Poulsen System. Le système Lodge-Muirhead, le système Marconi, le système Telefunken et le système Poulsen. Stations portables. Radio-Téléphonie. Annexes: L'alphabet morse. Unités électriques utilisées dans ce manuel. Contrôle international de la radiotélégraphie. Indice.

La découverte surprenante il y a douze ans de ce qui est populairement connu sous le nom de télégraphie sans fil a reçu de nombreux ajouts non moins surprenants depuis lors. Le nom officiel maintenant donné à cette branche de la pratique électrique est la radio-télégraphie. Le sujet a maintenant atteint un stade tout à fait réalisable, et ce livre le présente sous une forme claire et concise. Les différents services pour lesquels la radio-télégraphie est ou peut être utilisée sont indiqués par l'auteur. Chaque étape du sujet est illustrée par des schémas ou des photographies d'appareils, de sorte que, si une connaissance élémentaire de l'électricité est présupposée, les repères du sujet peuvent être saisis par chaque lecteur. Aucun sujet n'est chargé de tant de possibilités de développement pour les relations futures des peuples du monde.

India-Rubber et sa fabrication, avec des chapitres sur la Gutta-Percha et la Balata. Par HL TERRY , FIC, Assoc.Inst.MM With Illustrations.

LISTE DES MATIERES : Préface. Introduction: historique et générale. Caoutchouc brut. Origine botanique. Exploiter les arbres. Coagulation. Principaux caoutchoucs bruts du commerce. Pseudo-caoutchoucs. Caoutchouc Congo. Considérations générales. Propriétés chimiques et physiques. Vulcanisation. Inde-plantations de caoutchouc. Substituts Inde-caoutchouc. Caoutchouc récupéré. Lavage et séchage du caoutchouc brut. Composition de caoutchouc. Solvants de caoutchouc et leur récupération. Solution de caoutchouc. Feuille coupée fine et articles fabriqués à partir de celle-ci. Fil élastique. Produits mécaniques en caoutchouc. Articles divers en caoutchouc. Textures à l'épreuve du caoutchouc indien. Pneus. Bottes et chaussures en caoutchouc indien. Caoutchouc pour fils isolés. Contrats de vulcanite pour les produits indiens en caoutchouc. (6)L'essai des produits en caoutchouc. Gutta-Percha. Balata. Bibliographie. Indice.

Dit tout sur un matériau qui a pris une importance commerciale considérable ces dernières années. Il a été expressément écrit pour le lecteur général et pour le technologue dans d'autres branches de l'industrie.

Fabrication de verre. Par WALTER ROSENHAIN , surintendant du département de métallurgie au Laboratoire national de physique, feu conseiller scientifique dans les verreries de MM. Chance Bros. and Co. avec illustrations.

CONTENU : Préface. Définitions. Qualités physiques et chimiques. Propriétés mécaniques, thermiques et électriques. Transparence et couleur. Matières premières de fabrication. Creusets et fours pour la fusion. Processus de fusion. Procédés utilisés dans le travail du verre. Bouteille. Soufflé et pressé. Roulé ou plat. Feuille et couronne. Coloré. Verre optique: nature et propriétés, fabrication. Produits divers. Appendice. Bibliographie de la fabrication du verre. Indice.

Ce volume est destiné aux utilisateurs de verre et ne prétend pas être un guide ou une aide adéquate pour ceux qui se consacrent à la fabrication du verre. Pour cette raison, le compte rendu des procédés de fabrication a été gardé aussi non technique que possible. En décrivant chaque processus, l'objet en vue a été de donner un aperçu de la justification de chaque étape, pour autant qu'elle soit connue ou comprise, du point de vue des principes et des méthodes plutôt que comme une simple description empirique des manipulations de fabrication . Les procédés décrits sont, à l'exception de ceux décrits comme obsolètes, à la connaissance définitive de l'auteur, en usage commercial à l'heure actuelle.

Pierres précieuses. Par W. GOODCHILD , MB, B.Ch. Avec 42 illustrations. **Avec un chapitre sur les pierres artificielles.** Par ROBERT DYKES .

LISTE DES MATIERES : introduction et historique. Genèse des pierres précieuses. Propriétés physiques. La coupe et le polissage des pierres précieuses. Gemmes d'imitation et production artificielle de pierres précieuses. Le diamant. Fluor Spar et les formes de silice. Corindon, y compris rubis et saphir. Spinelle et chrysobéryl. Les Carbonates et les Feldspaths. Les groupes pyroxène et amphibole. Béryl, cordiérite, lapis lazuli et grenats. Olivine, topaze, tourmaline et autres silicates. Phosphates, sulfates et composés de carbone.

Un guide admirable sur un sujet fascinant.

(sept)

Brevets, dessins et modèles et marques déposées: la loi et l'usage commercial. Par KENNETH R. SWAN , BA (Oxon.), De l'Inner Temple, Barrister-at-Law.

TABLE DES MATIERES : Table des affaires citées — *Partie I. — Lettres patentes.* Introduction. Général. Historique. I., II., III. Invention, nouveauté, sujet et utilité: les éléments essentiels de l'invention brevetable. IV. Spécification. V. Construction de la spécification. VI. Qui peut demander un brevet. VII. Demande et subvention. VIII. Opposition. IX. Droits de brevet. Valeur juridique. Valeur commerciale. X. Amendement. XI. Violation de brevet. XII. Action en contrefaçon. XIII. Action pour contenir les menaces. XIV. Négociation de brevets par vente et licence. XV. Limitations du droit de brevet. XVI. Révocation. XVII. Prolongement. XVIII. Divers. XIX. Brevets étrangers. XX. Lois étrangères sur les brevets: États-Unis d'Amérique. Allemagne. France. Tableau des coûts, etc., des brevets étrangers. ANNEXE A.-1. Tableau des formulaires et des frais. 2. Coût d'obtention d'un brevet britannique. 3. Pays de la Convention. *Partie II. — Copyright sur la conception.* Introduction. I. Dessins et modèles enregistrables. II. Enregistrement. III. Marquage. IV. Infraction. AN NEXE B. —1. Tableau des formulaires et des frais. 2. Classification des marchandises. *Partie III. — Marques.* Introduction. I. Signification de la marque. II. Qualification pour l'inscription. III. Restrictions d'inscription. IV. Enregistrement. V. Effet de l'enregistrement. VI. Divers. ANNEXE C. - Tableau des formulaires et des frais. INDICES. 1. Brevets. 2. Dessins. 3. Marques de commerce.

Il s'agit du premier livre sur le sujet depuis la nouvelle loi sur les brevets. Son objectif n'est pas seulement de présenter le droit existant de manière exacte et aussi complète que possible, mais aussi de le présenter sous une forme aisément compréhensible par un profane qui ne connaît pas la phraséologie juridique. Il sera utile aux personnes exerçant des métiers et des industries où une connaissance du brevetage des inventions et de l'enregistrement des marques est importante. Des informations complètes sont données sur les brevets dans les pays étrangers.

Le livre; Son histoire et son évolution. Par CYRIL DAVENPORT , VD, FSA Avec 7 plaques et 126 figures dans le texte.

LISTE DES MATIERES : Premiers enregistrements. Rouleaux, livres et reliures de livres. Papier. Impression. Illustrations. Miscellanea. Les cuirs. L'ornementation des reliures en cuir sans or. L'ornementation des reliures en cuir avec de l'or, Bibliographie. Indice.

Le roman du Livre et son évolution, depuis les inscriptions grossières sur pierre jusqu'aux magnifiques tomes de luxe d'aujourd'hui, n'ont jamais été aussi excellemment discutés que dans ce volume. L'histoire du Livre est l'histoire de la préservation de la pensée humaine. Cet ouvrage devrait être en la possession de tout amateur de livres.

(8)

Série «Westminster» de Van Nostrand

LISTE DES VOLUMES NOUVEAUX ET À VENIR.

Charpente. Par JR BATERDEN , AMICE

Machines à vapeur. Par JT ROSSITER , MIEE, AMIME

Lampes électriques. Par MAURICE SOLOMON , ACGI, AMIEE

La locomotive ferroviaire. Par VAUGHAN PENDRED , MIMech.E.

Cuir. Par H. GARNER BENNETT .

Pompes et machines de pompage. Par JAMES W. ROSSITER , AMIME

Pratique en atelier. Par le professeur GF CHARNOCK , AMICE, MIME

Textiles et leur fabrication. Par ALDRED BARKER , M.Sc.

Or et métaux précieux. Par THOMAS K. ROSE , D.Sc., de la Monnaie royale.

La photographie. Par ALFRED WATKINS , ancien président de la Convention photographique.

Peintures et peintures commerciales. Par AS JENNINGS , l'hon. Examiner consultant, City and Guilds of London Institute.

Travail de verre de fenêtre ornementale. Par AL DUTHIE .

Brassage et distillation. Par JAMES GRANT , FCS

La pâte de bois et ses applications. Par CF CROSS , EJ BEVAN et RW SINDALL .

La fabrication du papier. Par RW SINDALL .

D. VAN NOSTRAND COMPANY
Éditeurs et libraires
23, MURRAY ET 27, WARREN STREETS, NEW YORK.